Stb

Vorwort zur Taschenbuch-Ausgabe:

Ein großes vollkommen wunderbares Ereignis ist eingetreten:

Babaji hat seine neue Form in der materiellen Welt angenommen.

Dies wurde am 11. 10. 2010 durch Shri Maha Muniraj, einem großen Wissenden, der in Babajis Auftrag dessen Arbeit während der Zeit seiner physischen Abwesenheit weitergeführt hatte, in Indien bekanntgegeben:
»Ich bin überzeugt, dass Shri Babaji LORD SHIVA selbst ist und dass LORD SHIVA im Universum erscheint, wo und wann die Notwendigkeit dafür entsteht.
Babaji betonte stets, dass alle Religionen in der Welt eins sind und durch die Inspiration Gottes entstanden.«

Sinngemäß fährt Shri Muniraj fort: Babaji wird beschützend mit uns sein in der von ihm vorausgesagten Zeit der gewaltigen Umwandlungen, die bereits begonnen haben.
Was es ermöglicht, im göttlichen Schutz zu sein in dieser kommenden Zeit, ist innige Hingabe an Gott, das Göttliche stets im Bewusstsein zu haben, während wir unseren Pflichten in der Welt nachgehen. Um in dieses Gottesbewusstsein zu kommen, lehrte Babaji uns, immerfort den Namen Gottes, der in unseren Herzen wohnt, zu wiederholen, zum Beispiel: Om namah Shivay.

»Dies ist eine Botschaft der Hoffnung und Ermutigung, dass Babaji auf Erden präsent ist und wenn er möchte, uns jederzeit und überall erscheinen kann.«

Nila

Renata Caddy

Segen von Babaji

Begegnung mit dem Meister vom Himalaya

Stb

Als Vorlage diente die 2010 im Schirner Verlag
erschienene 1. Auflage.

ISBN 978-3-8434-3034-0

1. Auflage April 2013

Umschlaggestaltung: Murat Karaçay, Schirner
Digitale Bearbeitung der Bilder: Martin Bichler, Meersburg
Fotos auf S. 203, 248, 251, 257 von Martin Bichler
Redaktion: Heike Wietelmann, Bastian Rittinghaus, Schirner
Satz: Heike Wietelmann, Schirner
Printed by: OURDASdruckt!, Celle, Germany

www.schirner.com

Inhalt

Dieses Buch ist gewidmet
der göttlichen Flamme in jedem Wesen.

Junger Babaji, segnend (1970)

Vorwort

von Ruth Maria Kubitschek

Ich kenne Renata Caddy als geniale Malerin. Ihre kraftvollen Bilder, farbige Lichtexplosionen, berühren das Herz und haben eine starke heilende Kraft und Ausstrahlung.

Ebenso kenne ich Renata Caddys Garten, den sie mit ihrem Mann, Peter Caddy, dem Mitbegründer der Findhorn-Gemeinschaft im Norden von Schottland, gestaltet hat.

Intuitiv hat Renata diesen Garten, den sie einen »Garten des Himmels« nennt, erlauscht. Wenn man ihn durchwandert, berührt er mit seiner wundervollen Schwingung – heilend wie ihre Bilder – unser Herz und unsere Sinne.

Nun lerne ich Renata Caddy als Schriftstellerin kennen. Mit angehaltenem Atem habe ich ihr Buch gelesen. Sie hat mich einfach mitgerissen mit ihren außergewöhnlichen Visionen, die sie zu Babaji führten: Ich habe da gelebt und gelernt. So eindringlich schildert sie das Leben mit diesem großen Meister, sein Wirken, sein Leben und die tiefe Bedeutung seiner Arbeit für unsere Zeit.

Feurige Lebendigkeit leuchtet aus jedem Satz, aus den geistigen Bildern, die sie vor uns ausbreitet. Es ist ein Buch von ungeheurer Tiefe, von ungewöhnlichen Gedanken und Geschehnissen, in die sie sich dann, einem inneren Ruf folgend, mutig hineinbewegt. Mitten in dem von Chinesen besetzten Tibet, am heiligen Berg Kailash und um den Manasarovar-See herum, wagt sie, in vollem Gottvertrauen, heilende Feuerzeremonien auszuführen, um mitzuhelfen, die tiefen Wunden, die überall geschlagen wurden, zu heilen.

Ich habe größte Hochachtung vor Renata Caddy, deren Wirken weit über dieses Buch hinausgeht.

Einleitung

Der Eine, der ohne alle Farben ist,
erscheint durch die mannigfaltige Anwendung seiner Macht
mit vielen Farben seines verborgenen Sinns.

Möge uns das Wesen des Glanzes,
in dem die Welt sich auflöst
und aus dem sie hervorgeht,
ein klares Verstehen gewähren.

Svetashvatara Upanishad

Dies ist ein Buch über Babaji. Über die Begegnung mit ihm, sein Lehren und Wirken, seine Arbeit der Transformation dieser zu Ende gehenden Zeit und seine Saat für das lichte Neue, das kommt.

»Baba« heißt Vater, »Babaji«: verehrter Vater.

Babaji gilt als Avatar – eine Verkörperung des Göttlichen, als Shiva Mahavatar: als Lord Shiva in menschlicher Form.

Als solcher erschuf Babaji sich eine menschliche Form, ohne durch das Tor der Geburt zu gehen, und wie Shri Muniraj, der tief schaut, sagte, besteht diese physische Form von Babaji seit vielen Tausend Jahren.

Meist im Verborgenen wirkend, tritt er mitunter auch in die Sichtbarkeit. Babaji vermag, an verschiedenen Plätzen gleichzeitig in derselben menschlichen Form zu erscheinen, aber auch in verschiedenen menschlichen Formen, ganz wie er will und wie es seine Arbeit erfordert.

Viele Menschen, auch ich, durften wiederholt Zeuge davon werden.

Was für uns unglaublich scheint, ist für ihn, der aus der Liebe, dem Licht und der Macht des göttlichen Bewusstseins wirkt, ganz natürlich.

Im Westen wurde Babaji bekannt durch Paramahansa Yoganandas »Autobiographie eines Yogi«, in der dieser von ihm als großem Führer der Menschheit im Verborgenen spricht.

Durch die Jahrtausende erschien Babaji immer wieder, auch in der Öffentlichkeit. Zum Beispiel vor etwa 500 Jahren als Lama Baba in Tibet.

Alter Herakhan-Baba (1911)

Hier ein kurzer Abriss dessen, was überlieferte Erlebnisberichte bezeugen:[1]
Zu Beginn des 19. Jahrhunderts materialisierte er sich in menschlicher Form auf der Spitze des Berges Kailash, in der Kumaon-Gegend, den Vorgebirgen des indischen Himalaya. Der Kailash ist seit Urzeiten als der Wohnsitz von Lord Shiva bekannt.

Erst zeigte sich Babaji über dem Kailash als strahlendes Licht, das kam und ging. Als die Dorfbewohner das sahen, versammelten sie sich dort, sangen und beteten. Am dritten Tag erschien aus der Lichtkugel ein Wesen, Babaji, strahlend schön, im Alter von circa 20 bis 25 Jahren.

Während der Dauer seiner physischen Präsenz vom Beginn des Jahrhunderts bis 1922 wurde Babaji von vielen Menschen an den verschiedensten Orten gesehen. Er erschien den ihn verehrenden Menschen in Träumen, Visionen, in seiner Lichtgestalt oder auch körperlich und half ihnen in Zeiten der Not. Meist erschien er Einzelnen, manchmal auch Familien. Er verweilte nirgends lange, verschwand, tauchte woanders wieder auf. So war es nicht leicht, ihm zu begegnen. Wenn sich doch einmal eine größere Menschenmenge um ihn versammelte, wurde seine Gegenwart zum Fest. Er war da, um allen Wesen zu dienen.

In der Kumaon-Gegend wurde Babaji als Herakhan-Baba wegen seiner zahlreichen Heilungen und Totenerweckungen bekannt und verehrt. Im August 1922 löste er, vor den Augen seiner Begleiter, bei einer Flussdurchschreitung am Zusammenfluss des Kali- und des Gauri-Stromes seine Gestalt in Licht auf. Zuvor hatte er versprochen, zum Segen für die Welt wiederzukommen.

In der Zeit zwischen 1922 und 1970 segnete Babaji weiterhin Menschen in Träumen und Visionen oder er erschien ihnen

1 Vgl. Wosien, Maria-Gabriele: Babadschi. Botschaft vom Himalaya. Reichel Verlag 1990.

auch physisch, wie zum Beispiel dem Mahendra Baba, der Babajis öffentliches Wiederkommen ankündigte und diese Botschaft verbreitete.

Im Juni 1970 erschien Babaji erneut in demselben, aber verwandelten Körper in einer Höhle am Fuß des indischen Kailash als Jüngling, göttlich schön, diesmal für ein breites öffentliches Wirken.

Einem Menschen, den er durch einen Traum gerufen hatte, zeigte er sich in der Höhle zunächst in seiner früheren Erscheinungsform als der alte Herakhan-Baba, kurz darauf in seiner jungen neuen Form. Auch anderen, die kamen, zeigte er wiederholt beide Körper im Wechsel, um seine Identität deutlich zu machen.

Ab 1970 weilte Babaji unter den Menschen. Hoch oben in der Nähe des Dörfchens Herakhan, gegenüber dem Berg Kailash, hatte er im letzten Jahrhundert einen kleinen Tempel bauen lassen. Dort ließ er sich nun nieder. Um den Tempel entstand ein Ashram, von dem aus er äußerst intensiv wirkte, bis er 1984, für alle vollkommen überraschend, seine menschliche Form aufgab, die er diesmal nicht wie zuvor dematerialisierte, sondern durch »den Tod« gehen ließ.

Dies hat eine tiefe Bedeutung für unsere Zeit. In dieser menschlichen Form hatte er unendlich viel Leid getragen und transformiert. Das war kostbar für die Erde. Deswegen schenkte er der Erde diese Substanz, indem er ihr seinen durch den Tod gegangenen Körper übergab.

Schon in seiner früheren Erscheinungsform als alter Herakhan-Baba hatte Babaji fremdes Leid auf sich genommen:

Er war mit einem Schüler unterwegs zum Badrinarayam Dham, als der Schüler schwer an Cholera erkrankte. Als dessen Gliedmaßen kalt wurden und er den Tod nahen fühlte, weinte der Schüler in Gedanken an seine Frau und seine Kinder sehr. Da sprach der alte Herakhan-Baba: »Du hast Familie, ich werde – statt deiner – meinen Körper ablegen.« Während er dies sprach, wurde der Schüler sogleich von seiner Krankheit befreit, die auf den Meister überging. Babaji gab seinem Schüler Anweisungen, nach seinem Tod seinen Körper zu verbrennen und die Asche den heiligen Wassern des Ganges zu übergeben. Tief betrübt über den Tod des Meisters, führte der Schüler, wie ihm aufgetragen, die Riten aus.

Als er nach einem Monat voller Trauer nach Almora kam, hörte er, dass der alte Herakhan-Baba wohl und gesund im Hause eines seiner Anhänger sei. Der Schüler konnte es nicht glauben. Als er hinging und seinen verehrten Meister in genau demselben Körper dasitzen sah, war er zunächst fassungslos. Dann verwandelte sich nach einer Weile sein Gemütszustand in große Dankbarkeit und Freude.

Diese Geschichte erzählte mir Shastriji Acharya Vishnu Datt Mishra, der große Seher und Weise, der fast immer bei Babaji war.

Nachdem wir Babajis menschliche Form in Herakhan der Erde übergeben hatten, erschien er weiterhin den Menschen in verschiedenen Formen. »It is always the same body – Es ist immer derselbe Körper«, sagte Shastriji.

Zum Beispiel traf ich ihn mit meinem Mann, Peter Caddy, im Tal von Herakhan, später dann mehrfach auf drei Pilgerreisen zum tibetischen Kailash-Berg.

Davon berichtet unter anderem dieses Buch. Es erzählt, wie Babaji mich rief, lässt meine ersten zwölf Tage mit ihm in Herakhan lebendig werden, insbesondere auch die höchst erstaunliche Weise, wie Babaji alle, die zu ihm kamen, führte und lehrte.

Babaji sagte: »Ich bin gekommen, das Licht zu bringen, euch über alle Begrenzungen und Verhaftungen hinaus in die Freiheit des Einsseins zu führen, eins zu sein mit dem göttlichen Geist und mit allem, was ist.«

Wunderschöner junger Babaji (1970), sitzend in Meditation

Babaji ist ein Wesen reiner Liebe.

»Ich bin du. Gib mir deine Probleme, ich trage deine Last!«
»Ich bin hier, dir zu helfen, dich zu führen.«
»Wiederhole den Namen Gottes immer!«
»Ich bin in jedem deiner Atemzüge!«

Seine wiederkehrende zentrale Frage war:

»Bist du glücklich?
Wenn du glücklich bist, bin ich es.
Wenn ich glücklich bin, ist alle Welt glücklich.
Sei glücklich!«

»Es gibt nur eine Religion, das ist Menschlichkeit.
Seid menschlich! Dienst an der Menschheit ist Gottesdienst.«

Schon im Februar 1983, an Shivaratri, hat Babaji seinen Segen für dieses Buch gemalt, das damals noch größtenteils in den Himmeln war. Ich habe lange gezögert, es niederzuschreiben. Es wurden drei Bände.

Viel Freude beim Lesen dieses ersten Buches, »Segen von Babaji – Begegnung mit dem Meister vom Himalaya: Ein Gedicht der Liebe«!

1.
Ein Gedicht der Liebe

Begegnungen mit Babaji zwischen 1978 und 1984, sein Lehren und Wirken

Die ersten 12 Tage mit Babaji

Aus Blau träumte ich Rot.
Im Rot fiel ich ins Schwarz.
Durch Schwarz gewann ich das Gold.
Im Gold wusste ich Weiß.
Im Weiß erkannte ich dich,
da bin ich aufgewacht.

Oh, Tochter des Himalaya!«, hörte ich eine Stimme leise und glücklich in mir singen, immer und immer wieder.

Ich saß im Flugzeug nach Indien auf meinem Weg zu Babaji, der in Herakhan 1970 in einer Höhle erschienen war. Herakhan liegt circa zehn Stunden nordöstlich von Delhi.

Es war der 15. Januar 1978. Ich war in meinem sechsunddreißigsten Lebensjahr.

Hätte mir jemand Weihnachten erzählt, dass ich drei Wochen später im Flugzeug nach Indien auf dem Weg zu Babaji sitzen würde, hätte ich es nicht geglaubt und für unmöglich gehalten.

Wie kam es dazu?

Trotz jahrelangen intensiven spirituellen Trainings war ich in eine sehr tiefe innere Krise geraten. Durch schwierige Lebensumstände fühlte ich mich vollkommen ratlos. Ich wandte mich flehend an Gott: »Hilf mir doch!« – Da kam Babaji.

Bereits zwei Jahre zuvor, 1975, hatte ich das erste Mal durch Gabriele Wosien, eine Freundin, von Babaji gehört. Damals war ich eher skeptisch, als ich hörte: »Jener Babaji, von dem Paramahansa Yogananda in seiner ›Autobiographie eines Yogi‹ schreibt, ist erneut erschienen, doch nun ist er für die Öffentlichkeit da.«

Von wie vielen wurde wohl behauptet, dass sie jener legendäre Babaji seien?

Doch als ich ein Foto von ihm kurz nach seinem öffentlichen Erscheinen sah, war ich zutiefst berührt. Während ich seinen Namen durch meine Wirbelsäule hochatmete, entstand intensives Licht!

Trotzdem war die Zeit damals noch nicht reif. Nach dem Tod der »Mutter«, der Partnerin von Shri Aurobindo, die mich seit 1968 innerlich geführt hatte, wollte ich keinen spirituellen Lehrer im Äußeren mehr haben.

Ich war nicht wirklich offen, befestigte aber dennoch sein Foto neben denen von anderen großen Lehrern aus Ost und West, denen ich im Inneren oder Äußeren begegnet war und die ich verehrte, in meinem Atelier an der Wand.

Zwei Jahre später, als ich mit meinem Freund Marcel[2] durch Zufall Gabriele Wosien in München wiedertraf und zu Silvester 1977 zu uns nach Hause mitnahm, erzählte sie uns auf der Autofahrt von Babaji, während draußen dichter Schnee fiel. Über und über waren wir von Weiß umgeben.

»Sein Teaching ist so einfach, er lehrt Wahrheit, Einfachheit und Liebe und dass es wichtig ist, den Namen Gottes immer zu wiederholen.«

All das erreichte jetzt ein ganz offenes Herz.

---

2 Oscar Marcel Hinze (1931–2008), ein großer Mensch voller Licht, voller Liebe, erfüllt von tiefer innerer Schau, ist der Begründer der Akademie für Phänomenologie und Ganzheitswissenschaft. In Vorträgen einmaliger Prägnanz, Leuchtkraft, Lebendigkeit und Tiefe verband er Natur- und Geisteswissenschaft, östliche und westliche geistige Wege und war eine große Inspiration für viele Menschen in Europa. Ich lebte 12 Jahre mit ihm zusammen, zuerst allein, dann in einer Gruppe.

Als sie dann uns und einer Gruppe unserer Freunde in der Silvesternacht Bilder von Babaji zeigte – und damals gab es nicht viele Fotos –, eines berührender als das andere, fiel mein Blick auf ein Bild, das mir einen richtigen Schock versetzte. Es zeigte den alten Herakhan-Baba, von dem gesagt wurde, er sei Babaji in seiner früheren Erscheinungsform. Er schaute derart streng und durchdringend, dass es mich in große Angst versetzte: »Oh nein, so dermaßen streng darf er nicht mit mir sein!«, dachte ich.

Am nächsten Morgen, dem Neujahrsmorgen, erwachte ich strahlend aus einem Traum von einem weißen Schneefeld mit dem beglückenden inneren Wissen, dass ich sofort zu Babaji fliegen würde.

Ein Freund von uns beabsichtigte, Mitte Januar zu einem Sonnenenergiekongress nach Delhi zu fliegen, und ich wusste spontan, dass ich mit ihm zusammen reisen würde, denn ich war noch nie in Nordindien gewesen.

Dann kam mir das strenge Bild vom Herakhan-Baba wieder ins Bewusstsein, sodass ich Gabriele Wosien bat: »Zeig mir noch einmal dieses furchterregende Foto!«

Ob ich wollte oder nicht – genau dieses Bild hatte begonnen, mich anzuschauen und mit mir zu arbeiten. Es machte mir all das in mir bewusst, was nicht im Einklang mit dem Göttlichen war.

Es machte mir wirklich Angst. Aber mir war klar, dass ich ganz bestimmt nicht mit Angst zu Babaji fliegen wollte!

Verschiedene Aspekte in mir sagten: »Warum diese Eile? Du kannst doch auch später noch, im Herbst zum Beispiel, zu Babaji gehen.« Aber mein Innerstes wusste: »Jetzt oder nie!«

Ich begab mich in Klausur, und ich bat Babaji innig: »Bitte hilf mir!« Aber es kam kein Hinweis, kein Traum. Ich wurde einfach gar gekocht. Endlich, als ich in der Abenddämmerung des dritten Tages Agnihotra, eine kleine rituelle Feuerzeremonie, machte und wieder tief dieses Bild vom alten Herakhan-Baba anschaute, kam mir unendliche Liebe entgegen, Liebe und nichts als Liebe! Überwältigend und vollkommen wunderbar. Ich fühlte die Anwesenheit des jungen Babaji im Raum, der mir sagte: »Nun kannst du kommen.«

Jetzt, da es klar war, dass ich fliegen würde, zeigte sich endlich ein Traum. Ich nenne ihn den »kleinen Traum«, obwohl er groß war und mir später den zentralen Schlüssel zum Verständnis von Babajis aktuellem Erscheinen gab. Bezeichnenderweise kam dieser Traum erst, nachdem ich mich selbst dazu durchgerungen hatte zu fliegen, und nicht vorher.

Der Mandala-Traum

Ich sah die Schöpfung in Bildern in Form von fünf riesigen, dreidimensionalen Mandalas. Eines löste das andere ab.

Sie waren in sich sehr dynamisch und bewegten sich um eine vollkommen stille Mitte, einen leeren, wie atmenden Kreis. In dieser Mitte erschien, aus einer ganz anderen Dimension kommend, von weit her langsam sichtbar werdend, ein Wesen.

Mal sah ich nur sein Gesicht, mal saß es im Lotossitz, bei jedem der Mandalas anders und neu, aber immer asketisch wirkend. Es war Babaji. Ich wusste, er ist der Herr des Mandalas.

Beim letzten Mandala geschah es, dass er, der Herr des Mandalas, der sich immer in der Mitte befand, nun von außen rechts in sein eigenes Mandala hineintanzte. Zuerst sah ich ihn im Profil. Ein weiches, junges Profil.

Doch dann drehte er mir, ganz rundlich geworden, lachend sein Gesicht zu.

Mit einem großen Schreck und klopfendem Herzen erwachte ich: erschrocken, weil er lachte, erschrocken, weil er, der erhabene Herr des Mandalas, nun von außen in sein eigenes Mandala tanzte und seine Gestalt sich dabei sehr veränderte, indem sie deutlich an Gewicht und Schwere zunahm.

Die große Lichterfahrung

Als ich tatsächlich das Charterticket in der Hand hielt, geschah das unaussprechlichste und größte innere Ereignis bis zum damaligen Zeitpunkt meines Lebens. Es war in der Vollmondnacht vom 9. auf den 10. Januar 1978. Was zunächst im Schlaf begann, ging, als ich in einen Wachzustand wechselte, darin weiter:

Babaji war da, er stand vor einer Wand aus Licht und Nichts.
Es war die Schwelle zur anderen Dimension.

Angesichts dieser geistigen Schwelle sah ich mich wie unter Wasser geraten, unter Wasser wandern. Ich schien zu ihm zu gehören, und Babaji, der hoch oben war, schaute herab und zeigte sich erschrocken darüber, dass ich ins Samsara geraten war, die Welt der Illusion. Wachsam sah ich ihn von oben jedem meiner Schritte folgen. Einem Lichtfinger gleich markierte sein Blick auf der Wasseroberfläche einen Lichtpunkt genau dort, wohin ich unter Wasser einen Schritt gehen sollte. Durch den Lichtstrahl seines Blickes geführt sah ich mich dann unter Wasser wandern.

War er es, der letztlich für mich verantwortlich war?
Musste, wollte er mich wieder in seine Sphäre hinaufbringen?
Wie hatte er mich durch das Wasser emporgehoben?
Unbeschreiblich!
Ich war bei ihm.

Jetzt schenkte er mir ein Buch. Es war das Buch all meiner Leben. Rot eingebunden, die Blätter innen weiß mit Initialen, wie sie in mittelalterlichen Büchern zu finden sind. In immer gleichen Lettern stand auf jedem Blatt »So war es!«. Und in diese großen Buchstaben waren die Ereignisse eines jeden Lebens fein hineingemalt. Babaji wendete Blatt um Blatt, und dank seiner Gegenwart verstand ich alles, was ich sah. Dann nahm er mich empor.

Wahrhaft unglaublich, jenseits aller Worte und Ausdrucksmöglichkeiten, war ich ihm nah. Bedingungslos, vollkommen innig, atemlos und zutiefst ergriffen, wurde ich eins mit ihm im Licht einer Liebe, für die es keine Worte gibt.

Im Licht der Liebe – für immer eins.

Ich wusste: Er ist mein Höchstes Selbst.

Ich wusste: Das ist der Herr!

Nicht nur der Lehrer aller meiner Leben.

In diesem Zustand war kein Wunsch, je wieder in einem Körper zu sein.

War es, dass ich diese hohe Dimension, mit ihm im Licht eins zu sein, nicht mehr halten konnte? Ich wusste nur eines: Wenn ich je wieder in einem Körper sein sollte, dann könnte ich das Wissen dieser Liebe, dieses Lichts nur ertragen, indem ich mich tief vor ihm verneigte, durch den Erdboden hindurch.

Noch in derselben Nacht brachte er mich in meinen Körper zurück. Leicht war es nicht. Die ganze Zeit hatte ich physisch aufrecht im Bett gesessen.

Später, als ich dann wach lag und vor Ergriffenheit die Tränen flossen, war mir lange seine Süße im Herzen, in der Seele nah. Eine ganze Weile noch war mein Zimmer in ein sanftes, wie atmendes, schwingendes weißes Licht getaucht, voller Frieden.

Langsam fand ich in die Nacht und in den Schlaf zurück.

Das für mich so Bewegende und Erschütternde war, dass ich in dieser Nacht Babaji nicht nur als einen großen Lehrer, sondern als den Herrn erfuhr. Diese Erkenntnis war wahrhaftig gewaltig.

Als ich Bilder von ihm sah, hatte ich das nicht im Geringsten geahnt, auch nicht, als das Foto vom alten Herakhan-Baba zu mir zu sprechen begann.

Ich dachte einfach, Babaji sei ein großer Lehrer im Himalaya.

Doch nun hatte ich erfahren, wer er war.

Und ich wusste: Nichts auf der Welt würde mir je dieses Wissen nehmen können, auch wenn ich es selbst noch nicht völlig zu fassen vermochte.

Auf dem Weg zu Babaji

In diesem Wissen flog ich nach Indien.

Ich benötigte einige Tage der Akklimatisierung in Delhi und einer erneuten inneren Vorbereitung. Ich war innerlich so bewegt, dass ich Halsweh und Fieber bekam. Schließlich machte ich mich am Freitag, dem 20. Januar 1978, auf den Weg nach Herakhan.

Um sieben Uhr morgens verließ der Bus Delhi, ein alter indischer Klapperbus, wo man bei jedem Halt schauen musste, ob das Gepäck noch auf dem Dach war. Um 14 Uhr waren wir in Haldwani.

Ich hatte zu meinem Erstaunen auf dem Weg zu Babaji noch zwei Reisebegleiter: Vijay, einen sehr feinen Inder, und David, einen jungen amerikanischen Arzt.

Von Haldwani fuhren wir in Rikschas zum Patel-Chowk, wo wir einen hochgewachsenen, gut aussehenden Inder, Sri Trilck

Singh, genannt Muniraj, aufsuchten. Mir war gesagt worden, er würde einen Jeep für die Weiterfahrt besorgen.

Als ich bei der Abfahrt Muniraj groß vor seinem Shop auf einer Steinstufe stehen sah, wusste ich auf einmal, wer er war: Da stand in schweigender Majestät ein König von weiten Ländern und Reichen des Lichts!

Meine Liebe zu ihm war entfacht.

Mit dem Jeep ging es nach Damsite, einem winzigen Flecken mit ein paar Chai-Shops. Dort begann eine wunderschöne, etwa zweieinhalbstündige Flusswanderung, auf der wir etwa zwanzigmal den Gautama-Ganga-Fluss durchquerten. Unser Gepäck wurde von indischen Bergleuten oder auf Himalaya-Pferdchen transportiert.

Ankunft in Herakhan

Oh, Herakhan-Tal!
Im sonnendurchfluteten Abendlicht kamen wir an.
Welch ein Tal, so steindurchlebt, so lichtdurchwebt,
so tief vertraut, so hochgeheim.
Welch ein Tal! Wie heil es ist!
Und was sind das für Berge!
Alles wundersam, so lebendig, zutiefst berührend.

Links unten, in einem großen wilden Berg, lag die Höhle, in der Babaji erschienen war, und rechts, hoch oben auf dem Hügel, einer kleinen Festung gleich, sein Tempel-Ashram.

108 Stufen führten uns hinauf, hinein in den Gesang der Lieder, Kirtans des Abends.

So gelangte ich in das Heiligtum von Babaji.

»OM namah Shivay, Shivaye namah OM!«, tönte es, als wir so, wie wir gerade angekommen waren, in Jeans und Pullovern, zur Begrüßung auf Babaji zugingen.

Mein Herz schlug hoch.

Oh, wie lebendig saß er da!

Schweigend, glücklich, fragvoll hatte ich mich vor ihm verneigt und in der Gruppe Platz genommen, wartend und lauschend.

Er rief mich zu sich.

»Where do you come from? What is your name? – Woher kommst du? Wie heißt du?«

Ich sah ihn an.

Unvergesslich ist mir dieser Blick, mehrschichtig, wissend, innig grüßend und sehr ernst. Er durchdrang mich vollkommen, ging durch Mark und Bein.

Ich antwortete mit einem Lächeln, wie um zu sagen: »Du kennst mich doch!« Auch, um den zu finden, den ich kannte, den zu finden, der mich hierhergerufen hatte.

»Why do you smile? – Warum lächelst du?«, fragte er mich.

Einen Moment stockte mir der Atem, ich fühlte die Tiefe seiner Strenge und Wahrheit.

»There was a dream, you know – Ich hatte einen Traum, du weißt es ja«, antwortete ich ihm.

Ohne darauf einzugehen, gab er mir Süßes in die Hand.

»Do you want anything? Tea?«, fragte er dann und ließ uns allen, die wir eben angekommen waren, von draußen eigens Tee bringen, während drinnen weiter gesungen wurde.

Bald kamen alle heraus, und meine Reisegefährten und ich wurden von ein paar ganz herrlichen Menschen voller Freude wie alte Freunde begrüßt. Sie kamen ebenso aus dem Westen, einige aus Amerika. Einer von ihnen war Leonard Orr.

Inzwischen war es dunkel geworden, und alle Glocken des Tempels von Herakhan läuteten zum Abend-Arati, der Abendandacht.

Ich hatte ein Zimmer mit zwei anderen, David und Govindi, in dem einzigen größeren Haus, das es damals dort gab, bekommen. Rasch suchte ich mein Geschenk für Babaji und brachte es ihm. Wieder: Wie er schaute! So durchdringend. Doch jetzt etwas milder. Ohne es zu öffnen, legte er mein Geschenk neben sich.

»Dein Name ist Nila.«

Jetzt lächelte er.

»Nila means blue. Your soul is blue like sky. – Nila bedeutet blau. Deine Seele ist blau wie der Himmel.«

Wieder sah er mich an.

»I met you. I have come to you in Germany. – Ich traf dich. Ich bin zu dir nach Deutschland gekommen.«

Ja, Gott sei Dank!

Nun schaute er nicht mehr so unergründlich streng, sondern wach und liebevoll. Nach einer Weile ließ er mich wieder rufen. »Was tust du?« – »Ich male und versuche, für die Menschen eine Therapie durch Malen zu entwickeln.« – »Then you treat me! – Dann behandle mich!«, sagte er. Ich hatte ihm Farben mitgebracht. »Soll ich sie holen?«, fragte ich Babaji. – »Ja!«

Und während noch alle dasaßen und sangen, brachte ich die Farbstifte und mein großes leeres Buch. Er öffnete es und malte sogleich ein großes OM hoch oben auf die erste Seite.

Wie er so ganz spontan im Kerzenschein auf seinem kleinen schlichten Thronplatz malte, einem Podest mit einem dunkelroten Samtsitz darauf, davor drei Stufen, und ich neben ihm stand, fühlte ich, wie sich ein ganz liebes, verständnisinniges Band einfach durch das Malen zwischen uns bildete.

Babaji an den Wurzeln des
Satikundbaumes
im Tal von Herakhan

Denn der, der da saß, war mir in dieser Gestalt zunächst gar nicht vertraut, keineswegs leicht zu verstehen – nur seine Augen, die in eine totale Tiefe gingen, waren urvertraut.

Ich verstand nicht: Warum war er so rundlich geworden, ganz anders als auf den Fotos seines ersten Erscheinens?

In der ersten Nacht im Ashram sah ich vor mir an der Wand riesengroß ein Gesicht im Profil, das sich dann wendete und lachte und doch nicht lachte.

Es war Babajis Profil, so, wie er jetzt aussah. Es war dasselbe Profil, das ich in meinem Mandala-Traum gesehen hatte, als der Herr des Mandala selbst plötzlich von rechts außen in sein Mandala hineintanzte, sich umwandte und lachte, worüber ich so erschrocken war. Er war nicht mehr asketisch, sondern rundlich geworden. Mir begann zu dämmern, dass mit Babajis physischer Verwandlung etwas ungemein Tiefes verbunden war.

Samstag, 21. Januar 1978, mein erster Tag im Ashram

Um drei Uhr aufstehen, wurde ich belehrt, spätestens um vier Uhr!

Hinabgehen zum Fluss!
So kalt wie schön. Sich nicht scheuen und untertauchen!
Anfangs war es eine Mutprobe, nachher einfach schön.
Unter diesem Kristallsternenhimmel, Sterne, die weiß leuchteten in der Nacht, und in diesem völlig reinen, strömenden Gautama-Ganga-Wasser zu baden – ein Gefühl von Freiheit!

Dann, zwischen vier und sieben Uhr, Meditation.
Jeder, wie er wollte und wo er wollte.
Fest stand nur, um sieben Uhr war Morgen-Arati, eine rituelle Andacht.
Dazu sollte sich jeder im Tempel in der Mitte des Ashrams zum Glockenläuten und Morgensingen einfinden.

Der erste Tag, der in seiner Nacht so sternenklar begonnen hatte, füllte sich mit Wolken und Wind. Es begann zu stürmen und zu regnen, und es wurde sehr kalt.
Vormittags suchte ich Fakiranand auf, den Sekretär von Babaji. Ein alter, achtsamer, freundlicher Mensch. Er wohnte in einem winzigen Raum, in dessen Vorraum die Bibliothek des Ashrams untergebracht war. Was mich hierhergebracht habe, wollte er wissen.
Ich erzählte ihm von meiner großen Lichterfahrung. Er verstand. Ja, er habe vor ein paar Jahren selbst ein solches Erlebnis gehabt, genau hier, wo er jetzt sitze – sieben Stunden lang.
Außerdem schilderte ich, wie mich zunächst der alte Herakhan-Baba so tief berührt habe und anschließend Babaji in sei-

ner Anfangserscheinung gekommen sei, aber dass mich Babajis jetziges Aussehen wundere.

Fakiranand verstand gut: »Don't look at the shape – Sieh nicht auf die Form«, habe Babaji jedes Mal geantwortet, wenn er während der letzten zwei Jahre über den Grund seiner großen physischen Veränderung befragt worden sei. Er bemerkte noch, dass immer wieder hellsichtige Menschen durch den jetzigen Babaji die Gestalt des vorhergehenden wahrnehmen könnten.

Tatsächlich war für mich zu diesem Zeitpunkt entscheidend, die Identität des jetzigen, in seinem Aussehen so sehr anderen Babaji mit dem alten Herakhan-Baba zu erfahren. Inzwischen hatten sich noch andere bei Fakiranand versammelt und das Gespräch auf die Weltsituation und das, was der Menschheit bevorstehe, gebracht. Nur jene, die Gott im Zentrum ihres Lebens hätten, nur jene seien beschützt, wenn die von Babaji vorausgesagten weltweiten Umwälzungen stattfänden.

»Truth, Simplicity and Love – Wahrheit, Einfachheit und Liebe«, das ist das Zentrum von Babajis Lehre – und das Mantra »OM namah Shivay«[3] zu rezitieren, Tag und Nacht, ohne Unterlass.

Es war Mittagessenzeit. Ich hörte Trommeln. Als ich von Fakiranand nach oben ging, regnete es in Strömen, und da stand eine Gestalt im Regen. »Ay, come!« Es war Babaji selbst – mit einem langen feuerroten Tuch und einem hellblauen Pullover bekleidet –, der wie ein Indianer mit diesem Ruf auf mich zusprang, mich am Handgelenk packte und zu einem bestimmten Platz führte.

Alle anderen waren schon zum Essen versammelt. Wegen des Regens diesmal nicht unter freiem Himmel wie sonst, son-

---

3 OM namah Shivay: Ich verneige mich vor dir, Herr. Ich überantworte mich dir und nehme Zuflucht in Gott. Dein Wille geschehe – oder einfach: Ich liebe dich, Herr!

dern unter dem Dach rund um den kleinen Tempel, der das Zentrum des Ashrams bildete. Genau vor der Tür des Tempels, von dem ich noch nicht wusste, was oder wer darin verehrt wurde, an der Schwelle, platzierte Babaji mich. Nach dem Essen sagte Babaji zu mir »Now you take rest! – Nun ruhe dich aus!«, und tatsächlich schlief ich fest.

Nachmittags um 17 Uhr ging es zum Mantras-Singen, heilige Lieder, wieder waren alle versammelt.

»OM namah Shivay, Shivaye namah OM!«

Nach einer Weile erschien mitten in den Bhajan-Gesang hinein Babaji und nahm wie jedes Mal vorn auf seinem kleinen Thron Platz. Jeder ging, wenn er den Zeitpunkt gekommen fühlte, zu ihm, um ihn zu grüßen und sich zu verneigen. Merkwürdig, manche tanzten ihm zu den Rhythmen der Lieder entgegen.

Ich staunte, dass das hier erlaubt war.

»Are you happy?«, fragte mich Babaji. »Do you like it here? – Bist du glücklich? Gefällt es dir hier?« – »Yes«, sagte ich etwas zögernd. Und wieder, wie bei fast jeder Gelegenheit in diesen ersten Tagen, gab er mir eine große Süßigkeit zum Essen in die Hand und schaute mich mit einem unbeschreiblichen Blick an. Oh, wie ich fühlte: Er tat etwas in diese Süßigkeit hinein, und das alles durfte, sollte ich essen!

»What is your name?«, fragte er mich wiederholt. – »Renata!« – »What is your name? – Wie ist dein Name?« – »Ah, Nila«, antwortete ich. Es dauerte wirklich eine Weile, bis ich begriff, dass ich alle anderen Namen, die ich bisher in meinem Leben bekommen hatte, hinter mir lassen und nur Nila sein sollte: blau wie der Himmel.

Das Abend-Arati kam. Im Tempel wurde morgens und abends Puja, ein Gottesdienst, zelebriert. Dabei wurden eine halbe Stunde lang etwa zwölf Glocken zum Schwingen gebracht.

Wunderschön klang es. Zugleich das Trommeln. Dann wurde das Göttliche im Inneren des Tempels mit Flammen auf einem kleinen Arati-Halter verehrt.[4] Das Licht wurde herumgereicht, wobei es jeder symbolisch mit den Händen zu sich nahm.

Am Ende sangen alle ein rituelles Gebet, das unter anderem das Tarak-Mantra enthielt, das höchste Mantra mit den 108 Namen Shivas. Babaji war selbst präsent. Immer zu Beginn, wenn er hereinkam, verweilte er, ganz in sein Tuch gehüllt, etwa zehn Minuten in Schweigen. Nur sein Gesicht blieb sichtbar. Oh, wie gern hatte ich ihn, wenn er still und aufrecht, groß und machtvoll gesammelt vor uns saß! Wie schön er war!

»OM Hariyakhandi, Hariyakhandi OM.«[5]

War das ein Name? Immer dann, wenn diese Worte gesungen wurden, gingen ein geheimnisvolles Sehnen und ein Schauer durch mich. Obgleich ich es nicht verstand, verbanden sich diese heiligen Worte mit jenem, der in Schweigen gehüllt vor uns saß. War dieses Mantra sein Name?

Dann kam der Samstagabend: Babaji machte ihn zum Fest.

Tatsächlich begann er, sich vorn auf seinem Sitz wie im Tanz zu wiegen, und ermunterte uns damit, es ihm gleichzutun. Ich dachte an Shiva Nataraja, den tanzenden Shiva. Wahrhaftig, vor Babajis Tempel wurde getanzt! Die einen erhoben sich und begannen ebenfalls zu tanzen, andere blieben sitzen, singend, rhythmisch mit Trommel und Rassel mitschwingend. Auch

---

4 Zum Arati wird ein kleines Metallgefäß mit Henkel verwendet, gefüllt mit einem oder mehreren in zerlassenes, gereinigtes Butterfett getauchten Wattekügelchen, die oben zugespitzt sind. Diese werden entzündet und geben eine schöne, lebendige Flamme. Das Metallgefäß mit der Flamme wird dann im Uhrzeigersinn vor einem Bild oder einer Statue des Göttlichen im Kreis geführt.

5 OM Hariyakhandi ist ein Mantra, das vom Scheitelchakra aus alle Chakren im Körper regiert und öffnet, wenn es immer und immer wiederholt wird.

Das Herakhan-Tal zwischen Kailash und Diddheswar

mich hielt es nicht mehr auf meinem Sitz, und ich begann, meinen Tanz zu suchen. Nein, der Tanz fand mich, und wir tanzten und tanzten.

Babaji schaute – er freute sich! Zum Schluss verneigten wir uns alle, wie wir da waren, tanzten und sangen direkt vor ihm. Als ich mich dann vor ihm verneigte, zog er mich oben beim Scheitel am Haar, kräftig, aber sehr liebevoll. Ein beglückendes Gefühl!

Oh, wie sehr wollte ich herausfinden, ob er der Herakhan-Baba von meinem Bild war, und ich zog es aus meiner Tasche, um ihn, als er hinausging, persönlich zu fragen. Doch rasch ging er an mir vorbei. Mit Macht türmte sich stattdessen sein Rücken vor mir auf. Er hielt vor dem Tor zum Innersten des Tempels inne, das jetzt geöffnet war, und verschwand, abrupt und schweigend.

Nun war der Blick in den Tempel, der das Zentrum des Ashrams bildete, frei, und was sah ich: Liebevoll geschmückt saß dort die Statue des alten Herakhan-Baba. Ach, Babaji hatte mir auf diese Weise Antwort auf meine Frage gegeben. Es gab also einen tiefen Zusammenhang zwischen den beiden. Wundervoll, zu sehen, dass die Alter-Herakhan-Baba-Statue im Zentrum des Ashrams geehrt wurde, doch noch war mir die Identität des jungen Babaji mit dem alten nicht klar.

Sonntag, 22. Januar 1978, mein zweiter Tag im Ashram

Mein zweiter Morgen im Ashram: Chandan.

Ich hörte, dass wir morgens um fünf Uhr zu Babaji zum Chandan und danach an sein Feuer kommen durften.

Chandan bedeutet, Babaji malte drei Striche quer über die Stirn als Zeichen Shivas und zwischen die Augenbrauen einen roten Punkt.

Wahrhaftig eindrucksvoll war es, noch im Dunkeln einen steilen Abhang entlang in Babajis kleinen Raum zu gelangen, einen Raum, der kostbar wirkte wie ein Smaragd, und ihn dort weiß bekleidet sitzen zu sehen, ernst, schweigend und überwach. Mit der einen Hand hielt er den Kopf eines jeden, während er mit der anderen Hand eine wunderbare goldgelbe, feuchte, flüssige Farbe über die Stirn strich und zum Schluss den roten Punkt auf die Stirnmitte setzte. Das tat sehr gut. Offenbar klärte er unsere Gedanken dabei und schenkte unserem unruhigen Geist Frieden.

Dann versammelten sich all diejenigen, die zum Chandan eingeladen waren, unter einem großen mächtigen Baum im Halbkreis um das Feuer, das draußen vor Babajis Raum brannte.

Eine große Schale mit Nahrung, die von ihm geopfert werden sollte, stand neben seinem Sitz bereit. Babaji kam, ließ sich auf seinem Platz dicht am Feuer nieder und begann, das heilige Opferritual zu vollziehen. Schlicht war es und tief beeindruckend. Wie vollkommen gesammelt er war!

Meist mit geschlossenen Augen warf er eine Handvoll nach der anderen ins Feuer – zwischendurch immer neu innehaltend, so als ginge er in eine andere Bewusstseinsebene. SEIN heiliges Feuer! Manchmal sah er den einen oder anderen von uns an, bevor er wieder eine Handvoll der Opfergaben in das

Feuer warf. Eindringlich war sein Blick dabei, nicht zu beschreiben, wie tief.

Nach dem Chandan sollten die, die teilgenommen hatten, wach bleiben, am besten meditieren oder etwas anderes tun – jedenfalls nicht schlafen, damit die heilige Handlung nicht umsonst gewesen wäre. Das erfuhr ich allerdings erst, nachdem ich bereits nach meinem ersten Chandan über der anschließend versuchten Meditation oben im Zimmer selig eingeschlafen war. Tatsächlich war ich dieses so frühe Aufstehen und das morgendliche zeitige Meditieren einfach nicht gewohnt.

Babaji schien dies alles zu wissen, denn er zeigte sich mir gegenüber im Laufe des Vormittags ziemlich gleichgültig, als ich mich vor ihm verneigte. Mir fing an zu dämmern, dass er offenbar genau wusste, was man tat beziehungsweise nicht tat. Überhaupt wusste er von allem, was in uns vorging. So wurde ein sehr netter amerikanischer Arzt öffentlich und sehr humorvoll bezichtigt, sich nicht beziehungsweise nur per Katzenwäsche gereinigt zu haben. Wir sollten ganz, bis zum Hals, im Fluss untertauchen, besonders dann, wenn wir anschließend zum Chandan kommen wollten.

Es war Sonntag. Nach einem wilden Morgenwind und Regenhimmel kam tatsächlich die Sonne hervor, gerade rechtzeitig zum Aufbruch. Der Tag, frisch und sonnig, lud uns ein. Alle Ashrambewohner sollten mit Babaji nach Damsite wandern, wo er eine Feuerzeremonie abzuhalten gedachte. Damsite – das bedeutete zwanzig Mal durch das Wasser laufen, genau wie auf dem Herweg nach Herakhan, durch dieses so beredte Tal der Steine! Nun, ich war gespannt und freute mich.

Gegen halb neun brachen alle auf, Babaji mit rosa Turban und langem Schweif. Ich hielt mich in seiner Nähe auf, ebenso David, der zusammen mit mir angekommen war und der heute früh beim Chandan eine regelrechte »Kriegsbemalung« bekommen hatte. Auch John, genannt Dr. Dahru, wie David ein Arzt aus Amerika, ging mit Babaji, zudem ein paar indische Jungen, die mit im Ashram arbeiteten. Alle anderen schickte Babaji voraus: »You go! – Geht!« Immer war er es, der bestimmte, wer mit ihm ging und wer nicht.

Babaji ließ Fotos aufnehmen. Dabei legte er den Arm um David, der doch, genau wie ich, erst gekommen war, aber nicht um mich. Auch mit Dr. Dahru spielte er, hakte sich bei ihm ein, gab sich ganz vertraut mit ihm. Doch mir zeigte er immer wieder die kalte Schulter, was wirklich deutlich zu fühlen war. Wie wir so über die vielen, vielen Steine und immer wieder durch einen der Arme des Flusses wateten, hielt Babaji plötzlich inne, sah mich von der Seite an, nahm sein Halstuch und band es mir entschlossen um den Kopf – ganz fest zog er den Knoten.

Plötzlich, als wir erneut durchs Wasser schritten, fragte er mich: »Are you leaving tomorrow? – Reist du morgen ab?« Erschrocken sagte ich: »Nein, wenn du einverstanden bist, möchte ich gerne bis Ende Januar oder Anfang Februar bleiben. Dann würde ein Freund von mir kommen, um mich abzuholen.«

Dazu holte ich mein Büchlein aus der Tasche, in dem sich ein Foto dieses Freundes befand. Als ich es aufschlug und ihm zeigen wollte, fiel sein Blick auf ein Foto von Marcel. Sofort fragte er mich: »Who is that? – Wer ist das?«, und ergriff dann selbst das kleine Buch.

Während wir weiter durchs Wasser wanderten, blätterte er in dem Buch und schlug das Bild von Swamiji auf: »What is his name? Do you like him? – Wie heißt er? Magst du ihn?«, fragte er mich. – »Ja, ich hab ihn sehr gern, es ist Swamiji Ganapati Satchidananda.« Darauf erwiderte Babaji: »Why you have not gone to him? – Warum bist du nicht zu ihm gegangen?« Ich antwortete verzweifelt: »Aber du hast mich doch gerufen!« Er klappte das Buch zu, gab es mir in die Hand zurück und schritt rasch mit den anderen weiter.

Kurz darauf, ich lief gerade an seiner linken Seite, bückte er sich überraschend, um einen Stein aufzuheben. Für eine Sekunde sah ich wirklich eine Flamme mitten durch den Stein in seiner Hand gehen. »Blessing through a stone – Segen durch einen Stein«, sprach er in dem Augenblick und legte ihn mir in die Hand. Betroffen blieb ich stehen, er aber lief rasch weiter, wieder ins Wasser, diesmal durch sehr tiefes Wasser, eben noch mir zurufend: »Okay, you can stay till the end of January as you are blessed through a stone! – In Ordnung, du kannst bis Ende Januar bleiben, weil du durch einen Stein gesegnet bist!«

Von alldem war ich total betroffen, ich setzte den Marsch sehr langsam fort und ließ Babaji mit den anderen weitergehen. Ich zog mich ganz in mich zurück. Betroffenheit ist gar kein Ausdruck – ich war bis tief ins Mark hinein erschüttert. Besonders jetzt musste ich sehr achtgeben, nicht traurig zu werden.

Fest hielt ich den Stein in der Hand – er war jetzt mein Halt, und ich versuchte, Ruhe zu gewinnen, Gleichmut, völlige Gelassenheit, nur nicht verzweifeln, sondern ganz ruhig bleiben, atmen, ganz in die eigene Mitte kommen, atmen – nach oben ein – nach unten aus – nichts anderes als das und Gott anrufen – aus der Ruhe heraus – und mit ganzer Kraft – ihn rufen, ihn atmen, ihn – nichts anderes. Und im Übrigen den äußeren Babaji, der mich gerade so verwirrte, mir einfach egal sein lassen. So tat ich es – und bemühte mich darum auch während der ganzen Feuerzeremonie in Damsite. Ebenso auf dem Rückweg. Es war für mich klar, dass ich jetzt allein zurückgehen würde.

In Damsite gab es etwas abseits einen Tea-Shop, und ich hatte tatsächlich das Bedürfnis, etwas Warmes zu trinken. Als mein Tee kam, sah Babaji mich aus der Ferne an. Sofort bekam ich ein schlechtes Gewissen, mir einfach Tee gegönnt zu haben. Mit dem im Glas schwappenden Tee lief ich zu Babaji und bot ihn ihm an. Er sagte: »No, I don't drink tea! – Nein, ich trinke keinen Tee!« So teilte ich den Tee mit anderen und bestellte noch mehr für alle, die in meiner Nähe waren.

Der Rückweg war wunderschön. Ich ging als eine der Ersten zurück, durchquerte wieder viele, viele Male den Fluss mit seinen lebendigen Wegen durch dieses mir jetzt schon etwas vertraut gewordene lange, große, liebe Tal. Ich ging allein, ging gerne allein. Fast alle anderen waren hinter mir. Babaji sagte, er würde mit seiner Gruppe erst ganz zum Schluss zurückgehen. Nach dem Schock auf dem Hinweg, dem bloßen Gedanken, dass ich beinah am nächsten Tag hätte fahren müssen, bemühte ich mich jetzt um Gleichmut, ob Babaji mich beachtete oder nicht. Er war mir in seiner ganzen Erscheinung fremd und unverständlich.

Jetzt ging es für mich nur noch um Gott, ihn zu erreichen im Atmen. Meine ganze Sehnsucht und Innigkeit galt nur ihm. So ging ich und geriet in eine zunehmende innere Sammlung. Das Licht und die Ruhe des Tals erfüllten mich mehr und mehr. Gott würde mir zeigen, was wahr ist, denn ich selbst verstand rein gar nichts mehr. So stapfte ich unverdrossen weiter, fest nur dies eine wissend, dass ich mich in meine eigene freie unabhängige Mitte stellen musste, hier mein ureigenes tiefes, inniges Feuer für das Höchste entzünden musste, die Flamme so wach und rein wie nur irgend möglich zu halten und mich um nichts sonst zu kümmern brauchte.

»Unendlicher Gott« beim Einatmen, »unendlicher Gott« beim Ausatmen, lautete mein Mantra.

In der Mitte des Weges, als ich gerade wieder ein reißendes Stück Wasser passierte, stand urplötzlich ein Inder mit schwarzem Wolljackett und mehreren Koffern und Taschen zwischen zwei Flussarmen. »It is a little difficult, this way – Er ist etwas schwierig, dieser Weg«, bemerkte er und schaute mich mit sehr wachen Augen und einem leuchtenden lächelnden Blick an –

fast einem Babaji-Blick. Ich stapfte weiter und entgegnete im Vorbeigehen, mich kurz umwendend: »Ja, das ist er!«

Merkwürdig, er hatte mich so intensiv angeschaut. Ich fragte mich, wer er wohl war und wo er herkam. Wie überhaupt trug er allein dieses viele Gepäck, das er neben sich stehen hatte, durch all die Flussarme? Diese Fragen beschäftigten mich noch einige Zeit im weiteren Verlauf des Weges, vor allem, als ich ein paar Indern begegnete, wohl aus Bergdörfern kommend, die alle schweigend an mir vorübergingen und ganz gewiss kein Englisch sprachen.

Sehr merkwürdig, dieser Fremde! Aus heutiger Sicht weiß ich, dass er ein Gesandter von Babaji war, wohl in einer der Formen von Bhairav Baba.

Nach einer Weile erreichte ich das Tal, in dem rechts oben Babajis Ashram und links unten seine Höhle vor mir lagen. Seine Höhle, sie zog mich sehr an!

Am Morgen hatte ich ein amerikanisches Paar dort ein und aus gehen sehen. Nie hätte ich es gewagt, ungefragt seine Höhle zu betreten. Doch so traute ich mich, kniete am Eingang nieder, gesammelt und voller Scheu, hier, in dieser Höhle, wo der alte Herakhan-Baba gelebt hatte! Ein wunderbarer Duft kam mir entgegen, und Licht – lauter Licht umhüllte mich und hob mich innerlich empor. Oh, wie glücklich war ich, ganz still, ganz hell – und wieder war da dieser göttliche Duft, vollkommen wunderbar!

Mein Gott, das war doch genau derselbe Duft, den Babaji heute Morgen zweimal sogar selbst ausgeströmt hatte, oben im Ashram, als ich hinter ihm ging! Es war offenbar sein Duft, der mir nun hier, in der Höhle des alten Herakhan-Baba, wieder entgegenkam und mich mit Licht und Glück erfüllte.

Und plötzlich, ich traute meinen Ohren kaum, hörte ich Babajis Stimme. Babaji? Wie konnte er jetzt schon hier sein? Verwundert kam ich aus der Höhle heraus. Tatsächlich, da stand er und sah mich an. Er war allein und hatte einem der Arbeiter, die offenbar in der Nähe tätig waren, etwas zugerufen. Babaji hatte doch gesagt, dass er erst ganz zum Schluss mit einer Gruppe gehen würde, wie konnte er dann zugleich vorn, bei mir, sein?

Ich erwartete ein Donnerwetter, weil ich einfach so seine Höhle betreten hatte. Stattdessen fragte Babaji: »Do you want tea? – Möchtest du Tee?« Ich war völlig verblüfft. Und wo gab es überhaupt hier unten bei der Höhle, in dieser Wildnis Tee? Doch schon brachte einer der Inder zwei Gläser Tee! War dies seine Antwort darauf, dass ich ihm in Damsite Tee angeboten hatte?

Babaji hatte sich auf einer kleinen Holzkiste niedergelassen und ich mich auf den Steinen vor ihm. Der Tee war wirklich herrlich; seinen eigenen gab Babaji einem Arbeiter. Ich sah ihn an. Immer noch war es für mich äußerst rätselhaft, dass jenes Wesen, das mir von innen her begegnet war und durch das ich ein so fundamentales Gotteserlebnis erfahren hatte, nun in diesem Babaji vor mir verkörpert sein sollte, der, so menschlich und rundlich wie er jetzt wirkte, kaum etwas mit dieser herrlichen Erscheinung gemeinsam zu haben schien.

Meine Ignoranz spiegelnd, sah er mich mit ganz runden Augen an. Flehend bat ich: »Bitte, hilf mir, ich verstehe dich nicht!«, denn ich fühlte, dass ich ihn allein nie würde ergründen können. Sein Ausdruck veränderte sich vollkommen. Mit leuchtenden Augen, voller Licht und Wärme antwortete er unvermittelt: »Yes, I will help you! – Ja, ich werde dir helfen!«

Die einfachen Worte »Bitte, hilf mir« öffneten die göttlichen Tore.

Nobody knows anybody

Gemeinsam gingen wir durch die sanfte beginnende Abenddämmerung hinüber zum Ashram, die vielen Stufen hinauf.

als Babajis Blick auf ein kleines Rosenkreuz fiel, das ich an einem Kettchen trug. Ich fing diesen Blick auf und erzählte ihm, dass Swamiji, dessen Bild ich ihm heute Vormittag gezeigt hatte, es materialisiert habe, indem er mich am Hals berührt habe. »War er bei euch zu Hause?«, fragte Babaji. – »Ja, mehrmals.« – »Ist er im Westen bekannt?« So gut ich konnte, gab ich Antwort.

Und dann sagte Babaji: »Nobody knows anybody. – Keiner kennt irgendjemanden.«

Diese Worte berührten mich tief und sind mir auch später immer wieder in den Sinn gekommen, zum Beispiel wenn ein berühmter hellsichtiger Mensch einen anderen nicht zu erkennen vermochte.

»Wer bist du?«, fragte ich ihn – er sah mich an. – »Whom do you see? – Wen siehst du?« – »Nichts?« Das entsprach meinem momentanen Erkenntnisvermögen nach wohl am ehesten der Wahrheit.

Inzwischen waren wir oben angekommen. Nur wenige waren bereits zurück, alle anderen noch auf dem Weg. Wir wenigen sammelten uns und begannen zu singen, während allmählich mehr und mehr eintrafen. Schließlich erschien auch Babaji wieder. Nur einer kam und kam nicht: David, mein Zimmermitbewohner. Unglücklicherweise hatte er den Schlüssel mitgenommen. Die Nacht kam, und Govindi und ich konnten nicht in unser Zimmer.

Endlich tauchte auch David wieder auf. Erregt berichtete er, dass er das unglaublichste Erlebnis seines Lebens gehabt habe. Ich war gespannt, und es fiel mir ein, wie er beim Chandan am Morgen diese ganz besondere Bemalung bekommen hatte, und darüber hinaus, dass Babaji auf dem Hinweg so besonders aufmerksam ihm gegenüber gewesen war. Was war geschehen?

Eine große lange Teppichmatte, die für den Ashram bestimmt war, sollte von Damsite nach Herakhan transportiert werden. David, der sehr kräftig, durchtrainiert und sportlich war, sollte auf Babajis Wunsch hin einem jungen Inder tragen helfen. So geschah es am frühen Nachmittag. Der Junge, schmal und groß, trug die Matte, als wenn es nichts wäre, während David dabei immer wieder fast zusammenbrach. 150 Kilogramm habe die Matte gewogen, und es sei für ihn völlig unfassbar und unerklärlich, wie dieser schmale, fast schmächtige Knabe den Teppich auf leichter Schulter und ohne im Geringsten zu ermüden habe tragen können – diesen ganzen langen Weg. Höchst seltsam! Offenbar hatte Babajis Energie diesen Jungen durchdrungen – oder Babaji hatte vorübergehend gar die Form dieses Jungen angenommen?

Montag, 23. Januar 1978, mein dritter Tag im Ashram

Langsam wurde mir alles vertrauter. Früh aufstehen und über die vielen Treppen mit der Taschenlampe hinab zum Fluss laufen – Sternenhimmel – kaltes Bad – die Steine dort – sich sammeln – die frühe Meditation.

Ab jetzt durfte niemand mehr zu Babajis Chandan kommen, es sei denn, er rief ihn extra auf.

Heute gab es also für niemanden Chandan, und so fand ich in aller Ruhe heraus, wo man Tee trinken gehen konnte. Der Tea-Shop, hinter dem Ashram in Richtung Wald gelegen, befand sich in einer kleinen Hütte. Die Feuerstelle, über der der Tee zubereitet wurde, war sehr einfach. Bisquits, die man sich in der Glut rösten konnte, gab es auch. Schön war es, mit einem heißen Glas Tee in der Hand auf die gegenüberliegenden Berge zu schauen und den Morgen erwachen zu sehen. Sheela, eine liebe, sehr energievolle Inderin, die sich zur Theosophie bekannte, Babaji seit 1972 als ihren höchsten Meister verehrte und schon oft in Herakhan war, kam mit mir ins Gespräch.

Sie erzählte mir, dass seit vielen Jahren an jedem Morgen gegenüber, zwischen den zwei Bergen, ein kometenartiges Licht aufgestiegen sei. Bis vor kurzem habe es jeder beobachten können. Das sei kein Stern gewesen. Sie berichtete weiter von »divine lights – göttlichen Lichtern«, die man hier besonders nachts und in den Dämmerstunden, abends wie morgens, beobachten könne. Reisende Lichter, die sich hier im Tal und an den Bergen entlangbewegten, manchmal sehr rasch, manchmal langsam, dann in Kreisen, und sich anschließend auflösten.

Tatsächlich hatte ich am Abend zuvor schon ein solches Licht auf dem gegenüberliegenden Berg gesehen und mich gewundert, mit welcher Schnelligkeit jemand mit einer großen Taschenlampe den Berg hinauflief. Von Anfang an fühlte ich, dass dies hier eine ganz besondere Gegend war, voll geheimen Lebens.

Montagmorgen – der erste richtig sonnige, wärmere Tag im Ashram. Ein freudiges Gefühl erfüllte mich nach dem strömenden Regen des Samstags und der sonnigen, aber doch kühlen Frische des Sonntags.

Bevor ich nach dem Morgen-Arati-Singen in den Garten gehen konnte, dorthin, wo Babaji sich paradiesisch niederließ, wurde David und mir aufgetragen, zu Fakiranand zu gehen, auf dass er uns Neuankömmlingen einiges erzähle oder unsere Fragen beantworte, denn Babaji selbst sprach kaum.

Fakiranand erklärte uns vieles, und nun erfuhr ich, dass Babaji 1970 hier unten, in genau der Höhle, in der der alte Herakhan-Baba gelebt hatte, erschienen war! Wie hatte ich mich über den wundervollen Duft des jetzigen Babaji dort gewundert, der mich nach ein paar Minuten Meditieren in der Höhle so beglückte!

Das Erscheinen Babajis war lange zuvor angekündigt worden.

Jetzt würde er sich den Menschen, die er zu sich rufen wollte, im Traum oder in Visionen zeigen, wo immer auf der Erde sie auch lebten. Er selbst blieb stets im Hintergrund, auch zum Beispiel bei den Voraussagen, die das Schicksal der Menschheit betrafen.

Die Prophezeiungen wurden besonders anfangs nicht direkt von ihm selbst gemacht, sondern indirekt durch Dritte, die er plötzlich aufforderte, öffentlich zu sprechen. Er versetzte sie in einen erhobenen Bewusstseinszustand und sprach durch die Person hindurch. Das Ausgesagte bestätigte er anschließend, indem er den Sprecher zum Beispiel öffentlich mit Blumen bekränzte.

Auf diese Weise wurden Mitteilungen laut von den gewaltigen Veränderungen, die der Erde bevorstünden, teils durch Kriege, teils durch Naturkatastrophen. Danach würde eine lichtere Zeit beginnen, aber die Menschheit wäre dann zahlenmäßig sehr reduziert.

Nur jene, die vollkommen im Einklang mit Gott stünden, wären beschützt. Außerdem sagte er, dass ab jetzt jeder von dem wissen solle, was den Menschen bevorstünde.

Inzwischen war noch ein dunkelhäutiger, sehr feiner und hochgebildeter Mann zu Fakiranand gekommen. Er war Botschafter von Ghana und kannte Babaji schon länger. »Mein Gott, wie sehr er sich verändert hat in den letzten zwei Jahren, völlig unglaublich«, sagte er, »man würde nicht glauben, dass er derselbe ist.« Dabei war in seiner Stimme eine tiefe Verehrung hörbar, unabhängig davon, ob nun Babaji sich in dieser oder jener Weise zeigte. »Vorher so schweigend, stets in Meditation, außer Milch und Tee nichts zu sich nehmend – und jetzt der reinste Clown, spricht, isst Bonbons, wird rundlich, und doch ist es derselbe. Das ist sein Lila – sein Spiel, dessen Grund und Sinn wir vielleicht ahnen, aber nicht verstehen.«

Dann las Fakiranand etwas von dem vor, was vor Kurzem in England über Babaji von einer medialen Frau ausgesagt wurde, der man ohne nähere Hinweise einfach ein Foto von ihm gezeigt hatte. Ihr Hineinspüren ging tatsächlich so weit, dass sie plötzlich erstaunt sagte: »Aber das ist ja gar kein gewöhnliches Fleisch und Blut, kein Leib, der durch Geburt entstand!«

Als Fakiranand Babaji diesen Brief vorlesen wollte, winkte der ab und sagte nur: »Yes, she is a great soul. – Ja, sie ist eine große Seele.«

Ein wirklich sonniges Bild bot sich uns, als wir aus Fakiranands kleinem Zimmer hinauf in den Ashram-Garten kamen. Babaji saß da – der Frieden selbst – malend, und Gopiji, eine sehr feine kultivierte Inderin, reichte ihm die Farben. Ich freute mich und lief zu ihm. Tatsächlich, er probierte die Farbstifte aus, die ich ihm mitgebracht hatte. Zugleich schien er mit Gopiji zu scherzen. Erst später verstand ich, wie oft die Situation vollkommen ernst war, wenn er scheinbar Späße machte; nie waren sie nur lustig, immer waren sie zugleich tief und hintergründig.

»Yes, come! – Ja, komm her!«, sagte er zu mir und fing an, ein Bild für mich zu malen. Erst die Berge – immer malte er erst seine Berge – und dann in Schichten allmählich in die Ebene hinab. Hier ließ er den Fluss Ganga laufen und malte dann noch einen See. »This is Gopi Lake.« – »Überall Erde, aber keine Blumen. Ich wünsche mir Blumen«, bat ich. So fing er an, um den Gopi-See herum ein paar Blümchen zu malen. Für jede Blume musste er öfter den Farbstift wechseln.

»How complicated is only one flower! – Wie kompliziert eine einzige Blume ist!«, murmelte er.

Dann drehte er das Bild um und gestaltete den Himmel, den er bis zum Schluss freigelassen hatte. Er malte Blau und einen gelben Sonnenstreifen und noch Rot hinein – aber alles doch sehr zart. – »Feuer im Himmel?«, fragte ich.

»Yes, because of your temperament! – Ja, wegen deines Temperaments!«, war die Antwort. – »Und die Sonne, wo ist die Sonne?«, wollte ich wissen. Tatsächlich malte er neben den größten der Berge eine Sonne – in Rot! – »Ist es eine auf- oder eine untergehende Sonne?«

»Rising – aufgehend«, brüllte er mich an und warf mir das Bild in den Schoß. »Don't throw it! – Wirf es nicht weg!«, murmelte er noch, als ich ihm dankte und sein Geschenk betrachtete. Dann malte er für jemand anderen weiter, wieder mit ganz sanften zarten Farben. Ich sagte ihm, dass er doch auch etwas fester aufdrücken könne, um kräftigere Farben zu bekommen.

»No, I like it soft – Nein, ich liebe es sanft«, meinte er. Sehr schöne Berge waren ihm jetzt gelungen. – »Schön«, sagte ich. – »No«, sagte er unverwandt, »since Devi has gone to Himalayas, nothing is beautiful anymore in this world! – Seit Devi in den Himalaya gegangen ist, ist nichts mehr schön in dieser Welt!«, und er beendete sein Bild.

Ich fragte ihn, ob ich nach der langen Wanderung am Tag zuvor seine Füße etwas ölen solle. Er schnupperte eine Weile an dem Wala-Öl, das ich dabei hatte, und ließ es zu – zu meiner Freude. Merkwürdig, seine Füße, die doch immer barfuß über all die vielen großen und kleinen Steine hier im Tal gingen, waren wie unberührt, sie hatten keine der Linien, die sich sonst durch das Laufen eingraben, nichts dergleichen. Nur etwas Zeichenartiges an zwei Stellen. Um andere, die sich inzwischen rundum versammelt hatten, mit ins Spiel zu bringen, ließ er sie an allen Fingern seiner beiden Hände ziehen, so lange, bis sie knackten, während ich und dann noch jemand Zweites seine Füße bearbeiteten.

Sein Körper war wirklich nicht unantastbar – er ließ alles zu! Als es genug des guten Spiels war, fragte ich ihn, ob ich das Buch holen dürfe, das ich von meinem Freund aus Deutschland für ihn mitgebracht hätte. Er bejahte. Ich legte es, so wie Marcel es verpackt hatte, sorgfältig in ein rotes Tuch gewickelt, vor ihn hin. Vor den Augen von Babaji öffnete ich nun die Verpackung, und da lag es:

Das Buch »Tantra Vidya« von Oscar Marcel Hinze mit einem Sri-Yantra darauf. Dann zeigte ich Babaji ein Foto von Marcel. Babaji sagte sofort: »I know him, I know him! Khurpa Lama, his last incarnation. He is a very fine person. – Ich kenne ihn, Khurpa Lama war seine letzte Inkarnation. Er ist ein sehr feiner Mensch.« Dann murmelte er etwas von »Pakad Singh«, was so viel heißt wie »reifer, vollkommener Krieger«. »What is his name now? – Wie lautet sein Name jetzt?« Ich deutete auf das Buch. »Oscar ist sein richtiger Name«, sagte er, während er den ganzen Namen Oscar Marcel Hinze las.

Dann, das ergab sich so, sagte ich, dass Oscar Marcel Hinze

schon vor Jahren hier, in der nördlichen Gegend, auf der Suche nach ihm, Babaji, gewesen sei, ihn aber nicht angetroffen habe.

»But I saw him, I met him there. – Aber ich sah ihn, ich traf ihn dort«, entgegnete er. »He is a very fine person, a very nice man. I am very happy with this book. – Er ist ein sehr feiner Mensch, ein sehr netter Mann. Ich bin sehr glücklich über dieses Buch.« Schon eine Weile hielt er es in seiner Hand, blätterte, hielt es dann mit beiden Händen, behutsam, ehrfurchtsvoll. Er war ganz ernst, fast feierlich, als er sich zu mir wandte und voller Freude sprach: »I thank you very much indeed that you have brought it to me. – Ich danke dir wirklich sehr, dass du es mir gebracht hast.«

Dann trommelte es zum Mittagessen. Später wurde ich noch ein paar Mal nach dem Titel des Buches und dem Verfasser gefragt und ob es dieses in Englisch gebe.[6]

Montagnachmittag ging ich hinunter zum Fluss, zu den Steinen, um mal allein zu sein, zu schreiben, nachzusinnen. Wer war dieser Babaji? Noch blieb er mir vollkommen rätselhaft.

Ich verstand ihn nicht, aber fühlte eine große Kraft von ihm ausgehen.

Nach dem Singen lief ich auf Babaji zu, es standen gerade David und Kuschal bei ihm, sodass ich in deren Gegenwart fragen musste, was ich ihn doch allein hätte fragen wollen: ob er mir erlauben würde, öfter zu seiner Höhle zu gehen.

»Yes, you three can go«, sagte er, »you three and Tara Devi, you are allowed to be there. – Ja, ihr drei könnt dorthin gehen, ihr drei und Tara Devi habt die Erlaubnis.« Die anderen beiden also auch – die seine Höhle noch gar nicht entdeckt hatten. Er wandte sich sogar hauptsächlich an die beiden: »It is a divine cave, good vibrations. You two together, you stay there over night. – Es ist eine göttliche Höhle, gute Schwingungen.

---

6 Das Buch »Tantra Vidya – Schöpfung als Wissen« von Oskar Marcel Hinze ist neu aufgelegt im NaturaViva-Verlag.

Ihr beiden bleibt dort zusammen über Nacht!« Und zu mir sagte er: »You can go there in the day! – Du kannst am Tage dorthin gehen.« Nun, das tat ich auch sofort, solange es noch hell war.

Ich lief hinab und wurde von der Höhle wieder hell empfangen. Diesmal ohne den wunderbaren Duft, aber wieder umfing mich ein Licht, und eine tiefe Sammlung ergriff mich. Das Trommeln und Glockenläuten für das Abend-Arati, das vom Tempel weit durch das Tal tönte, holte mich aus meiner Meditation und der Höhle heraus.

Und jetzt sah ich an einem kleinen Licht nebenan, dass offenbar neben der Höhle jemand wohnte.

Eine feine, hochgewachsene, liebe alte Dame war es, die da herauskam: Tara Devi mit weißem Haar und Pagenkopf, eine Anthroposophin, Amerikanerin, die mit ihrem Mann schon seit vielen Jahren in Indien lebte, in Almora. Sie traf Babaji zum ersten Mal 1972 und erkannte ihn kurz darauf als ihren göttlichen Lehrer.

»Er lebt all diese Dinge, von denen Rudolf Steiner spricht«, sagte sie zu mir. »Durch Babaji wurde all dies für mich zur wirklichen Erfahrung, zur Realität.«

Sie war also die Vierte, die Babaji hier unten an der Höhle bleiben ließ und die sogar zurzeit hier leben durfte. Sie kam, sooft sie konnte und Babaji es zuließ, an diesen Platz. Ich staunte, so zart, so zerbrechlich wie sie wirkte, war sie doch offensichtlich diesem aufs Allereinfachste reduzierten Leben gewachsen.

Ich fasste sie am Arm, und gemeinsam wanderten wir über die vielen Steine und Stufen zum Ashram hinauf, zum Abend-Arati. Babaji ging sehr liebevoll mit Tara Devi um, immer wieder. Überhaupt fiel auf, dass alle westlichen Gäste, die sich hier aufhielten, durchwegs ganz besonders feine, schöne, kraftvolle Menschen waren, alle jung zwischen zwanzig und vierzig Jahren, außer Tara Devi, die sicher über siebzig Jahre alt war.

Es fiel nicht schwer, einander gleich richtig gern zu haben, und das ging mir mit allen Ashram-Bewohnern so, von denen die meisten nur vorübergehend nach Herakhan kamen. So waren alle, die hier waren, auch wirklich ganz bewusst an diesem Ort. Das war spürbar.

Dienstag, 24. Januar 1978, mein vierter Tag im Ashram

Der Dienstag begann früh mit dem Chandan um fünf Uhr morgens, zu dem ich für heute eingeladen worden war. Wieder war ich tief beeindruckt von Babaji in seinem eigenen Raum, der Art, wie er da saß, überwach, schweigend, während er Chandan gab und dann dem Feuer opferte. Es geschah so viel dabei. Er und sein Feuer – dies berührte mich immer neu ganz tief.

Noch einmal hatte Babaji vor, nach Damsite zu gehen, zu einer zweiten Feuerzeremonie für das Dorf. Alle sollten mitkommen, außer jenen, die über sechzig Jahre alt waren. Das bedeutete also wieder zwanzigmal hin und zwanzigmal zurück den Fluss durchqueren und über all die vielen Steine gehen. Ich freute mich darauf. Diesmal war es mir nicht wichtig, mit Babaji in einer Gruppe um ihn gehen zu dürfen. Er winkte mir zu: »You go«, und so ging ich mit anderen voraus. Er selbst schien immer mit den paar Menschen, die er gerade um sich haben wollte, ganz zum Schluss zu gehen.

Eine gute Gelegenheit zum Nachsinnen auf diesem Weg über die Steine und durchs quellende, klare Wasser. Ich ging mal mit dem einen, mal mit dem anderen, im Ganzen aber für mich, versunken.

Babaji ist vollkommen unfassbar, will man ihm in seiner Form als menschliches Wesen begegnen. Dies ist er nicht, das zeigte er mir klar durch sein Verhalten. Wenn ich mich ihm als Mensch näherte, reagierte er kaum auf mich und warf mich stets auf mich selbst zurück. Ich verstand, nur dieses eine sollte ich sein: Flamme, tief im Herzen das innere Feuer entfacht halten, die Sehnsucht nach dem göttlichen Licht. Nichts als das! So oft kam mir die »Mutter« von Pondicherry in den Sinn, was ich durch sie lernte und was das Zentrale des Integralen Yoga ist: »Aspiration and Surrender« – Sehnsucht nach dem Göttlichen und Hingabe, vollkommene Hingabe an das Göttliche, darauf kommt es an.

So arbeitete es in mir auf dem Weg durch das Tal und das reinigende Wasser. Alles andere – die Gestalt von Babaji inbegriffen – war für mich jetzt Nebensache.

Auch der zweite Besuch in Damsite war erfüllt davon. Ich lief Babaji nicht nach, das war sinnlos, sondern war, so gut ich es vermochte, fokussiert auf das Unendliche und ansonsten an der Stelle wach, wo von außen eine Frage, Bitte oder Forderung auf mich zukam. Es war mir bereits im Ashram aufgefallen, dass immer wieder alle möglichen zwischenmenschlichen Situationen entstanden, sei es mit den Zimmermitbewohnern oder sonst ringsum, von denen ich fühlte, sie waren kleine Prüfsteine: Achtung! Liebevoll sein, wachsam sein, hinspüren, was jetzt verlangt wurde.

Zweimal hatte ich nicht geschaltet, aber an allen anderen Kreuzungsstellen hatte ich verstanden, vielleicht dank des Trainings, das ich diesbezüglich schon zu Hause in Deutschland erhalten hatte. Mit anderen teilen, liebevoll sein, hilfsbereit – ständig entstanden Situationen, in denen dies geprüft wurde.

So auch in Damsite, als Gopiji von der für sie ungewohnten Wanderung wunde Füße hatte. Ich ölte sie ihr mit dem wenigen Öl, das ich noch hatte. Meine große Flasche Öl hatte ich ja schon Babaji gegeben. Hier in Damsite schenkte ich Babaji, als er gerade durch die Menge ging, ein Seifenblasenspiel. Er blies einmal und gab es gleich an eine Frau weiter.

Dann wollte er, um sie zu verteilen, ein paar Rupis haben. Tara Devi reichte ihm ihr Portemonnaie, doch er sagte: »No, not yours! – Nein, nicht deines!« Ich gab ihm meines und freute mich, dass er für die Armen etwas aus meinem Portemonnaie nahm. Nachdem die Feuerzeremonie, die vor allem Babajis Anwesenheit erforderte, vorüber war, wurde zum Aufbruch geblasen. »You go«, sagte er zu mir und vielen anderen, er selbst blieb wie immer mit ein paar Menschen zurück. Oder blieb er diesmal allein?

Ich drehte mich um, da rief er: »Don't look back! – Schau nicht zurück!«

So machte ich mich auf den Weg. Diesmal wollte ich mit Gopiji gehen, denn sie hatte zu erzählen begonnen, wie sie zu Babaji gekommen war und wie ihr Weg mit ihm hier verlief.

Als sehr feine, hochkultivierte indische Frau stand sie nicht nur auf dem Boden uralter indischer Tradition, sondern ihr war auch die westliche Welt und das westliche Denken vertraut. Mehrfach schon war sie in Europa gewesen. Nun erzählte sie mir von ihrer ersten Begegnung mit Babaji, damals, 1975 im Haus eines befreundeten Architekten. Das war in der Zeit, als Babaji fast nur meditierte, aufrecht, schweigend, mit geschlossenen Augen dasaß, fast nichts sprach und nichts aß, lediglich etwas Tee trank.

Schon Sheela hatte mir erzählt, dass Babaji anfangs kaum gesprochen hatte.

Wenn er damals die Augen öffnete und einen Menschen anschaute, brach ein solches Feuer aus seinem Blick hervor, dass nur wenige es aushalten konnten, ihm direkt in die Augen zu sehen. Sie selbst, Gopiji, fühlte sich magisch angezogen von ihm, diesem unergründbaren Wesen, das allen indischen Traditionen entgegen handelte, Prasad, gesegnete Nahrung wie Früchte, Süßigkeiten, einfach unter die Menschen warf und sich völlig anders verhielt, als es üblich war. Eines Tages bat sie ihn um ein Guru-Mantra als Zeichen dafür, dass er sie als Schüler annehmen mochte. Er sagte zu ihr: »Oh, my path is not a path of roses. – Oh, auf meinem Weg wird niemand auf Rosen gebettet.« Anfangs war der Weg nach Herakhan, wo sich nur die Höhle und oben der kleine Tempel befanden, aber sonst nur Steine lagen, noch viel beschwerlicher als heute.

Man musste von Haldwani aus laufen oder reiten, denn die Straße bis Damsite war erst vor Kurzem neu gebaut worden. Auch schliefen sie damals auf der Erde unter freiem Himmel, nicht wie heute in Zimmern auf bequemen Matratzen. Ich konnte mir vorstellen, was dieses äußerst einfache Leben dort von ihr, der reichen und verwöhnten Frau, abverlangt haben musste. Und was Babaji ihr zugemutet hatte, als er sie, von einer Stunde zur anderen, weggeschickt hat. Das geschehe auch jetzt noch, erzählte Gopiji, doch nun sei dabei zugleich ein Lächeln in seinen Augen. Durch Erfahrung wisse sie inzwischen, dass er an ihrem Ego hämmere, etwas auflösen und sie ein Stück freier machen wolle. Eine tiefe Demut und Achtung war in ihrer Stimme.

Mir war aufgefallen, dass die Menschen im Ashram sehr zurückhaltend mit dem Erzählen ihrer inneren Erfahrungen oder Berichten von Wundern blieben. Als ich das Bild von meinem Feuer-Swamiji, auf dem er mitten in den Flammen steht, anderen zeigte, kam zuerst die erstaunte Frage: »Aber warum stellt er seine Fähigkeiten zur Schau? Große Menschen vermeiden das, denn es geht doch nicht um Siddhis, besondere Fähigkeiten, sondern um Erleuchtung.« Ich versuchte, Swamijis Sonderstellung verständlich zu machen, was auch akzeptiert wurde.

Babaji hingegen zeigte seine Macht und seine Fähigkeiten nicht. »Er spielt immer den Dummen«, sagte Gopiji und schüttelte den Kopf. »Und immer richtet er seine Wunder so ein, dass man sie fast nicht bemerkt oder beinahe auch natürlich erklären könnte.«

Es handelte sich um ein besonderes Erlebnis auf dem Kailash. – »Kailash?«, fragte ich erstaunt. »Wo ist denn hier der Kailash?« Es war der Berg gegenüber dem Ashram, jener wunderbare Berg, den ich schon oft angeschaut hatte. Es gebe zwei Kailashs, hörte ich, einen in Tibet und diesen hier, an dessen

Fuß sich Babajis Höhle befinde. Der hiesige Kailash sei nach Babajis Worten der ursprüngliche. Auf ihm habe Shiva zuerst seinen Fuß auf die Welt gesetzt und sei erst viel später zum Kailash in Tibet gezogen.

Von Zeit zu Zeit nahm Babaji eine Gruppe mit auf den Herakhan-Kailash. Einmal wollte er, dass auch Gopiji mit ihm käme. Da sie nun in ihrer weiblichen Fülle nicht besonders sportlich war, kam Gopiji in der Hitze des Sommers über den steilen Weg völlig erschöpft oben an. Nirgendwo gab es Wasser, und es hatte auch niemand welches dabei.

Zunächst zerrieb Babaji ein paar Blätter, um ihr die Flüssigkeit zu geben, doch das löschte ihren Durst nicht – sie konnte einfach nicht mehr. Da erschien oben am Kailash, wo sich normalerweise weit und breit niemand aufhielt, plötzlich ein Wasserträger: eine Gestalt, die einen Krug auf der Schulter trug, und Babaji winkte ihm. Er kam, gab Gopiji Wasser und verschwand sogleich wieder. Gopiji hat ihn später weder im Ashram noch im Dorf jemals wiedergesehen.

Beim Abstieg vom Kailash nahm Babaji sie, die solche Angst hatte, in dem steilen Gelände auszurutschen, einfach bei der Hand, und beide sausten mit ungeheurem Tempo zusammen hinab. Wie das alles zugegangen ist, sei ihr bis heute noch vollkommen unerklärlich und rätselhaft.

Auf meine Bitte hin erzählte sie auch von ihren inneren Erfahrungen, von Visionen, die Babaji ihr gegeben hatte. Einmal habe er sie zum Satikund geschickt, jenem großen herrlichen Baum, der einsam und machtvoll im Süden in der Mitte des Tals von Herakhan steht. Dort sollte sie, zusammen mit einer Freundin, meditieren. Die Freundin ging in tiefe Stille, und Gopiji bekam Visionen: Das ganze Tal mit allen seinen Steinen verwandelte sich, und sie sah leuchtende Gebäude dort stehen und Paläste aus edelsten Materialien, schimmernd, sanft, wie durchsichtig.

Gleichzeitig wurde sie gewahr, wie sie selbst in einer gleitenden Bewegung zu einem dieser schimmernden Gebäude hingezogen wurde und darin verschwand. »This is your house, where you belong to – Das ist dein Haus, in dem du zu Hause bist«, hatte Babaji ihr später gesagt. Oh, wie sehr konnte ich nachvollziehen, dass das, was Gopiji innerlich geschaut hatte, stimmte. Dieses Tal mit seinen Steinen war mir tatsächlich von Anfang an unglaublich erfüllt und belebt erschienen, in ganz geheimer Weise lebendig.

Kein Wunder, standen hier doch »in Wirklichkeit« Paläste einer ganzen leuchtenden Stadt! Gopiji selbst war ein eher nüchterner, kritischer Mensch, deshalb hatte sie damals zu sich selbst gesagt: »Oh, you are a dreaming child! – Oh, du bist ein träumendes Kind!« Sie wagte diese Vision erst anzunehmen, als Babaji ihr alles bestätigte.

Und Gopiji erzählte weiter, sie habe Babaji auf einem Hügel stehen sehen, riesengroß, als Lichtgestalt. Dann sei er von einem Augenblick zum anderen von dem Hügel im Tal plötzlich oben auf dem Berg erschienen. Öfter habe sie ihn so beobachtet.

Einmal, als sie ihn innerlich gebeten hatte: »Zeige mir doch einmal, wo du lebst, wo du zu Hause bist!«, habe sie ihn sitzend von hinten gesehen, während er in ein unendlich leuchtendes, sanftes Licht blickte – nicht weiß, nicht golden, nicht silbern und doch wie weiß, golden und silbern in einem. Sie war tief berührt: Dies war sein Reich.

»Platinland!«, kam mir in den Sinn, und plötzlich begann mir aufzugehen, wo ich hier war, an was für einem Ort der Welt! Und er, der mir im Traum erschienen war, mich in sein Sein erhoben hatte, in dieses vollkommen wunderbare Licht! Hier war wirklich der Berg Kailash mit Lord Shiva, und ich war im Tempel des Lebens, in seinem Ashram.

Babaji selbst hatte einmal gesagt, dass durch diese Berge, dieses Tal jede Seele auf ihrem Weg zur Erde hereinkomme, und dass hier auch jede Seele wieder hinausgehe.

Dies berührte mich sehr. Später, als ich Babaji deswegen befragte, sagte er: »Yes, all good souls come from here. – Ja, alle guten Seelen kommen von hier.« Und über die Steine sagte er: »All these stones are liberated souls. – All diese Steine sind befreite Seelen.«

Das, was Gopiji von dieser Gegend sagte, entsprach dem inneren Empfinden, das ich von Anfang an hier hatte – alles war so lebendig, obgleich hier scheinbar nur Steine und fast kahle Berge waren. Etwas Geheimes erfüllte diese Berge, dieses Tal, etwas Heiles, Heiliges.

Eines Abends hatte Gopiji in der Dämmerung ein großes rundes bis ovales Licht vom Siddheshwar hinüber zum Kailash schweben sehen, riesengroß, wie ein gewaltiger Lichtgondelballon. Öfter schon hätten sie und auch andere Menschen Lichter an den Bergen und im Tal beobachten können, aber solch ein riesiges Licht sah sie zum ersten Mal. Als sie Babaji fragte, was es gewesen sei, antwortete er ihr: »Das war Vishnu selbst, der vom Shiddheshwar, seinem Berg, zum Kailash auf Reisen war.«

Inzwischen waren wir im Ashram angekommen. Alles, was Gopiji mir erzählt hatte, berührte mich zutiefst, und ich war ihr sehr dankbar, dass sie aus ihrer großen Zurückhaltung herausgetreten war, um mir so Bedeutsames zu eröffnen. Oh, Babaji, tief innen begann ich glücklich zu werden! Der Kailash war hier!

Und ich hatte ihn, Babaji, doch als den Herrn meines Berges erlebt, als Richter, der mir zuerst Angst machte, große Angst, bis ich durchbrach und die Liebe erfahren konnte, seine Liebe. Nachts in jener großen Lichterfahrung, die mir zeigte, wer er wirklich war. Ganz tief in meiner Seele faltete ich die Hände und war ebenso glücklich wie dankerfüllt. Ich fühlte, dass ich zu sehen, zu verstehen begann, dass mir jetzt das Tor geöffnet worden war, ein Tor zu Herakhan, zu Babaji, dem Herrn von Herakhan, und damit ein Tor zum Kailash.

Als ich am späten Nachmittag Babaji im Ashram wieder begegnete und wir alle zum Mantras-Singen versammelt waren, wusste ich, als ich zu ihm nach vorn ging, dass ich zu sehen begann! Er schaute mich unbeschreiblich an! Und sein Blick trug mich. Durch diesen Blick konnte ich den Herrn meines Berges sehen. Innen wurde ich Flamme, Andacht, Jubel und zugleich große Kraft. Ich sah, dass er wusste, und war vor Glück ganz still.

Der Abend kam – ich tanzte, tanzte alles, was in mir war, in mir sang, auch er tanzte –, sitzend bewegte Babaji sich, schaute, antwortete. Wie sehr gab er Antwort, wie intensiv durchdrangen mich seine Augen mit einem göttlichen tiefen Schauen!

Zum ersten Mal, seit ich hier war, wurde das Feuer entzündet, um Arati vor Babaji zu zelebrieren. Wie im Traum ging ich zu ihm und ergriff das Gefäß mit den Flammen. Einige sprangen auf, um mich davon abzuhalten, weil ich noch neu war, doch er, Babaji, gewährte es! Ich ergriff die Feuerschale und ehrte Babaji mit dem Arati. Ihn, der mir durchsichtig, begreiflich zu werden begann:

»OM namah Shivay, Shivaye namah OM.«

Da führte Babaji das Feuer gemeinsam mit mir von ihm zu mir, zurück zu ihm, in einer horizontal kreisend-ovalen Bewegung. Atemlos war ich. Oh, wie er schaute! Jedes Wort zerbricht mir in der Beschreibung jener alles durchdringenden Liebeskraft und Tiefe, die ich in diesem Blick erfuhr, und zugleich in jener totalen Bewusstheit und Stille, die mich ergriff und wie hinaushob aus der Zeit. »OM namah Shivay.« Jetzt ließ ich das Feuer in einer vertikal-ovalen Bewegung um ihn kreisen. Plötzlich platzte ein donnernder Glockenklang in mein Ohr, erst links, dann rechts – Shiva-Babaji hatte eine Riesenglocke, die hinter ihm hing, ergriffen und ließ sie, während ich jetzt das Feuer um ihn kreisen ließ, lachend an meinen Ohren schellen. Danach – in der Tiefe des Herzens, im Blut, im ganzen Sein erfüllt und durchdrungen vom flammenden Gesang des Erkennens, des Wissens, trat ich hinaus in die Nacht vor das Angesicht des Berges, des Kailash, dessen Herrn ich nun erkannt hatte.

Oh Herr, gewähre, dass ich es nie mehr verliere, gewähre, dass es lebendig in mir bleibe, dieses Wissen, diese Liebe! Oh Herr, halte mich, auf dass ich nie mehr ins Vergessen falle.

Und ich ging hinab zu den Steinen, wusch mich, trank das wunderbare Wasser, fühlte die lichte Nacht der Sterne, der Steine, des Berges, des ganzen weiten Tals von Herakhan und wusste vor Dank und Flamme und Stille fast nicht mehr zu sein.

Nila bei den Steinen am Fluss (1978)

Mittwoch, 25. Januar 1978, mein fünfter Tag im Ashram

Ein wunderschöner lichtheller Tag. Vormittags ging ich hinab an den Fluss, um meine Wäsche zu waschen, und empfand eine tiefe Stille und Freude im Herzen.

Gleichmut angesichts dessen, was ich gestern zu erkennen begann. Gleichmut war jetzt zentral, war er doch der Boden, auf dem allein die innere Flamme tanzen konnte, meine blaue Flamme, die nur dort zu tanzen vermag, wo keine Emotion mehr ist, sondern Stille.

Verlöre ich diesen Boden der Stille, würden sie und ich verbrennen und erlöschen. Ich würde aufhören, erkennen zu können, erkennen zu wollen. Dankbar nahm ich wahr, dass ich wie von innen her gehalten war und mich in einer ganz friedlichen und offenen Gemütsverfassung befand.

Wie schön war diese Waschprozedur am Fluss! Wie schön, einfache und übersichtliche Handlungen zu tun, die einem fast schon von selbst zum Andächtigsein führen können, Gott einzuladen zu allem, was man tut, immer – beim Gehen, Waschen, Essen, Ruhen, Sprechen – sich von diesem Höchsten leiten zu lassen. OM namah Shivay.

Der Ananda-Weg, der Bhakti-Weg hat die flammende Hingabe im Zentrum: Gib alles Gott! Alles!

Eben hatte ich meine Wäsche beendet, da kam Babaji die 108 Stufen herab. Ich lief zu ihm und ging mit ihm zur anderen Seite des Tals hinüber. »Ich beginne, dich zu sehen!« – »Yes«, sagte er und sah mich von der Seite an, und dann begann etwas Bezauberndes: Während ich ganz still gesammelt und im Herzen andächtig und nach innen gewandt neben ihm ging, berührte während des Laufens seine Hand meine ein wenig, dann noch einmal – und damit ich nicht etwa denken würde, dies sei aus Versehen gewesen, ergriff er jetzt richtig meine Hand und drückte sie ein wenig, ließ sie dann wieder los und schlenderte weiter, als sei nichts gewesen. Aber dann, nach einer Weile, berührte sein Handrücken wieder leicht den meinen, und noch einmal und nochmals, während wir nebeneinander gingen. Und um mir zu zeigen, dass ich mich wirklich nicht täuschte, drückte er meine Hand ganz lieb und fest – und plötzlich hatte sich sein kleiner Finger in meinen eingehakt, spielte eine Weile damit, um danach, ganz sachte, meine Hand wieder loszulassen. Oh, was hatte er mir alles durch dieses kleine Spiel gezeigt! Welche Nähe, welche Süße und welche junge Liebe!

Wir hatten uns einer der beiden Hütten genähert, und er ließ sich jetzt auf einem Steinmäuerchen in der Nähe des Tea-Shops nieder, einem beliebten Versammlungsort. Fakiranand kam seines Weges, auch Tara Devi gesellte sich zu uns. Babaji untersuchte jetzt interessiert meine Tasche und beförderte die Farben zutage, die ich immer mit mir herumtrug, und das rote Buch, in das ich hier all das, was Babaji mir in jener Nacht in Deutschland offenbart hatte, hineinmalen wollte, um es ihm später zu schenken. Genau dieses Buch, dieses leere rote Buch mit den weißen Blättern, ergriff er und begann, etwas hineinzumalen: seine kargen Berge, eine farbige Ebene und dann ein großes flammendes Rot, das aus dieser Ebene nach links oben herausschoss. Oben am Himmel zwei Wolken – das erste Bild! Schon blätterte er um und malte das nächste Bild: »Patal-Ganga«, ein großer runder See, aus dem ein Fluss hervorströmt – der Gautama-Ganga. – »Oh, ich weiß«, entfuhr es mir, denn das Wort »patal« heißt unterirdisch.

»You don't know – du weißt nicht«, entgegnete er kurz und fuhr fort zu malen. Ich fühlte, dass jetzt der Moment gekommen war, ihn einiges fragen zu dürfen, und gab ihm das kleine Papier, das ich beschrieben hatte, gestern am frühen Abend, nachdem ich begonnen hatte, ihn zu sehen: »Babaji, durch deine

Augen kann ich nun den Herrn meines Berges sehen. Lass mich durch das Tor deiner Augen auf meinen Berg steigen. Du bist Shiva, der Herr meines Berges.« Babaji zerknüllte das Papierchen, warf es hinter sich und sagte: »You have already climbed your mountain, otherwise you would not be here now! – Du hast bereits deinen Berg erstiegen, sonst wärst du jetzt nicht hier!«

Was soll ich tun?

Ich fragte Babaji, was ich tun könne – ob ich noch mehr über das Heilen und Naturheilverfahren lernen solle. Er antwortete: »You can do this in Poona, there is a school, or in Germany, or here. You can learn it here also! – Du kannst das in Poona, wo sich eine Schule befindet, oder in Deutschland oder hier tun. Du kannst es genauso gut hier lernen!« Und ob ich vor allem selber malen und schreiben oder Maltherapie mit anderen machen solle oder Psychologie studieren? Er antwortete: »What you like most in your heart, this you should do! – Was du von Herzen am liebsten tust, das solltest du machen!«

Dann erzählte ich ihm, dass Don, der Freund, der mich hier abholen käme, auf dem Hinflug zweimal laut eine Stimme über Pralaya, die Auflösung der Schöpfung, habe sprechen hören, und fragte ihn, ob er, Babaji, das gewesen sei. Antwort: »It was his inner voice! – Es war seine innere Stimme!«

Ich fragte: »Also nicht deine Stimme?« Er antwortete: »That is the same. – Das ist dasselbe.« Später war es nicht mehr möglich, so viel zu fragen wie an diesem Vormittag unten im Tal.

Der Nachmittag kam und mit ihm das Singen. Ich nahm mein Herz in die Hände, ging nach vorn und bat Babaji, den Kailash ersteigen zu dürfen. Er hob beide Hände, mit allen zehn Fingern weit geöffnet. »Whenever you want. – Wann immer du willst«, und sah mich dabei sehr besonders an. Er wollte wissen, mit wem ich denn da hinaufsteigen wolle. – »Ich weiß nicht«, sagte ich, »wenn nötig, allein.« Da ließ er Gora Devi kommen. »She will be your guide. – Sie wird dich führen.«

Dann fragte er, wann ich es tun wolle. »Wenn du erlaubst, morgen.« – »Okay«, sagte er und fragte nun alle Versammelten, wer tags darauf mit auf den Kailash steigen wolle. Da sich keiner meldete, bestimmte er, dass David mitgehen solle. Ich war sehr glücklich, bewegt. Tatsächlich – morgen würde ich auf den Kailash steigen dürfen, jenen Berg, den ich schon jahrelang in mir trug!

Inzwischen war das Abend-Arati vorüber, aber Babaji hatte niemanden, jedenfalls nicht mich, aufgefordert, am nächsten Morgen für Chandan zu ihm zu kommen. Es war schon spät und ganz dunkel in der Nacht, als ich anfing, traurig zu werden, dass ich ohne Chandan, diesen besonderen Segen von ihm, zum Kailash aufbrechen sollte. Obwohl es schon spät war, bot mir jemand überraschend eine Suppe an. Ich ließ mich auf der untersten Stufe der Treppe des Hauses, in dem ich schlief, nieder und trank die Suppe. Plötzlich leuchtete mir ein helles Taschenlampenlicht ins Gesicht. »Tomorrow you come for Chandan! – Morgen kannst du zum Chandan kommen!« Oh Babaji, wie froh war ich!

Donnerstag, 26. Januar 1978, mein sechster Tag im Ashram

Eine geheimnisvolle Dunkelheit lag über dem Tal, als ich gegen halb vier zum Fluss ging, um das Bad zu nehmen. »Oh Babaji, bitte mach, dass es heute ein heller, schöner Tag wird, da ich auf deinen Berg gehen will! Mach, dass kein Sturm und kein Regen kommt.« Es sah nämlich danach aus, besonders der Kailash war in mächtige, dunkle Wolken gehüllt. Kaum ein Stern war zu sehen. Doch ich war voller Vertrauen und sah mit großen Erwartungen in den Tag. Und tatsächlich, gegen sieben Uhr morgens, gerade als der Tag kam und wir aufbrachen, da sahen wir, wie vom Kailash kommend drei riesengroße Flammenfinger alle Wolken, alles Dunkel vor sich her- und forttrieben, bis der ganze Himmel wieder vollkommen licht und blau war.

Diesem aufregenden Schauspiel war das Chandan um fünf Uhr früh vorausgegangen. Noch ein paar andere sah ich draußen vor dem kleinen Tor, das zu Babajis Bereich führte, warten. Als eine der Letzten kam ich hinzu. »Nila!« – ich wurde aufgerufen, heute sollte ich die Erste sein, die zu ihm hineinging.

Da saß er, streng, leuchtend, überwach, wie unpersönlich und doch ganz den Menschen meinend, der vor ihm kniete. Mit der einen Hand nahm er meinen Kopf, strich mir die Haare zurück, um dann mit der anderen Hand das Zeichen Shivas, die drei waagerechten Striche, auf die Stirn zu setzen. Heute malte er mir außerdem roten Punkt in der Stirnmitte zusätzlich noch zwei rote Punkte rechts und links an die Schläfen und hängte mir eine lange Gebetskette, eine Mala, um. Ich war glücklich. Wie stark fühlte ich seinen Segen! Auch am Feuer, während er opferte, nahm er mich mehrmals in seinen Blick. Ich wusste, er löste etwas in mir auf und übergab es dem Feuer, zweimal, dreimal sogar.

Auch zum Schluss, bevor er sich vom Feuer erhob, sah er mich noch einmal ganz aufmerksam an, diesmal voller Liebe und tief ernst. In aller Dankbarkeit verbeugte ich mich, als er gegangen war, vor seinem Feuer.

Kailash, der heilige Berg

Kailash – was für ein Berg ist das, und was für ein Tag, als wir ihn erstiegen! Die drei roten Feuerfinger hatten in dem Moment, da wir aufbrachen, alle dunklen Wolken fortgetrieben. Der ganze Himmel war frei. Lieber Berg, wie schön du bist!

Unten an deinen Füßen ein klarer quellender Bach, der aus einer kleinen Höhe steil herabtanzt, rechts und links davon im saftig frischen, kraftvollen Grün lauter weiß blühende Büsche und der Boden voller hellblauer Blumen. Den Quell entlang wanderten wir das erste Siebtel hinauf. Zu meinem Erstaunen erreichten wir ein kleines Dorf, »Bhole Baba Ki«, tönte es uns entgegen. Aus voller Kehle kam »Jay« von uns als Antwort – das bedeutet: Sieg dem Vater, der einfach ist.

Zwei indische Frauen wollten noch mit auf den Berg steigen, so waren wir mit ihnen insgesamt sieben: Gora Devi, die Babaji mir als Führerin gab, David, Manisha und noch ein Inder vom Ashram, der sich ebenfalls auskannte. Wir gingen sehr zügig voran. Bald blieben die beiden indischen Frauen lieber zurück. Die Landschaft wurde karger.

An einem mächtig großen Baum war unser erster Rastpunkt erreicht. Jeder von uns setzte der Reihe nach die Glocken in Bewegung, die dort hingen. Groß und mächtig tönten sie hinüber ins Tal. Aus der Ferne, aber doch deutlich, hörten wir das Morgen-Arati-Singen. Eine besondere Kraft, ein Zauber lag in diesem Tal und der ganzen Umgebung. Wir entzündeten Räucherstäbchen unter dem Baum, Babaji war uns bei jedem Schritt präsent.

Wie leicht war es, emporzusteigen, voller Andacht das »OM namah Shivay« wie von selbst ein- und auszuatmen.

»Der Berg ist innen ganz voll Gold«, hatte Babaji einmal gesagt. Immer wusste ich, dass es jenen Berg irgendwo auf der Welt gab, der voller Gold ist!

Das zweite Drittel des Berges war mit schneeweißen Büschen bedeckt, so etwas Wundersames hatte ich noch nirgends sonst auf der Welt gesehen. Büsche, die in ihren Ästen ganz und gar, von oben bis unten, wie mit feinstem, weißem Seidensamt bezogen sind. Das Edelweiß unserer Berge ist grau und rau dagegen, so fein, so hell war dieses Weiß, das hier, puderzuckergleich, die Büsche von den Wurzeln bis zur Spitze ganz und gar bedeckte. Wie Feenarme erheben sie sich aus der Erde, so als wäre ein wunderbares Lied in ihnen, das sie aus des Berges Leib in Luft und Himmel atmen, singen und unendlich sanft tanzen lässt. Und aus diesen weißen Adern wuchsen Blätter, außen silbern, innen kraftvoll dunkelgrün. Welch ein Zauber! Der gesamte mittlere Teil des Berges war voll davon!

Das Glücksgefühl stieg in mir mit jedem Schritt und zugleich eine innere Sammlung. Es ging schon ziemlich steil hinauf, und noch immer wanderten wir, so rasch wir konnten, um nicht müde zu werden. »Bhole Baba Ki«, rief manchmal aus aller Kraft die kleine, eher zarte Gora Devi – und die Antwort von uns anderen war immer ein kräftiges »Jay!«. Tatsächlich wirkte das jedes Mal wie eine Energiespritze. Und je heißer es wurde, je schneller der Atem ging, desto intensiver fühlte ich das Mantra durch mich atmen: »OM namah Shivay«, bei jedem Schritt – es war wahrhaftig, als ginge Babaji selbst in uns und mit uns mit.

Das zweite Drittel war erklommen, und vor uns wurde das letzte steile Stück Weges sichtbar. Plötzlich sahen wir zwei weiße Adler. Gelassen zogen sie weite kreisende Bahnen in den freien Himmel hinein. Weiße Adler hatte wirklich keiner von uns je zuvor gesehen. »Where the white eagles meet, there I am, said Christ. – Wo sich die weißen Adler treffen, bin ich, sagte Christus«, rezitierte David, der in Amerika eine christliche Kirche begründet hatte, deren Zeichen die weißen Adler waren. In der christlichen Symbolik stellt der Adler das Sinnbild der Himmelfahrt Christi dar wie auch der Wiedergeburt durch die Taufe. Und er ist darüber hinaus das Attribut des Evangelisten Johannes.

Bei den Indern, wie bei anderen alten Kulturvölkern, ist der Adler von jeher das Zeichen der höchsten Gottheit, der höchsten Souveränität. Als solches verstand ich es auch hier, auf dem Wege zum Gipfel des Kailash, dem Wohnort Shivas, der hier als Mahadeva, als höchste Gottheit, wohnte, als jener, von dem es heißt, dass er in allem, doch nicht von etwas sei. Als er, der nie begonnen, und er, der immer ist. Er, verehrt als Herr des Universums, der war, bevor Schöpfung wurde.

Er, alldurchdringend, allwissend und allgegenwärtig. Zu ihm führte uns der Weg.

Wir hatten uns Stöcke genommen, um Halt zu finden. Bald waren wir am Gipfel oben auf der runden Kuppe angekommen. Ein kleiner Altar war errichtet worden, schlicht aus Stein mit dem Dreizack als Zeichen Shivas. Eine kleine Feuerstelle und viele, viele Glocken.

Die große Stille

Hier oben angekommen, fühlte ich mich, als käme ich nach Hause. Eine machtvolle Stille nahm mich auf. Ich ging tief in sie hinein, fühlte: Hier kann ich sein, hier will ich bleiben, wenigstens drei Tage lang.

In mir spürte ich das Atmen, das mich in dieser Stille trug, nahm sie wahr wie einen machtvollen Gesang. Ich wusste, dass dies nur eine kleine Stille, eine winzig kleine Stille innerhalb einer unendlich viel größeren Stille war. Donnernd wie alle Meere der Erde, zugleich reglos, alles durchdringend, jenseits von Zeit und Raum, total lebendig, anders und mehr, als alle Worte es je ausdrücken könnten. Hier, wo nichts mehr war als Stein, Himmel und diese Stille, berührte mich der Bereich jenseits von Tod und Geburt.

Hier die Stille, die alles zum Schwingen bringt, und er, den ich im Tal zu sehen begann, er selbst war hier, er, der weiß und ewig ist.

Nein, ich wollte nicht mehr hinunter! Es zog mich gar nichts, wirklich gar nichts aus der Tiefe meines Wesens heraus, diesen Ort wieder zu verlassen. Und wenn ich verhungern würde, hier, am Tor des Seins, an seiner Schwelle, wollte ich bleiben und nicht mehr weichen, bevor das Sein mich ganz aufgenommen hätte, durch das Tor des Nichts in das All. Und wenn ich kein Wasser mehr haben würde, ich war sicher, Gott selbst würde kommen, um mir welches zu bringen. Und wenn es kalt sein würde in der Nacht, er würde mich von innen her wärmen. Einen Moment fragte ich mich: Und wenn alle möglichen Geister kämen, wenn ich hier oben so ganz allein wäre unter dem blanken Himmel in der Nacht? Innerlich sah ich viele Wesen und Seelen den Berg emporschweben, immerzu. Hier war wohl ihr Tor ins Ewige. Doch mit einem bewusst vollzogenen Atemzug war ich wieder im Schoß der Stille – der Stille, die zugleich unendlich sanft war wie die Ewigkeit. Meine Sehnsucht, hier zu bleiben, war groß.

PLATINLAND

Das Sein jenseits des Werdens
Das weiße Land

Du mein ewiges Zuhause!

Gott, du weißt, wie groß meine Sehnsucht ist, eins zu sein mit dir und für immer, du weißt, wie groß meine Traurigkeit ist, jemals diesen Bereich verlassen zu haben, aus jener Unermesslichkeit deines Seins hinabgetanzt zu sein in die Beschränktheit des Werdens. Dich, der du die Essenz meines Wesens, die Essenz aller Wesen bist, verloren zu haben in der Vergänglichkeit.

Nun komme ich zu dir – meine Kleider sind bunt –, sieh, ich bin voller Wunden; Wunden, die die Vergänglichkeit mir schlug, da ich dachte, ohne dich leben zu können – oder mit dir nur nach Bedarf, im Übrigen aber den Wünschen und Vorstellungen meines Ichs, meines Ego oder anderer Ichs, anderer Egos nachzugehen.

Immer deutlicher zeigtest du mir, wo ich nicht in deinem Willen, nicht in deiner Liebe bin, die alles umfasst. Und ich habe begonnen, zu verstehen und durch die Verwundungen vieler Leben hindurch dich zu sehen, der du mir nun mit Macht entgegentrittst. Gewiss, meine Seele war es, die dich bat, alles zu verbrennen, was mich davon abhielt, mit dir vollkommen eins zu sein. Du hast ihren Ruf erhört. Und du beschleunigst meinen zaudernden Schritt. Liebe ist absolute Freiheit. Bist du es nicht, der mich, uns alle in deiner Liebe in die Verbannung, in die Trennung von dir gehen ließ? Und der uns jetzt zurückruft, mit dir eins zu sein!

»Hier – nicht von hier«, ich verstehe den Auftrag: das Ewige im Vergänglichen zu sehen, das Vergängliche aus dem Ewigen heraus zu durchleuchten, es aus seiner undurchdringbaren Dunkelheit zu befreien. Tue du das, wir können es nicht!

Ich muss gestehen, dass es mich mit großer Traurigkeit erfüllte, als meine Begleiter zum Abstieg drängten. Gora Devi war es, die sich trotz meines Bittens strikt weigerte, mich dort oben auch nur für eine Nacht allein zu lassen. Babaji hätte dies unbedingt vorher erlauben müssen, meinte sie, und so etwas habe er nur äußerst selten getan. Im Allgemeinen führe er selbst die Menschen, die er auf den Kailash bringe, schon nach zwanzig Minuten wieder hinunter. Wir seien jetzt schon eine Stunde hier oben! Es war nichts zu machen, ich musste wieder hinab, auch wenn mein Herz mir hundert Mal sagte, dass Babaji mir gewähren würde, über Nacht hier oben zu bleiben.

So jubelnd der Aufstieg war, sosehr mich bei jedem Schritt des Hinaufgehens das Mantra zum Lobe Gottes erfüllte, so schwer oder gar unmöglich war es beim Abstieg. Das »OM namah Shivay« wollte mir bergab nicht mehr in den Sinn kommen. Nur mit großer Mühe gelang es mir, mein Gleichgewicht innerlich zu halten und tatsächlich Gleich-Mut, gleich bleibenden Mut, zu bewahren oder wiederzugewinnen.

Ganz oben, noch kurz, nachdem wir die Kuppe des Kailash verlassen hatten, blieb David auf einmal stehen und rief uns zu: »Halt, da sehe ich drei Gestalten sich auf den Gipfel zubewegen.« Gora Devi und ich rannten schnell wieder hinauf zu ihm, aber die Gestalten waren nicht mehr zu sehen. Hatte David sich getäuscht? Und wenn nicht, woher kamen in dieser Einsamkeit plötzlich drei Gestalten? Später, als wir es unten im Ashram erzählten, sagten sie nur: »Ach, auf dem Kailash ist alles möglich.«

Glücklicherweise ging der Weg vom Kailash hinunter rasch. Es war sehr steil, und immer wieder rutschte der eine oder andere von uns aus und fiel hin, wenn nicht alle Aufmerksamkeit dem Weg geschenkt wurde. Mir war nicht nach Reden zumute, schweigsam, das Herz von Trauer erfüllt, stieg ich hinab.

Was wir auf dem untersten Teil, dem Fuß des Kailash, sahen, machte mich staunen: Stiere, viele, wunderschön gepflegte, wohlgenährte, vollkommen schwarze Stiere. Bisher hatte ich in Indien noch nie einen schwarzen Stier zu Gesicht bekommen – und hier, wie aus dem Nichts hervorgekommen, waren plötzlich zwanzig, dreißig, vierzig Tiere, die offenbar zum Trinken an die Quelle gekommen waren, die im unteren Teil des Kailash in köstlicher Frische entspringt. Nirgends habe ich so schöne Tiere mit so seidig glänzendem Fell gesehen: schwarzseidenglänzende Stiere. Das Reittier von Lord Shiva ist Nandi, der Stier.

Oben die zwei weißen Adler als Zeichen der Gottheit und hier unten all die schwarzen Stiere! Wahrhaftig eine lebendige Sprache.

Wir kamen gerade rechtzeitig zum Nachmittags-Bhajan-Singen im Ashram an. Ich wagte zunächst noch gar nicht, Babaji unter die Augen zu treten, weil ich mich wegen meiner Trauer während des Abstiegs schämte. Ich fühlte mich dadurch verdunkelt und war auf einen strafenden Blick von ihm gefasst, zumindest auf Nichtbeachtung.

Endlich, nach längerem innerem Ringen, fasste ich mir ein Herz und ging zu ihm nach vorn. Er schaute jedoch zu meiner Überraschung sehr liebevoll. So fragte ich ihn, ob ich morgen wieder auf den Kailash dürfe, um dort zu übernachten. »Not tomorrow. Later with your friend, then you can stay there over night. – Nicht morgen. Später, mit deinem Freund, kannst du dort über Nacht bleiben«, sagte er und hängte mir zu meiner Verblüffung eine Kette aus lauter frischen Blüten um. Gleichzeitig drückte er mir fest auf den Punkt in der Stirnmitte zwischen den Augen.

»What did you see? – Was hast du gesehen?«, fragte er, und ich antwortete: »Nichts!« Er lächelte und drückte den Punkt noch einmal sehr fest und lange. »What did you see?« Nochmals musste ich antworten: »Nichts!«

Wieder schaute er mich lächelnd an: »I showed you Shiva's sun! – Ich zeigte dir Shivas Sonne!«

Inzwischen ist mir klar geworden, Shivas Sonne, das ist die Sonne jenseits der Sonnen, die aus dem großen Nichts heraus leuchtet, die Sonne, aus der alle Sonnen hervorgegangen sind. Es ist jene Sonne, die ich auf dem Kailash erfuhr. Es ist die Sonne, nach der ich mich von Jugend an sehnte und über die ich Gedichte schrieb.

Zunächst verwirrt, ging ich auf meinen Platz, dann aber sofort wieder nach vorn, um Babaji die Blumenkette zurückzugeben, denn ich fühlte mich in der Tat ganz und gar unwürdig, auch noch eine Girlande geschenkt zu bekommen. Doch er nahm sie nicht zurück. Die Blumenfülle jetzt in den Händen, lief ich zum Tempel des alten Herakhan-Baba, um sie dort niederzulegen, aber Babaji schickte mir einen Jungen nach, um mir nochmals zu sagen: »This is for you! You take it home with you! – Die ist für dich. Nimm sie mit zu dir nach Hause!«

Erst später ging mir auf, dass ich die Freude des Ewigen in die Materie bringen sollte, um im Hier und Jetzt aus dem ewigen Sein heraus zu leben und alles zum Blühen zu bringen.

Nun kamen Tage von großer Innigkeit, Leichtigkeit und Freude, denn ich hatte den Herrn erkannt, das innere Tor hatte sich weit geöffnet, voller Vertrauen, nun auch konkret zu ihm; die Torhüter des Zweifels waren gegangen, und ich hatte ihn, den ich von innen her erfahren hatte, nun auch durch seine Kostümierung hindurch im Äußeren erkannt. Und ich hatte den Kailash erstiegen, wirklich und leibhaftig!

In Zusammenhang mit diesem Erlebnis der vollkommenen Stille auf dem Kailash kommt mir eine Begebenheit aus frühester Kindheit in den Sinn, nach all den Ängsten des zu Ende gehenden Krieges:

Ich war allein und wartete auf meine Familie.

Und niemand kam.

Dann vergaß ich mein Warten, auch meine Ängste waren auf einmal emporgehoben in eine Sphäre von vollkommenem Frieden, von vollkommener Stille und Schönheit, wo alles gut war.

Die großen grauen Steinstufen, der Gitterrost, auf dem ich stand, waren ebenso wichtig und schön wie die leuchtenden Schmetterlinge, die Blumen, die Düfte in dem Garten, der sich vor mir den Berg hinaufschwang. Alles war durchdrungen von einer inneren Einheit, alles war eins.

Und ich war Teil dieser Einheit!

Ich war im Licht des reinen Seins.

Alles war gut.

Schließlich kamen meine Mutter und meine Großmutter, die voller Liebe waren.

Das war meine erste bewusste Berührung mit Babaji als dem ewigen Sein als kleines Kind von etwa vier Jahren.

Aus heutiger Sicht weiß ich, dass Babaji jeden, der tief mit ihm verbunden ist, sein Leben lang führt, inspiriert und beschützt.

Freitag, 27. Januar 1978, mein siebter Tag im Ashram

Gleich nach dem Morgen-Arati ließ sich Babaji im hinteren Teil des Gartens nieder und begann, wieder in mein leeres rotes Buch zu malen. Zwei Bilder hatte er am Mittwoch unten im Tal ja schon hineingemalt. Wie lange war das schon her! Jetzt malte er mit den Ölkreiden, die ich ihm mitgebracht hatte, ein wildes drittes Bild hinein. Er begann ganz sorgfältig. Erst zeichnete er mit Füller und Bleistiften ganz behutsam ein Gesicht mit großem Kopfschmuck, Lord Shiva, gefolgt von acht tanzenden Flammen in Dunkelbraun, dann ging er mit energiegeladenen, vielfarbigen Feuerstrichen über das ganze Bild und setzte zum Schluss sehr kraftvoll und entschlossen sein OM-Zeichen darüber.

»I like it«, sagte ich spontan. – »I like it, too«, antwortete er. – »You Shiva, Shiva-Rasa«, bemerkte ich, als er mit seinen Farben über das Blatt raste. Ich hatte sagen wollen: »You Sada Shiva – du bist der Ewige Shiva«, hatte aber die Wörter durcheinandergebracht. Er jedoch entgegnete: »No, you Shiva-Rasa!« Später erfuhr ich, dass Rasa Geschmack, Leidenschaft, Freude, Extase heißt. Zwischendurch biss er in einen Apfel und gab ihn mir zum Weiteressen. Da noch ein Mädchen zuschaute, biss er in einen zweiten Apfel und ließ es ihn weiteressen.

Sein Bild stellte offenbar »Shiva, der die Welt zerstört« dar. »Pralaya, die Auflösung der Schöpfung?«, fragte ich. Er aber antwortete, während er besonnen sein Bild betrachtete: »In Germany no war. Only natural disasters. – In Deutschland kein Krieg. Nur Naturkatastrophen.« Er gab mir das Buch und ging.

Nachmittags malte Babaji unten an der Höhle, und ich durfte ihm Fragen stellen, die mich bewegten. Tara Devi würde übersetzen. Eigentlich erschien mir die Sache mit dem Übersetzen nie nötig, aber Babaji bestand darauf. Tatsache war, dass sich alle meine Fragen in Luft aufgelöst hatten, während ich neben ihm am Boden in der Sonne gehockt und ihm entspannt beim Malen zugesehen hatte. Er sah mich liebevoll an. »Kushi Begum. – Glückliche Königin.« Tatsächlich war ich einfach nichts als glücklich.

Zur Nachmittagsreinigung ging ich mit anderen an eine tiefe Stelle in einem der Flußarme zum Schwimmen. Es war herrlich frisch!

Abends, nach einem wunderschönen Arati-Singen und Tanz im Rhythmus des OM namah Shavay, sah er mich innig an, als ich mich verneigte, und sagte mir etwas, was ich aber leider nicht verstand. Seine Stimme war – wie mir schien – manchmal mehr innen als außen.

Am nächsten Morgen versuchte ich, ihn besonders durch die Meditation zu erreichen. Die Antwort kam in Form eines intensiven Druckgefühls auf der Nasenwurzel, das den ganzen Tag über anhielt.

Ich war sehr gesammelt und still.

Später ging ich zum Fluss, um Wäsche zu waschen. Das ist ein sehr schöner Vorgang. Babaji kam nach einer Weile mit einer Gruppe herab. Er ließ mich rufen, als er am Fluss vorbeikam, gab mir ein Bonbon und ging dann mit der Gruppe Männer weiter seines Weges.

Als er zurückkam, stand ich gerade mit meiner Wäsche auf der Treppe.

»You are Yogan«, sagte er zu mir und ging an mir vorbei nach oben. »Was ist ›Yogan‹?«, fragte ich einen der ihn begleitenden Männer. Das sei die weibliche Form von Yogi, lautete die Antwort.

Nach unserem Mittagessen saß Babaji im Schatten auf der Ashram-Mauer. Ich war bei ihm, und er entdeckte in meiner Tasche den Malkasten. Ich holte ihm Wasser, und er probierte erstmalig die Wasserfarben aus. Ein wunderschönes Bild entstand.

»Hintergrund«, sagte er plötzlich zu meiner großen Überraschung während des Malens und deutete dabei auf sich selbst. Anschließend überreichte er mir das Bild, obgleich sich schon viele andere um ihn versammelt hatten, die sich darüber wundern mochten, dass er mir immer mehr Bilder schenkte.

Hintergrund, der ewige Unter- und Hintergrund, auf dem sich die Schöpfung abspielt, vergleichbar mit der weißen Leinwand, auf der das farbige Bild entsteht.

Den Nachmittag und Abend dieses Tages verbrachte ich weiterhin in sehr meditativer Verfassung, still, nach innen gekehrt mit dem starken Druck in der Stirnmitte. Wenn Babaji mich sah, ließ er lächelnd jedes Mal kurz seine Augen nach oben rollen, wie um zu sagen, ja, ich sehe, du gehst nach oben – mir spiegelnd, was ich innerlich tat.

Zugleich war das ein Teaching. Ich verstand, dass einer, der innerlich die Augen und das Bewusstsein nach oben gehen lässt, seine Mitmenschen gar nicht mehr auf der äußeren Ebene anschaut, da er aufs Ewige gerichtet ist, bis er dann – nach einer Weile – mit neuen Augen wieder unten präsent ist, um hier verwandelnd mitzuwirken.

Sonntag, 29. Januar 1978, mein neunter Tag im Ashram

Chandan. Babaji malte mir heute durch die vier waagerechten gelben Striche einen senkrechten roten, langen Strich, von der Nasenwurzel an aufwärts zum Scheitel.

Das Meditieren ging danach gut. Doch zu meiner Überraschung bat mich ein junger Mann, dem es nicht gut ging, sich in meinem Zimmer hinlegen zu dürfen, weil der andere Raum sehr voll war. Obgleich in dem Haus, in dem wir wohnten – dem einzigen Haus damals –, noch ein paar Zimmer frei zu sein schienen, brachte Babaji zum Beispiel in dem Zimmer gegenüber von mir gleich fünf Menschen unter. Das beschleunigte den Lernprozess natürlich ganz enorm. Den Prozess, aus unserem ständig sich abgrenzen wollenden, empfindlichen Ego herauszukommen, und, anstatt den anderen zu beschuldigen, wenn wir uns ärgerten, einfach die Lektion anzunehmen. Anstatt zu sagen: Du musst dich ändern, sich fragen: Was kann ich in mir ändern. So wird aus einem eckigen, kantigen Wesen, das wir meist zu Beginn erst einmal sind, etwas Rundes, Weiches, Offenes – und die Freiheit des Einsseins, zu der Babaji uns führen will, beginnt zu dämmern.

Es hatte sich ergeben, dass ich seit dem Tag der Kailash-Besteigung allein im Zimmer war. Govindi war überraschend von Babaji aufgefordert worden abzureisen. Ursprünglich hatte sie sich darauf eingerichtet, für sechs Monate zu bleiben, aber sie hatte Babajis Gebot verletzt, nicht an das Feuer im oberen Schuppen zu gehen, wenn Männer anwesend waren, was sie jedoch tat. Zudem ließ sie sich von einem der Männer einen Armreif schenken. Also musste sie gehen, da es gab kein Erbarmen!

Ebenso hatten Makhan Singh und kurz darauf David gehen müssen. Babaji war strikt. Auch David war auf sechs Monate

Bleiben eingestellt gewesen und wurde zu seiner völligen Überraschung schon nach ein paar Tagen fortgeschickt. Jeder aus anderen tiefen Gründen. Fakiranand gestand mir einmal, dass selbst er als Babajis Sekretär, der sein ganzes früheres Landlord-Leben für den Ashram hinter sich gelassen hatte, niemals sicher sein konnte. Denn in dem Moment, in dem er nicht achtsam war, sich ausruhte, möglicherweise gar einschlief oder andere Fehler beging, würde auch er gehen müssen.

Wenn Babaji sagte: »You go! – Du gehst!«, dann musste man gehen. Da half auch kein Bitten und Flehen – es sei denn, man hatte plötzlich ein Aha-Erlebnis und verstand, warum. Das konnte in einer Sekunde alles ändern und ein erneutes Bleiben möglich machen.

An diesem Sonntagvormittag war ich damit beschäftigt, den jungen Mann zu pflegen, der nun mit hohem Fieber und Schmerzen in meinem Zimmer lag. Eigentlich wunderte ich mich, wie man hier überhaupt krank werden konnte, denn ich selbst fühlte mich vollkommen heil und wohl und sehr energiegeladen, trotz des wenigen Essens und kurzen Schlafens. Doch nach allem, was er mir über seine Erlebnisse in den Tagen hier mit Babaji erzählt hatte, verstand ich, dass er das Gleichgewicht verloren hatte und krank sein musste, um alles zu verarbeiten. Babaji sandte ihm auf meine Bitte hin einen Arzt und gab mir Anweisungen für ihn. Übrigens ließ Babaji sowohl Allopathie wie Naturheilkunde als Medizin gelten – aber er sagte: »Die beste Medizin ist: OM namah Shivay.«

Gleich nach dem Mittagessen saß Babaji unvermutet auf der Mauer, bereit, in mein rotes Buch zu malen. Wie immer schaute ich voller Spannung zu, was entstand. Als ich etwas fragen wollte, machte er »Pssst!«. Nur zuschauen sollte ich und ganz still sein.

Er malte eine merkwürdige Gestalt. »Hukham Khuda«, sagt er, »this is the Lord, giving his orders and sending his soldiers round the world! – Hukham Khuda, das ist der Herr, der die Befehle gibt und seine Soldaten rund um die Welt schickt!« Er fragte mich, ob ich ihm schon begegnet sei, dem strengen Gott. Dies war plötzlich eine gezielte Frage, während er vorher kreuz und quer mit allen, die um ihn versammelt waren, gesprochen hatte.

Ein Gebot

Ich schwieg eine Weile nachdenklich und erwiderte dann: »Das weißt du besser als ich«, doch plötzlich wusste ich es und sagte: »Ja!« Prompt kam seine Antwort: »Yes, I have sent him to you! – Ja, ich habe ihn zu dir gesandt!« Ich erwiderte: »Bevor ich hierherkam, hatte ich zuerst sehr große Angst.« Er sagte weitermalend: »Dieser Herr verbreitet seine Order durch seine Soldaten in der Welt.« Ich fragte: »Welche Order hat er für mich?« Babaji: »Do not hurt anybody, praise the name of god always, do good to everybody. – Verletze niemanden, preise immer den Namen Gottes, und tue jedem Gutes!« Oh Babaji, ich verstand und fühlte das ganze Gewicht deiner Lektion.

Montag, 30. Januar 1978, mein zehnter Tag im Ashram

Chandan, diesmal nur für die westlichen Menschen. Mir fiel beim Morgen-Arati und auch abends auf, dass ich gar nicht mehr so viele Bonbons oder Früchte von Babaji in die Hand bekam wie in den ersten Tagen. Das war wohl vor allem anfangs als Mittel nötig, damit ich Verstehen lernte.

»Where is my book? – Wo ist mein Buch?«, rief Babaji, und ich gab es ihm. Ab jetzt malte er mit Wasserfarben.

Es entstand ein sehr eindrucksvolles, dunkles, aber leuchtend schönes Bild. »A lake in Germany. – Ein See in Deutschland«, erklärte er. Der schwarze Himmel mit dem weißen Sonnenmond und den kobaltblauen Sternen darüber machte es nachtgestimmt, doch sehr leuchtend.

Kurz darauf malte er auf ein einzelnes Blatt ein Bild für den amerikanischen Arzt Dr. Dahru. Wieder, wie anfangs schon bei Lord Shiva, eine sorgfältig ausgeführte Gestalt mit großem Kopfschmuck, aber diesmal weiblich. »This is Mother Mary. – Das ist Mutter Maria.« Später erzählte mir Dahru, dass Babaji ihm gesagt habe, er würde in diesem Jahr heiraten und seine Frau ein Kind bekommen. Bislang wusste Dahru allerdings nicht, wen er heiraten würde.

Nach dem Mittagessen eilte ich, um beim Abwaschen rechtzeitig zu helfen, und war so glücklich, dass ich mit einem riesigen Satz die hohe Zementtreppe gleich mehrere Stufen auf einmal hinuntersprang. Ausgerechnet da ging Babaji vorbei und brüllte mich an: »Tomorrow you are leaving! – Morgen gehst du!« Verdutzt drehte ich mich um. »Why?« – »You mustn't jump like a camel! – Du sollst nicht wie ein Kamel springen!«, wobei ihm der Schalk aus den Augen blitzte. Lautes Gelächter ringsum!

Er wandte sich zum Gehen, aber ich lief gleich hinterher. »Babaji, wenn ich nicht mehr so springe, dann muss ich doch nicht gehen, oder?« – »Okay«, war seine Antwort. Die anderen amüsierten sich noch eine ganze Weile über das Kamel.

Ich half beim Abwaschen, was wirklich etwas Besonderes war. Da es keine Seife gab und Wasser eben rar und kostbar war, wurde erst der Teller oder der Topf mit Erde und einem Tropfen Wasser eingerieben, dann mit etwas Wasser gespült, nochmals mit Erde eingerieben, wieder Wasser dazugemengt – das Ganze drei Mal, und dann galt der Teller oder das Gefäß als gereinigt, wobei zum Schluss natürlich die ganze Erde noch mit Wasser abgespült wurde.

Der gleiche Vorgang mit der Erde galt auch fürs Händewaschen. Ich dachte bei den drei Durchgängen immer an die drei Gebote: Truth, Simplicity, Love! – Wahrheit, Einfachheit, Liebe! Später ergab es sich, dass ich hinter Babaji die Treppe hinaufging. Er blieb stehen und schaute weit in die Ferne. »Your friend has come. – Dein Freund ist angekommen.« Schon seit Samstag erwartete ich ihn. Ich schaute mir die Augen aus, aber konnte im Tal nur ein Mädchen kommen sehen.

Was Babaji mittags gesagt hatte, bewahrheitete sich abends, der Freund von mir kam an. Er saß bereits beim Arati, als ich glücklich und ganz versunken von einer Meditation in der Höhle hinaufkam.

Ab heute durfte ich in der Höhle schlafen, ganz allein. Ich freute mich schon so sehr darauf, allein in der heiligen Höhle zu sein. Als ich Babaji bat, darin übernachten zu dürfen, sagte er: »Yes, but it is just an ordinary cave! – Ja, aber es ist nur eine ganz gewöhnliche Höhle!« Das war wohl genau der nötige Zen-Schlag, den ich brauchte.

Als ich Babaji nun, da mein Freund eingetroffen war, fragte, ob ich noch einmal auf den Kailash gehen dürfe, um dort die Nacht zu verbringen, kam als Antwort: »Now Kailash is here! – Jetzt ist der Kailash hier!«

Dienstag, der 31. Januar 1978, mein elfter Tag im Ashram

Ich ging zusammen mit Dr. Dahru, der, wie auch Tara Devi , unten in dem tempelartigen Raum geschlafen hatte, hinauf. Mein Freund Don hatte oben die Nacht verbracht und wollte sich gleich nach der Morgenandacht selbstständig machen, um die Gegend zu erkunden, während ich an diesem letzten Tag, wenn schon nicht oben auf dem Kailash, so doch in Babajis Nähe sein wollte. Und tatsächlich begann Babaji sofort nach dem Arati, draußen im Garten, wieder in das rote Buch zu malen. »Where is my book?« Das letzte Bild war ein See in Deutschland gewesen – ein herrliches Bild, dunkel, aber sehr leuchtend und frisch. Jetzt malte er sehr lebendige Erde, frisches Grün und eine riesengroße, aufgehende Sonne mit kraftvollen, aufsteigenden Strahlen. Ich war ganz tief berührt von dieser Sonne, nach dem vorherigen »Zerstörungsbild« und dem dunklen, leuchtenden Deutschland. Jetzt also die aufsteigende Sonne und Land, im See rechts schwamm sogar ein Fisch. Zu meiner Überraschung wollte er jetzt weiße Deckfarbe haben. Damit malte er ganz links am Rand des Bildes ein richtiges Haus, ganz genau und sorgfältig ausgeführt, und dann, daneben – ein Tempelchen! Er schaute mich an. »This is your house, and this is your little temple! – Das ist dein Haus, und das ist dein kleiner Tempel!« Ich war sprachlos. Babaji schickte mich frisches Wasser holen.

Als ich wiederkam, fragte ich ihn: »Und wo steht das Haus?« Ich fühlte mich tatsächlich innerlich bereit, dorthin zu gehen, wohin Babaji mich führen würde. Als die Antwort lautete: »In Washington«, sank mein Herz. »Really?« Da lachte er: »No, no, in Germany!«

Natürlich habe ich später tief nachgedacht, was es mit Washington alles auf sich hat. Wie bei allem, was Babaji sagte, war es nicht nur ein Scherz, sondern offenbar auf mehreren Ebenen bedeutungsvoll.

Gleich darauf begann Babaji, ein weiteres Bild zu malen, diesmal auf einem einzelnen weißen Blatt. Ich saß schräg neben ihm und sah gespannt auf das Porträt, das entstand. Plötzlich überzog er das ganze sorgfältig ausgeführte Gesicht mit goldenen Flammen.

»This is Bhairav Baba, the chief man of Shiva. He gives blessing also! – Das ist Bhairav Baba, die rechte Hand von Shiva. Auch er gibt Segen!« Babaji schenkte es mir. Später hörte ich, dass Bhairav Baba der Zerstörer des Bösen und der Beschützer des Guten ist. Dieses Bild hatte Babaji mir wirklich als Blessing gegeben, Bhairav Baba lächelte darauf liebevoll.

Ich bin Bhairav Baba.
Ich bin der tiefe reiche rubinrote Wein der menschlichen Liebe.
Das Feuer der Liebe, in der nichts,
was nicht Liebe ist, existieren kann.
Ich verbrenne alles,
was unrein ist, und lasse nur Liebe zurück.
Ich bin nicht zu fürchten, da ich nur Liebe bin,
zart, süß und freundlich.

Aber viele fürchten mein Feuer der Liebe,
denn sie wohnen in ihren Unreinheiten.
Nur, was unrein ist, hat Angst vor mir.
Denn ich bin schrecklich und stark
wie ein heißhungriger Löwe,
das Fleisch von vergifteten Zungen
und bösen Gemütern verschlingend.

Aber für jene, die lieben,
bin ich der süße Hauch eines duftenden Abends,
eine Rose, da sie ihre Augen der Sonne öffnet,
der Boden, da sie seufzt mit ihres Geliebten Stöhnen.

Ich bin die Liebe jenseits der Liebe.

Der, der mich kennt, weiß alles.

Worte von Bhairav Baba
Empfangen von Peter Dawkins
September 1991 im »Quell des Heilens«

Babaji hatte versprochen, das rote Buch zu Ende zu malen. Als ich gegen Mittag nochmals bei ihm vorbeiging, saß er gerade mit mehreren zusammen, fragend deutete ich auf das rote Buch, da sagte er: »Now the office is closed! – Jetzt ist das Büro geschlossen!« Aber später, am Nachmittag unten an der Höhle, war das Büro wieder geöffnet, und Babaji malte das allerschönste Bild: »Lord Shiva's garden – Lord Shivas Garten«! Hier waren nun all die Blumen, die ich mir anfangs von ihm gewünscht hatte. Ganz bezaubernd!

Als ich Babaji am Vormittag noch wegen meiner Abfahrt fragte, die durch unsere Buchung des Rückflugs festgelegt schien, antwortete er lediglich: »Nun, da dieser Rückflug schon fest gebucht ist, sollst du fliegen!« Ob ich denn bleiben dürfte, wenn er nicht festgelegt wäre, fragte ich ihn. – »Yes« war seine Antwort. Das fühlte ich auch. Ich empfand solche Liebe, solche Freude – und er erwiderte sie jetzt einfach und sanft.

Nandan Van

»Nandan Van«, das blühende Bild, war wirklich ein Ausdruck dieser Liebe und Freude! Wie damals an jenem ersten Sonntag, dem Tag meiner Prüfung hier, als ich heimlich in die Höhle gegangen war und Babaji mich dabei überraschte, so saß ich auch jetzt wieder draußen zu seinen Füßen. Er wieder auf der kleinen Kiste, diesmal jedoch malend, voller Liebe, ganz in Frieden, und ich nicht mehr voller Fragen und Zweifel, sondern zu ihm hingewandt! Mein ganzes Herz und Sein war voller Stille und Glück. Und mit einem Blick auf die Höhle nickte er mir zu. »This is your home now! – Das ist jetzt dein Zuhause!« Ich verstand und war sehr glücklich!

»Bhairav Baba«, gemalt von Babaji im Januar 1978

Während Babaji das blühende Bild malte, sagte er: »I am energy doctor! – Ich bin Energie-Arzt!« Dies war das zweite Mal, dass er etwas direkt über sich aussagte. Das erste Wort war »Hintergrund«, bei dem er auf sich deutete, und nun »energy doctor«. Tatsächlich war ich dabei, mich sehr zu wundern, woher es kam, dass ich all die Tage hier bei so wenig Schlafen und Essen derart energiegeladen war, mit Ausnahme des ersten Tages, an dem es geregnet und ich noch nichts verstanden hatte.

Verwandlung und Verheißung

Babaji malte weiter, es war das letzte Seitenpaar im Buch: TIBET, ein in vielen farbigen Schichten aufgebautes Bild entstand. Wunderschön! Doch was tat er da? Plötzlich tauchte er den Pinsel ins Rot und überzog von unten bis oben das gesamte Bild mit roten Flecken. Schlagartig musste ich an das »Apokalyptische Gedicht« denken, das mein Freund Marcel mir mitgegeben hatte, damit ich Babaji fragte, ob das wahr sei. Es ist ein Gedicht, frei übersetzt nach Uri Geller:

The RED was coming – Das ROT kam:
Der Tag, da der Wind sich gelb färbte,
Der Tag, da der Staub fiel,
Der Tag, da sich die Himmel öffneten,
Der Tag, da das Rot kam,
Der Tag, da die Sonne stillstand,
Der Tag, da wir das ROT sahen,
Der Tag war gekommen, der Tag war jetzt da,
Der Tag, da ich das Ende wusste,
Der Tag, da der Lift begann,
Der Tag, da das ROT zu GELB wurde,
Der Tag, da sie den Purpurpunkt auf das GELB legten,
Es tropfte und brannte ruhig,

Das PURPUR wurde zu GRÜN,
Das GRÜN zu WEISS und SILBERN,
Aber das SILBER wurde zu GOLD,
Und das GOLD tropfte zu REGENBOGENFARBEN,
die den ganzen Nebel färbten.
Der Nebel wurde so schwer und sank,
sank so tief hinauf.
Die Farben tropften zu nichts, brannten wieder
Und säten die Felder,
Die Felder ließen diese Farben unten wachsen.
Es begann zu singen.

Was das wohl bedeutete: die zahllosen roten Flecken über Tibet? Die Invasion in Tibet? Oder hatte das noch eine viel umfassendere Bedeutung?

Babaji blätterte zurück zum allerersten Blatt, das sozusagen das Titelblatt unseres Buches sein könnte und das, wie auch das allerletzte einzelne Blatt, noch leer war.

Babaji malte jetzt tatsächlich ein Titelbild, »OM Kareshwar – Lord Shiva's Temple« oder »Der Sitz des Herrn, dessen Name OM ist«. So nannte er das Buch, und er gab es mir. Nun besaß ich ein ganzes Werk von ihm, nicht das im Traum offenbarte Buch, das die Geschehnisse aller meiner vergangenen Leben enthielt, sondern ein ganz neues: ein Buch, das von Zerstörung sprach und von einem neuen Beginn. Ein Buch der Verheißung. Ich fühlte es als großen Schatz, ein sehr Mut machendes Buch!

Der Abend kam, mein letzter Abend im Ashram. Als Babaji hereinkam, ließ er mir eine Tüte in den Schoß fallen, eine Tüte voller Filme! Wie ich mich freute! Ich, die nie gewagt hatte, ihn zu fotografieren, bekam so viele Filme in den Schoß gelegt. »To wash them! – Zum Entwickeln!«

Dann rief er mich nach vorn: »You give a speech now! – Halte jetzt eine Rede!« Obgleich ich das nachmittags schon geahnt hatte, stand ich zunächst sprachlos da. »Mir fehlen die Worte«, wandte ich mich an ihn. »Du selbst hast nie in vielen Worten zu mir gesprochen. Du sprachst zu mir durch Farben, und ich antwortete dir im Tanz. Du sprachst zu mir durch das Licht, und ich versuchte, Flamme zu sein, blaue Flamme!«

Da sagte Babaji lächelnd: »That is why I have given you the name Nila, I thought of this! – Deshalb habe ich dir den Namen Nila gegeben, ich dachte daran!«

Und ich fuhr fort: »Ja, und eines Tages möchte ich eins werden mit dir und jenseits aller Farben, dort in dem weißen Land, jenseits des Golds im Platinland sein, von dem ich fühle, das ist dein Zuhause, das ist, wo du herkommst! Ich danke dir so sehr, danke, es gibt keine Worte für all das! Wenn ich morgen fahre, weiß ich, dass du mit mir gehst, du wirst immer mit mir gehen!«

Ich sah in seinen lächelnden leuchtenden Blick sein »Ja«, und ging zurück, um dann mit den anderen zu tanzen. Für ihn ein letztes Mal zu tanzen. Als ich mich vor ihm verneigte, zog er mich nicht, wie sonst öfter, an den Scheitelhaaren, sondern er streichelte mir unendlich sanft vom Scheitel zum Nacken hinab über das Haar.

Eine Wonne ohne Namen! Mir war, als hätte substanzielles Licht mich berührt.

Spät am Abend sah ich ihn noch einmal.

Er sagte: »Tomorrow you come to me! – Komm morgen zu mir!«

Die letzte Nacht durfte ich wieder in der Höhle verbringen. Don hatte mich noch mit der Taschenlampe über die vielen Steine hinuntergebracht. Er verstand Babaji noch nicht, und ich fühlte seinen Widerstand. Es bedrückte mich, und ich rutschte etwas aus meiner freien Mitte, von wo aus ich Klarheit hatte und im Wissen war, hinaus. In diesem Zustand fiel es mir nicht leicht, Babaji zu erreichen. Stattdessen fühlte ich mein Unvermögen, all die lichten Ströme, die durch diese Höhle flossen, aufzunehmen.

Mir wurde klar, ich könnte auf Gottes Schoß sitzen, aber wenn mein Bewusstsein dem nicht geöffnet wäre, würde ich nichts davon wahrnehmen. Zugleich wurde mir deutlich, dass jeder Stein auf dieser Erde in jedem Augenblick göttlich ist, Göttliches zu offenbaren vermag, wenn ich selbst in mir das Licht entzündet halte und es mir dadurch auch aus allem, was ist, entgegenleuchtet.

Babaji bereit zum Malen

»It's a divine cave« und »It's just an ordinary cave« – in diesem lebendigen Widerspruch hast du mir alles gesagt, Babaji.

Nun, in dieser letzten Nacht, versuchte ich, mit aller mir erreichbaren Innigkeit und Tiefe zu beten, zu meditieren, doch ich kam nur bis zu einer bestimmten Schwelle. Irgendwo in mir lag eine leichte Nebelschicht, die mein freies leuchtendes Andächtig- und Glücklichsein verhüllte, und so schlief ich ein.

Um halb drei, nach etwa vier Stunden Schlaf, erwachte ich in der Höhle, und ich fühlte einen deutlichen Ruf zu meditieren. Doch anstatt mich ganz aus dem Schlaf herauszuerheben, fiel ich wieder in ihn zurück.

Mittwoch, 1. Februar 1978, mein zwölfter Tag im Ashram

Höchste Zeit, aufzustehen und rasch zu baden. Diesmal ohne meine orange Decke, die ich gestern schon Babaji für den Ashram gegeben hatte, ging ich zitternd vor Kälte hinauf zum Chandan. Keiner kam außer Sheela, der lieben indischen Freundin, die Babaji schon seit 1972 kannte. Er hatte mich also zu diesem letzten Mal fast allein kommen lassen.

Wieder fühlte ich sehr stark meine Unwürdigkeit, ihm nah zu sein. Wo nur war die wunderbare Flamme in mir geblieben, durch die ich mich frei fühlte, einfach und innig selbstlos ihm und allem, was lebt, in Liebe verbunden? Ich erreichte sie nicht. Doch als ich zu ihm kam, war ein Teil von mir noch voller Erwartung, denn es war der letzte Morgen.

Er sah mich nur ruhig, kurz und kühl an und machte zwei Striche und den roten Punkt auf die Stirn, mehr nicht. Etwas in mir freute sich, anschließend am Feuer fast allein mit ihm zu sein. Ich wollte genau ihm gegenüber Platz nehmen und setzte mich zwischen zwei schwarze Steine. Doch da sagte Babaji fast verletzt, empört und betrübt wie ein Kind, dessen Bausteine man durcheinandergebracht hat: »This is Bhairav Baba! These are Bhairav Baba's stones. Don't touch them! – Das ist Bhairav Baba! Und das sind Bhairav Babas Steine. Berühre sie nicht!« Oh, Bhairav Baba, dessen Bild er mir doch gestern gemalt hatte, hatte ich verletzt.

Babaji opferte wie immer die Nahrung dem Feuer und war dann verschwunden! Ich ging hinunter, zurück in die Höhle. An diesem letzten, kostbaren Begegnungsmorgen am Feuer war ich nicht genügend in meinem Zentrum gewesen. Reue darüber ergriff mich, und so schrieb ich ihm: »Bitte, trotz meiner Schwächen, bitte nimm mich an!« Das Schreiben wirkte reinigend, die Reue verbrannte die Nebel in mir und all das, was mich von meiner reinen inneren Flamme getrennt hatte. Nachdem ich das Briefchen geschrieben hatte, legte ich es zu dem roten Schal und den Farben mit all den Pinseln, die ich ihm hierlassen wollte. Nun fühlte ich mich schon viel besser. Der innere Himmel war wieder frei.

Der Mittwochmorgen: Babaji kam, und, welche Freude, gleich beim Hereinkommen warf er mir ein ganz liebes, sonnenglückliches, letztes Bild in den Schoß. Alle Farben des Regenbogens: zwei Palmen, eine aufgehende Sonne, sanft und stark zugleich, und ein singender Vogel auf dem Baum, darunter ein Gesicht, lächelnd, geheimnisvoll – war er das selbst?

Ich war überglücklich! Es war das Bild für die letzte Seite von seinem Buch, das noch fehlte. Dieses Bild, die neue Welt, hatte er allein gemalt! Es war eine vollkommene Antwort auf das Gedicht »The Red was coming«, das ich ihm von Anfang an immer hatte zeigen wollen. Er musste es genau in der Zeit, während ich durch das Briefchenschreiben meine Schwächen verbrannte, gemalt haben.

Welche Freude! Welche Antwort der Liebe!

Jetzt ging ich zu ihm hin und verneigte mich tief vor ihm zum Zeichen meiner vollkommenen Hingabe und Ehrfurcht, legte dann die Farben und die Pinsel an die Seite neben ihn und gab ihm meinen Zettel in die Hand. Er las ihn gleich und nickte, dabei schaute er mich eindringlich und mit Liebe an. Oh, Babaji! Ich war sehr, sehr glücklich! Tanzend ging ich zu meinem Platz zurück, und was machte Babaji? Er fing vorn auf seinem Sitz voller Eifer und Eile zu malen an. Rief mich wieder zu sich. Noch ein Bild? Es war ein Bild der Sonne, eine etwas zerzauste, fröhliche und große Sonne.

»For your friend. – Für deinen Freund«, sagte er und meinte Don, der scheinbar verschlossen dasaß, aber zuvor seinen Schlafsack für den Ashram zu Babaji nach vorn gebracht hatte. Ihm galt dieses ganz spontan gemalte Abschiedsgeschenk der Sonne!

Ich verabschiedete mich im Tanz von den versammelten Freunden, da ich glaubte, wir müssten gleich aufbrechen, doch da stand Babaji selbst schon auf und lud uns vor der Reise zum Frühstück ein! Wunderbare Chapatis mit Tomaten und Honig darauf ließ er für uns beide machen und gesellte sich selbst mit uns in der Hütte ans Feuer neben der Küche. Eine gelöste, glückliche und starke Atmosphäre entstand. Ich saß nahe bei ihm, voller Freude die köstlichen Dinge verspeisend, als er

Nila mit gelbem Mützchen von Babaji

plötzlich ein Bonbon, das er gerade lutschte, mit Blick auf mich halb aus seinem Mund herausschauen ließ. Ich verstand, hielt meine Hand darunter und fing das Bonbon als Prasad, als göttliche Speise, auf, um es weiterzulutschen. Welch ein Zeichen der Innigkeit! Wie frei und spontan er war! Da, schwupps, setzte er mir auch noch sein gelbes Mützchen auf, das er die ganze Woche über getragen hatte, und schaute nun mich mit gelbem Mützchen an.

Wie oft hatte ich mich für dich geniert, weil du mit diesem Sonnen-Mützchen, das viel zu klein war für dich, aussahst wie ein großes Kind, und nun schenktest du es mir! Du zogst einfach an, was immer die Menschen dir in Liebe schenkten, ob schön oder nicht, ob aus Seide, Wolle oder einfachem Stoff, du zogst es an und gabst es mit deinem Segen weiter, du behieltst nichts für dich!

Dieses Abschiedsfrühstück am Feuer zusammen mit ihm war wirklich ein Fest. Anschließend begleitete uns Babaji hinunter. Abschied! Sheela Mataki umarmte mich noch auf den Stufen.

Mein Herz war so glücklich, so himmelleicht. Unten warteten zwei Pferdchen auf uns. Auf eines luden wir unser Gepäck, das andere nahmen wir, um abwechselnd darauf zu reiten. Auch Tara Devi kam zum Verabschieden. Wieder ließ Babaji Bilder machen. Nun stieg ich mit meinem blauen Pulli, so wie ich gekommen war, auf das Pferdchen. Was hatte sich in diesen zwölf Tagen geöffnet! Der Himmel hatte sich aufgetan! Babaji hatte sich heute erstmalig in ein wunderschönes blumenbesticktes großes rosa Tuch mit so vielen Blumen wie auf einem seiner letztgemalten Bilder gehüllt. Wie mütterlich er darin wirkte! Dieses Tuch nahm er dann zum Winken.

Auf meinem Pferdchen durch das Tal reitend, winkte ich, winkte, winkte und sah Babaji noch lange da stehen mit seinem großen Blüten-Umwurf, und auch er winkte, wieder und wieder. Oh, Herakahn-Tal! Du tief vertrautes und hoch geheimes

Tal! du Land zwischen Himmel und Erde, Tal des Wassers und der hunderttausend Steine, durch dich ritt ich zurück in die Welt.

Lord Hariyakhandi – Hariyakhandi OM! Mit dir zusammen ritt ich zurück. Was waren deine Worte gewesen an diesem Abschiedsmorgen, als ich neben dir am Feuer saß und dich bat: »Bitte gib mir deine Hand«? Du sahst mich an und sprachst: »Not one hand, all hands!«

Und das ist immer wieder aufs Neue meine Erfahrung: Nicht eine Hand, alle Hände gibst du mir und jedem, der reinen Herzens nach dir ruft!

Dies ist die Erzählung der zwölf Tage meiner ersten Begegnung mit Babaji in Herakhan im Januar 1978, die ich, zurück in Deutschland, dann auf der Grundlage meiner kurzen Tagebuchnotizen in ein großes leeres Buch malte und niederschrieb.

Das ist dieser Text.

Es ist ein Gedicht der Liebe.

Wie auch alle folgenden Begegnungen mit Babaji ein Gedicht der Liebe sind.

Durch alle spannenden Licht- und Schattenbewegungen hindurch.

Davon erzählen die weiteren Kapitel.

Genau an dem Tag, an dem ich alle Eindrücke dieser ersten zwölf Tage im Ashram gemalt und niedergeschrieben hatte, kam ein Brief aus Herakhan: »Babaji schickt dir seinen Segen und wünscht dir, dass du glücklich bist.«

Babaji lachend, umgeben von fröhlichen Farben (circa 1980)

72 Begegnungen mit Babaji

Ich bin du

Babaji nahm immer das Wesen und die Züge dessen an, mit dem er gerade sprach. – Ich bin du.

1979 fotografierte einer mit einer Polaroidkamera fünf von uns der Reihe nach zusammen mit Babaji. Die Fotos waren kurz hintereinander aufgenommen worden. Das Verblüffende war: Auf jedem Bild ähnelte Babaji genau der Person, mit der er abgebildet war. Auf einem hatte Babaji Kulleraugen genau wie der Mensch, mit dem er zusammen war, beim nächsten Foto Schlitzaugen, immer so, wie die entsprechende Person aussah.

Wir waren tief berührt.

Wie ist es möglich, dass er in so kurzer Zeit den Gesichtsausdruck des entsprechenden Menschen annimmt?

Ebenso beim Darshan änderte er von einem Moment auf den anderen seinen Ausdruck, je nachdem, wer zu ihm kam. Zuerst ein strahlendes Lächeln, in der nächsten Sekunde gähnte er und guckte weg, und dann ganz streng oder sehr humorvoll, spielerisch – es wechselte, je nachdem, was der, der kam, für ein Teaching brauchte.

Spiegel, Tester, genialer Therapeut

Babaji war Spiegel und zugleich der unendlich weise liebende Lehrer, der uns vor allem weiterführte. Es kamen manchmal Menschen, die meinten, sie seien großartig. Einem solchen Menschen gab er beispielsweise einen Stab in die Hand, ließ ihn vorn neben sich stehen und sagte: »I have never seen anybody great like you. – Ich habe noch nie jemanden gesehen, der so großartig war wie du!«

Nachdem er diesen Menschen aufgeblasen hatte wie einen Luftballon, war die notwendige Folge, dass dieser Ballon durch völlige Nichtbeachtung oder auf andere Weise wieder zum Platzen gebracht werden musste. So konnte ein echtes Selbstbewusstsein entstehen und die Seele die Regie ergreifen, was bei einem aufgeblasenen Ego unmöglich ist.

Umgekehrt behandelte er Menschen mit starken Minderwertigkeits- und Schuldgefühlen oder Selbstwertzweifeln, wenn sie seine Liebe nicht aufnehmen konnten, indem er sie zunächst gar nicht beachtete, bis sie an die Grenze ihres »Ich bin nichts« kamen und merkten, dass sie doch jemand waren. Wenn das Pendel dann umschlug, schenkte er alle Liebe und Ermutigung, die diese Menschen aufnehmen konnten.

Ein sehr schüchternes Mädchen ließ er einen Pullover für ihn stricken und in jede Masche »OM namah Shivay«, »OM namah Shivay«, »OM namah Shivay« hineingeben. Diesen Pullover nahm er dann, wie alles, trug ihn kurz und verschenkte ihn mit Segen wieder weiter. Babaji behielt nichts für sich.

Obgleich es allgemeine Regeln für das Ashramleben gab, hatte Babaji kein festes Verhaltensmuster, er behandelte jeden ganz individuell. Es war einfach unbeschreiblich lebendig und immer überraschend mit ihm.

Babaji in seiner absoluten Freiheit war großzügig. Er sagte einmal: »Jetzt seht ihr den gütigen Baba, der eure Wünsche erfüllt, doch später, in der Zukunft, werdet ihr dem strengen Babaji begegnen.«

Ein Inder sagte einmal: »Ein Tag Herakhan mit Babaji ist gleich zwölf Jahre Leben.«

Babaji brachte in Herakhan in jedem mit größter Geschwindigkeit Inneres nach außen an die Oberfläche, vor allem durch Situationen im Miteinander. Die Heilung kommt ganz schnell, wenn man erkennt: »Wer mich verletzt, heilt mich.«

Babaji, der reine Spiegel und Tester:

Mit dem Ärgerlichen war er ärgerlich; der Sanfte, Liebevolle erlebte ihn stets sanft und voller Liebe.

Keineswegs immer erkannten die Betroffenen, dass Babaji sie spiegelte, sondern meinten oft, dass Babaji selber ärgerlich sei.

Mit Babaji zusammen zu sein, war stets ein Wandeln auf Messers Schneide: Man konnte nie sicher sein, ob man am nächsten Tag noch würde bleiben dürfen. Babaji war sehr streng mit dem Wegschicken, und oft hieß es plötzlich: »Tomorrow you go! – Morgen gehst du!« Und zwar immer dann, wenn man einen Fehler gemacht hatte, nicht verstand, worum es ging, nichts mehr aufnehmen konnte oder aus anderen Gründen, die Babaji sah.

»Seid höflich«, bat Babaji uns, und »liebt einander wie ihr mich liebt«. Das bedeutet, Achtung voreinander zu haben und dem anderen Raum zu schenken, zum Beispiel durch eine Frage wie: »Ist es dir recht, dass ich …?«

Er war sehr streng in der Auswahl jener Menschen, die überhaupt in den Ashram heraufkommen durften. Mehrfach schickte er mich, wenn Neulinge ankamen, hinunter zu den Chai-Shops im Tal mit der Bemerkung: »I am only there for serious people, not for sightseeing. – Ich bin nur für ernsthafte Menschen da, nicht für Sightseeing.«

Es war meine Aufgabe, den gerade Angekommenen, Hippies zum Beispiel, klarzumachen, wer Babaji war und worum es hier ging. Ich machte sie darauf aufmerksam, dass ihnen vielleicht ein Mundan, d. h. ein Opfer ihrer Haare, bevorstand, was die meisten nicht gerade begeisterte.

Thema Heiraten

Babaji kannte unsere Karmas, führte und half uns da hindurch. So verheiratete er beispielsweise oft Menschen miteinander. Durch das Thema Heiraten brachte Babaji in kürzester Zeit sehr viele unbewusste Themen in jedem der Betroffenen hoch.

Einmal schlug er einem von uns aus dem Westen, der bereits eine Freundin in Deutschland hatte, vor, sich mit einer Inderin zu verheiraten. Der junge Mann wehrte sich. Alles in ihm sträubte sich, und er wurde sich bewusst, dass er durchaus nicht Babajis Willen folgen wollte. Babaji überzeugte ihn auch davon, wie pflegeleicht indische Frauen seien. Dabei ging der junge Mann durch einen tiefen inneren Prozess, wochenlang. Als er schließlich bereit war und verstand, dass es um echte Hingabe und Vertrauen in Babaji ging, war nie mehr die Rede von dieser Hochzeit.

Grundsätzlich hatten alle Ehen, die Babaji inspirierte, großen Zündstoff in sich, manchmal wunderschönes Karma und manchmal sehr schwieriges. Zu einer Frau von etwa vierzig Jahren, die noch nie verheiratet gewesen war, sagte er, es sei nun an der Zeit. Sie erklärte mir dann, sie brauche jetzt wirklich jemanden, der für sie sorge.

Da übergab ihr Babaji lauter kleine Hunde, für die sie sorgen sollte. In diesem ersten Akt des »Heiratens«, des Sich-Verbindens – in dem Fall mit all den Hunden –, war sie bei mir im Zimmer gelandet.

Dann kündigte Babaji an, sie würde an Shivaratri verheiratet werden. Reiche Inder kamen, und sie gestand Babaji, welchen davon sie gerne heiraten würde. Er ignorierte das und hielt sie bis aufs Äußerste gespannt. Schließlich erklärte er, es würde der Pujari von einem heiligen Ort sein. Der entsprechende Pujari kam. Zu ihrem Schreck sah sie, dass er nur ein offenes Auge hatte und äußerst bescheiden aussah. Ihr Herz sank.

Babaji rief sie dann nach vorne zu sich, sie hatte für diesen Hochzeitstag Mundan machen müssen, d. h. ihre sehr langen Haare opfern. Als sie nun vor ihm kniete, nahm er einen Pinsel und malte auf ihren kahlen Kopf ein großes OM. Dadurch wurde klar, dass sie innerlich OM namah Shivay heiraten sollte, darin aufgehen.

Eine hübsche junge Frau, die für ein paar Tage in meinem Zimmer wohnte, erzählte empört, dass Babaji sie selbst bisher überhaupt noch nicht angesehen habe. Als sie ankam, habe er lediglich auf ihren Armreif geschaut, nicht auf sie, und gefragt, von wem sie den habe. Der Armreif war von ihrem Freund in Deutschland, der für sie sehr wichtig war.

Eines Tages zündete sie sich ein Zigarettchen an, im Glauben, Babaji kümmere sich ja eh nicht um sie. Zack, hatte sie eine Ohrfeige von ihm sitzen. Da ging ihr ein Licht auf, sie begriff, dass ihr ganzes Wesen nur um ihren Freund kreiste, dass es ihr nicht darum ging, Gott oder ihr inneres Licht und Selbst zu finden. Babaji hatte ihr den Spiegel ihrer inneren Situation vorgehalten.

Ein sonniger junger Mann aus Amerika, der schon 1977 im Tal von Babaji mit einer jungen Frau, die er sehr liebte, verheiratet worden war, war wiedergekommen. Die Beziehung war zu seiner großen Trauer vollkommen auseinandergegangen. Er sagte mir: »Es gibt nur eines, was mich wirklich nervös macht, das ist, wenn Babaji wieder über das Heiraten spricht.«

Babajis Finger schweifte über die Versammelten, hielt mit einem »You!« bei einem an, und dann ging der Finger weiter, die Reihe entlang, »You marry … – Du heiratest …«, und landete bei einem der Anwesenden: »… this one! – … diesen!«

Babajis Spiel, scheinbar humorvoll, war voller Tiefe.

Unser amerikanischer Freund sah also Babajis Finger auf ihn deuten: »You marry …«, und er wurde schon blass um die Nase, »Shastriji!« (siehe S. 219), was wohl bedeutete: Er sollte die Weisheit, die Liebe und das Wissen von Shastriji heiraten und noch viel mehr, was nur der betreffende Mensch selbst herausfinden kann. Man kann seine große Erleichterung verstehen.

Aus den ersten Jahren in Herakhan erinnere ich mich an eine schöne und innerlich starke junge Frau, die voller Hingabe an Gott war. Jahre später hatte sie sich mit einem Partner verbunden, und ich erschrak, als ich sie zu Babaji kommen sah – es war nur noch die Hälfte ihrer strahlenden Kraft und Tiefe zu spüren. In dem Moment, wo mir das klar wurde, flog zur Bestätigung sofort ein Bonbon von Babaji zu mir herüber.

Diese Frau war offenbar ganz in das Geflecht der Partnerschaft geraten, darin involviert und nicht mehr, wie zuvor, frei auf Gott konzentriert.

Nach vielen Jahren sah ich sie wieder, sie hatte sich aus der Ehe gelöst und war wieder stark und klar, sie ruhte ganz in sich selbst und war womöglich noch tiefer und inniger mit Gott verbunden als zuvor.

Projektions-Ehen, auch wenn der Partner den Himmelsraum füllt, rufen immer nach Transformation und Befreiung, wenn ein Mensch sich selbst und Gott verwirklichen will.

Ich habe im Laufe meines Lebens gelernt, wie wichtig es ist, Gott an die erste Stelle zu setzen und dahinter der Partner. Wenn beide Partner immer zuerst Gott und seinen Willen zu leben versuchen, gibt es eine leuchtende Partnerschaft. Gott ist Liebe – Liebe, die keine Bedingungen stellt. Was gibt es Schöneres, als mit der Liebe verheiratet zu sein, wenn sich Seele mit Seele verbindet und sich das Ganze nicht primär in den Bereichen der Egos abspielt.

Die Hochzeiten in Herakhan oder auch in Chilianaula, Babajis von Muniraj in den Bergen gegründetem Ashram, werden nach einem vedischen Ritual vollzogen und sind stets sehr festlich. Sie finden damals wie heute nach der zehnten Feuerzeremonie des Frühlings- oder Herbst-Navaratris oder auch nach der Feuerzeremonie am Weihnachtstag statt. Dann schreitet das Paar, festlich gekleidet und geschmückt, zum Beispiel durch eine Schärpe miteinander verbunden, um das Feuer herum und erhält den Segen von Babaji, heute durch Muniraj.

Der Trommler

Eines Tages war in Herakhan eine riesige Trommel von etwa zwei Meter Durchmesser angekommen. Als nun mit großer Kraft beim Morgen-Arati darauf getrommelt wurde, ging mir plötzlich auf, »Der Trommler«, ein Einmannspiel, das ich mit 21 Jahren in Berlin geschrieben und an der Hochschule für Bildende Künste und an anderen Orten aufgeführt hatte, war vollkommen von Babaji inspiriert gewesen.

Jetzt, da es mir wie Schuppen von den Augen fiel, dass er es war, der dieses Stück durch mich geschrieben hatte, malte ich auf ein großes weißes Papier die Worte: »To you my Lord, the Drummer! – Für dich, meinen Herrn, den Trommler«, und schenkte es Babaji als Rolle.

Zu jener Zeit schlief ich in einem Zelt auf der Gufa-Seite zu Füßen des Kailash in der Nähe des Ortes, an dem die Tempel standen.

Rundum war noch Wildnis. Ich hatte auf Babajis Wunsch hin in dieser Wildnis ein Herzbeet mit einem Sitz für ihn angelegt.

In der Nacht wachte ich auf, es war Vollmond, alles leuchtete wundervoll. Als ich zu seinem Herzbeet ging, sah ich zu meiner Verblüffung, dass etwas Weißes darin lag, was ganz sicher am Abend noch nicht da gewesen war. Es war die Rolle, »To you my Lord, the Drummer«, die ich ihm am Morgen auf der anderen Seite des Flusses oben im Ashram übergeben hatte. Und jetzt fand ich sie in dieser Vollmondnacht in meinem für Babaji geschaffenen Herzbeet!

Babaji, der Trommler, er ist der Herzschlag der Welt.

»Trommler, du trommelst dein Leben
durch Städte und Wüsten hindurch.« (siehe Anhang, S. 180)

Mein Gewicht ist Licht

Babaji saß auf dem Mäuerchen oberhalb seines Kutiyas, seines kleinen Zimmers. Ich verneigte mich tief vor ihm. Da fühlte ich zwei ganz leichte Berührungen auf meinem Rücken, und als ich mich wieder aufrichtete, war kein Babaji mehr zu sehen. Wie war das möglich?

Radhe Sham, ein Amerikaner, der in der Nähe stand, hatte es beobachtet. »Babaji stieg über deinen Rücken ab.« Und er fragte: »Kennst du den ***Messias*** von Händel, den Gesang: ›My burden is light – Mein Gewicht ist Licht‹?«

Horazio

Eines Tages sagte Babaji zu einem Kind, mit dem er spielte, wieder und wieder »Horeshio«. Das sagte er dann auch zu einigen anderen. Zunächst verstand keiner, was er mit Horeshio meinte, bis es jemandem dämmerte: »Das kommt von Shakespeare, er meint Horazius, den Freund von Hamlet, der wie schicksalsfrei durch alles hindurchging, während Hamlet als tief ringender Mensch in alles involviert war.«

Auch mich rief Babaji, als ich gerade malend auf einer Leiter stand, zu sich. Er sah mich intensiv an und sagte: »You Horeshio!«, und machte mir noch ein besonderes Lebensthema bewusst. Er drehte mehrmals seine geöffnete Hand hin und her, wie um zu sagen: »Na?«

Dienen

Langsam ging mir auf, dass alles ums Dienen geht. Babaji selbst hatte von sich gesagt: »Ich bin nur gekommen, um allen Wesen zu dienen!«

Also ging ich zu Babaji, kniete mich vor ihm nieder, überwand meine inneren Widerstände und fragte ihn: »Wie kann ich dir am besten dienen?«

Er verzog das Gesicht ziemlich schrecklich und fragte: »Service? – Dienen?«, exakt widerspiegelnd, wie ich mich in dem Moment im Inneren fühlte. Ich fürchtete, dass ich dann womöglich alles, was ich wirklich gerne tat, vor lauter Dienen nicht mehr tun dürfte! Gott sei Dank war in der Tat das Gegenteil der Fall!

Mein erstes Abendessen bei Muniraj

Es war im Februar 1979. Ich brachte Babaji eines meiner wichtigsten Bücher, »Die Chymische Hochzeit des Christian Rosenkreutz«, und stellte ihm dann eine Frage, die mich bewegte: »War Muniraj Christian Rosenkreutz?« Seine Antwort war »Yes!«, und er gab mir das Buch zurück.

Beim nächsten Aufenthalt in Haldwani begrüßte ich Muniraj in seinem Office im Patel Chowk. Er lud mich zum Abendessen in sein Haus ein. Es war das erste Mal. Beim Essen waren wir allein, seine Frau fastete gerade. Danach zeigte ich ihm das Buch über die »Chymische Hochzeit von Christian Rosenkreutz« und erzählte ihm, dass Babaji meine Frage, ob er Christian Rosenkreutz gewesen sei, bejaht habe, und wies vorn im Buch auf dessen Abbildung. Doch Muniraj schüttelte verneinend den Kopf.

Erst viel später verstand ich, dass Munirajs Kopfschütteln nur der Abbildung galt. Ich selbst hatte auch immer gefühlt, dass Christian Rosenkreutz ganz anders aussah als auf diesem Bild dargestellt, hatte aber damals noch nicht gewagt, diesem inneren Gefühl zu vertrauen.

Danach wurde mir das Wissen um die Identität von Muniraj mit Christian Rosenkreutz wieder wie durch einen göttlichen Schleier verborgen. Die Zeit war für mich wohl noch nicht reif, die Bedeutung dessen zu verstehen. Ich wusste es und wusste es doch nicht.

Vor Babajis Höhle

Es war im Februar 1979. Ich kniete vor Babaji am Eingang der Höhle, in der er erschienen war, am Fuße des Kailash.

Er sah mich an und sprach: »You Parvati. You Gaura Devi. You Lord Shiva's Wife. – du bist Parvati. Du bist Gaura Devi, Lord Shivas Gemahlin.«

OM namah Shivay! Wie darf ich das aufnehmen?

Um Gottes willen, nur nicht aufgeblasen werden! Zunächst kam mir der Gedanke, dass in einer Weise die ganze Schöpfung »Lord Shiva's Wife« ist, und dann, dass Parvati selbst sich wohl in verschiedenen Ausdrucksformen ihrer selbst in der Schöpfung inkarniert, von denen jede ein Partikel der großen Göttin ist.

Der Segen von Teamwork

Wir malten, diesmal zu mehreren, an einem Tempel auf der Kailash-Seite. Es waren alles Neulinge im Malen, die Babaji meiner Obhut übergeben hatte, und ich half mit großer Freude jedem Einzelnen.

Es herrschte eine wunderbare Stimmung unter uns. Wir arbeiteten Hand in Hand außen am Tempel. Babaji meinte nachher: »This was lovely work!«

Wunsch hat Vortritt

Wir waren im Tal, mit anderen ging ich hinter Babaji her. Mir war eine Idee für ein besonderes Geschenk gekommen, das ich Babaji machen wollte.

Er ging sehr langsam. Als wir zur Treppe mit den 108 Stufen kamen, hatte ich es eilig mit meiner guten Idee. Babaji blieb mit ausgebreiteten Armen am Rand der Treppe stehen, »Please, you go!«, und ließ mich vorbeigehen.

Im schnellen Hinaufgehen wurde mir klar, dass er mir damit gezeigt hatte: »Bitte schön, Wunsch hat Vortritt!«

Peng

Es war im Frühjahr 1979, als Babaji einige von uns westlichen Menschen mit sich nach Brindavan nahm. Schön, zu erleben, wie wir überall auf dem Weg als Babajis Begleiter respekt- und liebevoll empfangen wurden.

In Brindavan, Krishnas bezaubernder Stadt, befand sich ein Tempel mit einem berühmten, sehr kraftvollen Murti (Statue) von Babaji in der Form des alten Herakhan-Baba. Babaji wollte, dass jeder von uns den ganzen Tag in der großen Halle beim Tempel bleiben sollte, singend und meditierend. Außerdem sollten alle westlichen Ladys Saris tragen.

Nun, ich hatte noch nie im Leben einen Sari getragen. Es gab zwar überall genügend Shops mit Saris, aber mein Fokus lag auf etwas ganz anderem: Ich war erfüllt von einer leuchtenden Vision des alten Herakhan-Baba, die ich unbedingt malen wollte.

So besorgte ich mir ein sehr großes Stück Papier, und während alle zum Tempel gegangen waren, malte ich in der friedlichen Jugendherberge, in der wir untergebracht waren, den ganzen Tag in aller Ruhe und Sammlung aus der Kraft dieser Vision.

Zum Abend-Darshan wollte ich Babaji das Bild bringen. Damit die empfindlichen Kreiden nicht alle verwischt würden, ließ ich es vorher noch rasch in einem kleinen Shop rahmen. Etwas in mir sah das Bild schon in der Halle, wo gesungen wurde, hoch oben an der leeren Wand hängen.

Am Abend ging ich mitsamt dem großen gerahmten Bild zu Babaji. – »Wo warst du?«, empfing er mich. – »Ich habe für dich gemalt«, war meine Antwort, und als ich ihm mein Geschenk überreichen wollte, sagte er: »I want to give it back to you! – Ich möchte es dir zurückgeben!«

Das war fatal. Du lieber Himmel, wohin mit dem Bild, denn wir befanden uns ja auf Reisen. Zugleich zupfte er an meinem Seidenschal und meinem Rock: »I don't like this, you do not follow my orders! – Mir gefällt das nicht, du folgst nicht meinen Anweisungen!« Oh, ich hatte nicht im Mindesten ernst genommen, dass wir einen Sari hätten tragen sollten, und ebenso wenig seine Order, den ganzen Tag beim Tempel zu singen, fühlte ich mich doch durch das Malen innerlich sehr tief mit ihm verbunden.

Was tun mit dem Bild? Wie ich so betroffen dastand, half Babaji mir. Gott sei Dank! Er sagte: »You can give it to Mataji. – Du kannst es Mataji geben«, einer sehr feinen, weiß gekleideten alten Dame, die ganz vorn saß. Später hörte ich, dass sie sich sehr darüber gefreut hatte und es wunderschön fand.

Babaji verteilte später vorn Orangen. Ich saß weiter hinten in der riesigen Halle voller Menschen. Alles arbeitete in mir. Da ließ Babaji eine Orange durch den ganzen Raum fliegen und sie landete – peng! – an meinem Kopf. Jetzt begannen die Tränen zu fließen. Das war einfach zu viel!

Weihnachten in Herakhan

Es ist von besonderer Bedeutung, dass Weihnachten hier im Himalaya so groß gefeiert wird. Es gibt nur eine Religion, und das ist Menschlichkeit. Seid menschlich!«, sagte Babaji.

Es war der Heilige Abend.

Auf allen 108 Stufen standen Teelichtlein, alles war sehr festlich geschmückt, auch das ganze Tal schien zu leuchten. Am Fuß des Kailash, auf der Gufa-Seite, war ein Riesenzelt aufgeschlagen. Dort sollte Weihnachten gefeiert werden.

Alle waren schon hinübergegangen. Ich war noch oben im Ashram und kniete vor dem Tempel mit dem Murti des alten Herakhan-Baba, tief zum Vater betend, ihm dankend, dass er sich als Sohn herabgesandt hatte. In dem Moment stand Babaji neben mir und sagte sehr liebevoll »Nilaji«. Ich hatte gedacht, er sei schon lange auf der Kailash-Seite.

Weihnachten 1982 in Herakhan, Babaji mit Nila

Bei dem Weihnachtsfest wurden zunächst lauter indische Lieder gesungen. Ich fragte Muniraj, bei dem ich zu meiner Freude einen Teil des Abends sitzen durfte, warum keine westlichen Weihnachtslieder dabei seien. Er antwortete: »Weihnachten ist für alle da«, und im späteren Verlauf des Abends gab es dann auch die westlichen Weihnachtslieder.

Am nächsten Morgen, dem Weihnachtstag, fand eine große Feuerzeremonie statt. Babaji hängte mir seine Weihnachtsmala um. Sie war ganz aus roten Rosen gemacht.

Welche Liebe, welche Süße, welches Licht!

Warme Kleidung und Decken wurden an die Dorfbewohner verteilt, und alle nahmen am großen Weihnachts-Bandara, dem Mittagessen, teil.

Ein geheimnisvoller Ort

Einmal ging Sheela mit mir spazieren, hinten am Ashram hinaus in Richtung Siddheshwar über einen Höhenweg, der ins Tal hinabführte, zu einem herrlichen Baum.

Sheela erklärte, dass Babaji gesagt habe: »Das ist der Jesus-Baum.«

Dann gingen wir ins Tal, in den Bereich zwischen Kailash und Siddheshwar, und sie erzählte, dass Babaji gesagt habe, dort lebten erhabene Yogis in höchster Glückseligkeit unter der Erde. Es gebe die besten Früchte, das Schönste, was die Erde zu bieten habe. Sie lebten dort in größter Fülle und Glückseligkeit.

Ich war tief beeindruckt, weil es ein vollkommener Ausdruck dessen war, was in »Parzival« über den Gral gesagt wird:

»Das erdgeborene Überirdische,
das Überquellen des Irdischen,
das ist der Gral.«

Ein Wiedererkennen in Danyan

Babaji reiste in die Berge und nahm einige von uns mit. Es ging zuerst nach Danyan. Als wir aus dem kleinen Bus ausstiegen und durch die wunderschönen Kiefernwälder zu Fuß weitergingen, fühlte ich, dass ich hier schon einmal gewesen war.

In Danyan, dem Landsitz von Swami Fakiranand, angekommen, sagte Babaji zu mir: »You work!« Ich fühlte, ich sollte still sein und nach innen gehen. Tatsächlich kam mir alles hier sehr vertraut vor.

Am nächsten Tag ließ mich Babaji in einen bestimmten Raum führen: Es war ein kleiner Raum. Darin stand nur ein hohes Bett, schön bezogen, und ich setzte mich davor auf den Boden.

Ich fühlte sofort die Präsenz des alten Herakhan-Baba und wusste, dass ich hier als kleines Mädchen auf seinem Schoß gesessen hatte.

Ich lief zu Babaji und sagte: »Ist es wahr, dass ich dich hier in einem anderen Leben in deiner früheren Form als alter Herakhan-Baba getroffen habe?« Babaji sagte: »You ask Swamiji. – Frage Swamiji.«

Später fragte ich den alten Swamiji, und er bestätigte es. Er kannte das kleine Mädchen aus seiner Kindheit und sagte: »Her name was Devaki. And always when old Herakhan-Baba came, he took her on his lap. – Ihr Name war Devaki. Immer, wenn der alte Herakhan-Baba kam, nahm er sie auf seinen Schoß.« Ich fragte ihn: »Wie war er denn zu ihr?« Er sagte: »He was very sweet. – Er war sehr lieb zu ihr.«

Auf Babajis Bühne

Herakhan war auch eine Bühne, auf der alle, die kamen, bestimmte Rollen verkörperten. Die Personen wechselten, aber die Rollen blieben.

Fakiruli sagte: »Komm, lass uns heute Abend Babajis Theater erleben.«

An diesem Abend also erlebten wir wirklich eine Theateraufführung: Pujari, der den Shiva-Tempel im Ashram versorgte, ein kleiner alter Mann, sollte nun verheiratet werden mit einer äußerst dynamischen älteren indischen Frau. Sie rannte wie wild hinter ihm her. Er wollte Reißaus nehmen und überhaupt nicht verheiratet werden, sie jedoch offenbar sehr gerne, so jagte sie hinter ihm her. Und Babaji vorn lachte und lachte.

Hinter allem Spaß entstand jedoch deutlich der Eindruck, dass etwas viel Tieferes im Gange war.

Jeder Abend war wirklich ein Fest, voller Energie und jedes Mal einmalig durch seine Präsenz und durch das, was geschah. Immer berührte Babaji das Herz eines jeden auf ganz unterschiedliche Weise.

Göttliche Lichter im Tal

In den ersten Jahren, auch noch 1978 und 1979, sah man in der Dämmerung oft bestimmte Lichter im Tal, die entweder hellbläulich oder orange waren und sich manchmal in Spiralen drehten.

Es war faszinierend, ins Tal zu schauen und diese Lichter zu erleben.

In den späteren Jahren, als so viele Menschen kamen, wurden sie dann unsichtbar.

Wie ich später erfuhr, waren es göttliche Wesen: die Hellblauen eher männliche göttliche Aspekte und die Orangenen Aspekte der göttlichen Mutter.

Eines Abends, zur Zeit des Arati, sah ich, als ich hinausging und auf den Kailash schaute, dass über dem gesamten mittleren Teil des Kailash, seinem Herzbereich, ein riesiges Lichtrechteck lag.

Es blieb etwa zwanzig Minuten.

Auch andere sahen das. Wir alle waren voller Staunen und Verwunderung. Was mochte da geschehen?

Babaji spielt Geige

Es war im Februar 1979. Einige von uns waren mit Babaji in Gora Devis Zimmer. Jemand hatte Babaji eine Geige

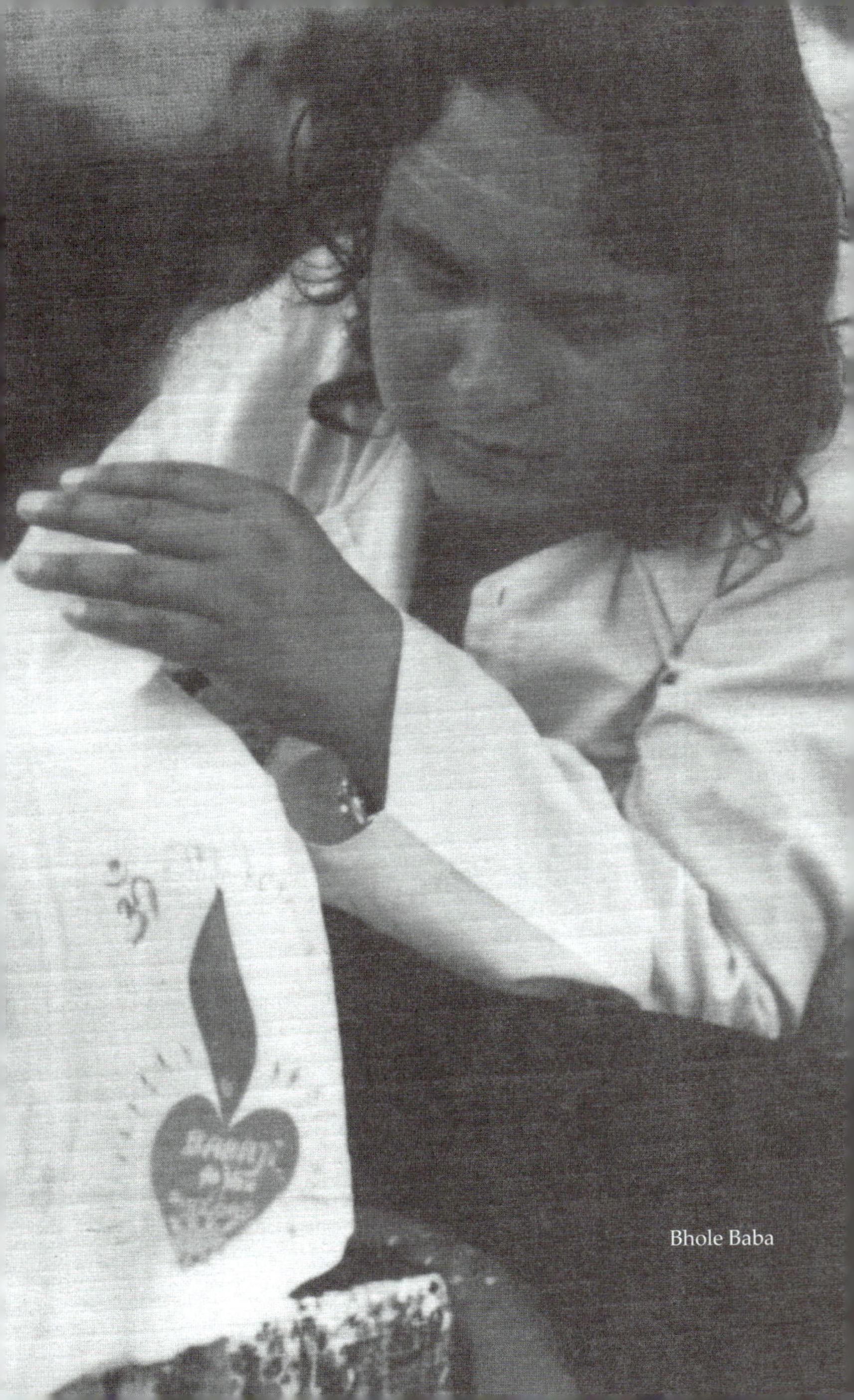

Bhole Baba

geschenkt, und ich erwartete voller Freude, ein wunderschönes Spiel von ihm zu hören.

Was aber geschah, war, dass er uns, während wir seinem Spiel zuhörten, tief ansah und diffuse Geräusche aus der Geige holte, wie um zu zeigen: »Das ist es, was ich von euch innerlich höre! Das sind die Schwingungen, die ihr aussendet. So klingt das.«

Er hatte mit dem Bogen mehr auf der Geige herumgewischt und -gekratzt als gespielt.

Was ist meine Aufgabe?

Auf die Frage »Was ist meine Aufgabe, was soll ich tun?« antwortete Babaji: »What you really like in your heart, this you should do! – Was du wirklich von Herzen gern tust, das solltest du tun!«

Gewiss ist das Babajis Antwort für jeden Menschen auf diese Frage.

Was mich betrifft, so wollte ich den Menschen helfen, zu ihrer Mitte, zu sich selbst zu finden. So begann ich, die verschiedensten Seminare und Workshops zur Selbstfindung, Selbstentfaltung zu kreieren. Als ich nach erfolgreichem Start dieser Arbeit wieder zu Babaji kam, sagte er: »Tell me what you do! – Erzähle mir, was du machst.« – »Aber das weißt du doch, du inspirierst es ja!«, sagte ich. Doch er wollte, dass ich es ihm beschreibe.

Es war genau das, was er mir schon am ersten Tag unserer Begegnung gesagt hatte. Auf seine Frage damals, was ich mache, hatte ich geantwortet: »Ich male, und ich bin dabei, eine Mal-Therapie für die Menschen zu entwickeln.« Seine Antwort damals lautete: »Then you treat me! – Dann behandle mich!«

Genau das war es, was ich in den Seminaren und Workshops

durch alle Arten von kreativen Übungen tat: jedem das göttliche Licht und Wesen in sich selbst bewusstzumachen. Malend, zeichnend, modellierend, atmend und in vielen Imaginationen und geführten Reisen nach innen die Quelle der Freude und Kraft wiederzuentdecken und dabei Ängste, Hindernisse und Widerstände zu transformieren.

Fragestunde mit Babaji

Ein paar von den wirklich sehr netten Besuchern aus dem Westen und ich hatten viele Fragen auf dem Herzen. Wenn ich aber Babaji etwas fragen wollte, war er meistens verschwunden. Offenbar ging es darum, zu lernen, zu empfangen, was er uns von sich aus in dem Moment gerade geben wollte, und herauszukommen aus dem fragenden Verstand.

Eines Mittags erklärte er: »Heute Nachmittag treffen wir uns vor der Höhle an der Kailash-Seite, und ihr könnt mich fragen, was ihr wollt!«

Voll freudiger Erwartung machten wir uns auf den Weg und setzten uns im Kreis um Babaji auf die Steine. Um uns vor allem Wildnis.

Babaji sagte: »Now you can ask me. – Nun könnt ihr mich fragen.«

Als Erstes wollte einer der Anwesenden wissen: »Was ist der Kriya-Yoga von heute für unsere Zeit?« Babajis Antwort: »OM namah Shivay. Bas. – OM namah Shivay. Das ist es!«

Was dann passierte, war, dass wir alle in Seligkeit schwammen und die Fragen sich allesamt darin auflösten.

Seltsam, ich konnte mich wirklich an keine einzige Frage mehr erinnern und hatte doch eine ganze Liste von Fragen gehabt; den anderen ging es genauso.

Da war nur noch die unbändige Freude, zu sein und bei ihm zu sein.

Das also war Babajis Fragestunde.

Shiva, der Barmherzige

Ein anderes Mal, es war Anfang Februar 1984, hatte Babaji uns überraschend von der Arbeit weg nach oben gerufen.

Ich stand in der Reihe, und vor mir warteten drei Menschen. Einer hatte nur ein Bein, der andere nur einen Arm und der Dritte nur ein Ohr. Ich hörte Babaji humorvoll sagen: »Schau dir meine Verehrer an! Vishnu hätte nie solche Anhänger.«

Shiva, der große Gott, ist bekannt dafür, dass er in seiner Liebe jeden, der reinen Herzens ist, zu sich nimmt.

Der Bettler

Gopiji, eine sehr reife und schöne indische Frau, erzählte mir, dass eines Tages, als sie in ihrem Wagen mit Chauffeur durch Bombay fuhr, ein Bettler bei einem Halt vor einer Ampel an ihrem Fenster stand und sie mit tiefem intensivem Blick ansah.

Nach einer halben Stunde Autofahrt durch Bombay erreichte sie ihre Garage. Da stand derselbe Bettler wieder.

Wie war das möglich?

Durchdringend sah er sie an.

Da begann ihr zu dämmern, wer das war.

Später, als sie Babaji fragte, ob er dieser Bettler war, antwortete er: »Yes.« Nur sie allein kann wissen, was Babajis Erscheinen als Bettler ihr sagen wollte.

Babajis Gepäck

Eines Tages ließ Babaji mich eine Tasche auf dem Kopf, also auf meinem tausendblättrigen Lotos, für ihn tragen. Sie war nicht schwer, und ich hatte keine Ahnung, was darin war.

Unten im Tal am Dhuni, dem heiligen Feuerplatz, angekommen, wollte Babaji seine Tasche haben und fing an, sie auszupacken. Zum Vorschein kam das Hirtenfell, das ich ihm gerade zum Sitzen geschenkt hatte. Außerdem noch viele wunderschöne kleine Samttaschentücher in den leuchtendsten Farben, Rot, Blau, Grün, Gelb, Orange, Violett.

Und er hatte auch die köstlichsten Süßigkeiten und Nüsse als Prasad für uns alle darin.

Ich verstand: Auf dem tausendblättrigen Lotos sitzt du, Babaji, auf deinem Hirtenfell mit allen leuchtenden Farben und der köstlichsten Nahrung für uns alle.

Der weiße Sari

Babaji sandte mich zu meinem vierzigsten Geburtstag zum Ganges nach Haridwar.

Schon 1978, gleich einen Tag nachdem ich angekommen war, hatte er zu mir gesagt: »Geh morgen nach Haridwar und bring Wasser vom Ganges hierher, ohne einen Tropfen zu verlieren.«

Damals wollte er mir zur Begleitung einen Inder an die Seite geben, doch es kam dann nicht dazu, was ich nicht bedauerte, da ich ja gerade erst angekommen und zum allerersten Mal bei Babaji war.

Diesmal gab er mir einen Deutschen als Begleiter mit, der danach wieder zurück nach Herakhan reisen sollte, während ich anschließend in Delhi meinen Rückflug nach Deutschland erreichen musste.

In Haridwar gab es den schönen Brauch, kleine mit einem Licht versehene Blumenschiffchen den Ganges hinunterschwimmen zu lassen. Das tat ich an meinem Geburtstag und stellte mit großer Freude fest, dass das Schiffchen weit, weit hinabschwamm ohne unterzugehen.

Im wilden, starken Ganges zu baden war herrlich und gefährlich zugleich. Man musste sich an den am Rand unter Wasser befindlichen Stangen festhalten, um nicht fortgerissen zu werden.

In Freude und Dankbarkeit, diesen sehr besonderen Ort in seiner starken Atmosphäre kennenlernen zu dürfen, besorgte ich einen wunderschönen schneeweißen Seiden-Sari für Babaji. Mein deutscher Begleiter nahm ihn nach Herakhan mit und erzählte mir später, dass Babaji den weißen Sari sofort um sich gewickelt und ihn dann viele Stunden lang in immer neuen Variationen angelegt habe, sodass dieser Freund zu dem Schluss kam: »Es muss schon etwas sehr Besonderes mit diesem weißen Sari auf sich haben.«

Viele Jahre später las ich, dass in Haridwar vor Urzeiten ein großes Feueropfer von König Daksha, dem Vater von Sati, stattgefunden hatte

Sati war aus dem höchsten Bereich, dem Ewigen, herabgekommen, um mit Shiva verheiratet zu werden. Es war ihre allererste Inkarnation auf der Erde. Sie war sehr fremd hier.

Obgleich König Daksha seine Tochter Gott Shiva in einem großen Festakt zur Frau gab, war er nicht erfreut über Shiva. Deshalb lud er ihn und Sati, entgegen der Sitten, nicht zu dem großen Opferfeuer ein.

Sati sah, wie alle anderen Gottheiten sich wunderschön gekleidet zu der Feier aufmachten, und beschloss, selbst ebenso daran teilzunehmen.

Shiva warnte sie: »Geh nicht!«, doch sie ließ sich nicht abhalten und ging trotzdem.

Schon bevor sie geboren worden war, hatte Sati ihren Vater, König Daksha, wissen lassen: »Ich kann nur so lange bei dir auf der Erde bleiben, wie du mich achtest.«

Während dieses großen Feueropfers löste Sati zum großen Entsetzen aller Anwesenden ihren irdischen Körper mit yogischer Kraft in Flammen auf.

Bevor sie ging, wandte sie sich noch einmal an ihren Vater: »Du hast mich nicht geachtet, indem du Shiva und mich nicht eingeladen hast. Deshalb muss ich gehen. Aber etwas von mir wird hier bleiben als göttliches Licht in allen Wesen.«

Shiva war außer sich. Der Mythos erzählt, dass er Satis toten Körper für Tausende von Jahren über alle Berge trug. Ein anderer Mythos berichtet, dass er ihre Asche an verschiedenen Plätzen Indiens verstreute. Sati, die vollkommen reine, weiße Unschuld.

In meinem Verständnis drückte Babaji dieses Ereignis mit dem weißen Sari aus, indem er den weißen Sari, Ausdruck von Sati, in allen Variationen um sich hüllte und dadurch seine Liebe für sie zeigte.

Hell empört

Ich war dabei, die Außenwände der Tempel auf der Gufa-Seite des Kailash im unteren Bereich in fein abgestimmten Farben zu bemalen. Nachdem ich vorher mit großer Schnelligkeit gearbeitet hatte, wollte ich mir nun etwas mehr Zeit nehmen und ganz besonnen malen, damit jeder Pinselstrich ein OM namah Shivay würde.

Prompt erschien Babaji: »You slowly paint. – Du malst langsam.«

Und das mir, die ich bis jetzt so intensiv gearbeitet hatte und rasch vorangekommen war! Natürlich malte ich sofort wieder schneller.

Am nächsten Morgen kam Babaji wieder, schaute auf die gemalten Wände und sagte: »This not yet finished? – Ist das noch nicht fertig?« Ich erwiderte: »Babaji, das ist unmöglich!« Ich war hell empört. Es war unglaublich viel Arbeit, und ich hatte von morgens bis in die Dunkelheit gemalt. Bevor ich mich versah, war er verschwunden. Ich suchte ihn. Er saß auf einem einfachen Bänkchen, von dem aus er einen weiten Blick ins Tal hatte. Er war der Frieden in Person.

Voll Empörung stürmte ich zu ihm und wiederholte: »Das ist wirklich menschenunmöglich!« Er hatte mich aufs Äußerste herausgefordert, wo ich doch immer schon sehr schnell arbeitete.

Babaji lachte liebevoll über meine helle Empörung und erklärte dann, ich solle vor seinem Bänkchen ein Beet für ihn anlegen: »This is my seat here! – Das ist mein Sitz hier!«

Sein Sitz ist im Herzen. So war mir klar, dass ich hier ein Herzbeet für ihn erschaffen würde. Es gab nur Wildnis ringsum, und ich tat mein Bestes, das neue Beet für Babaji so schön wie möglich zu gestalten.

Ein Karamellbonbon

»You will get sick! – Du wirst krank werden!«, kündigte Babaji mir eines Tages an, und ich wunderte mich: »Wie kann das geschehen, wenn ich in deiner Gnade bin?«

In der heißen Aprilsonne ging ich erneut zum Kailash hinauf, diesmal mit Mundan und ohne Kopfbedeckung. Beim Abstieg fand ich auf der Hälfte des Kailash einen großen schweren Stein in Form eines Herzens, den ich für das Herzbeet von Babaji hinabtrug. Danach war ich vollkommen erschöpft und so durstig, dass ich den Gautama-Ganga hätte austrinken können. Ein sehr netter Inder kam des Weges und offerierte mir ein besonderes Getränk aus grünen Kräutern, das er selbst gebraut hatte. Ich freute mich, erschrak aber, als ich beim Trinken merkte, dass es kalt war. Zwar fühlte ich ein inneres: »Stopp! Trink es nicht!«, doch in meinem Durst leerte ich das ganze Glas in einem Zug. Daraufhin wurde mir sehr schlecht. Ich bekam hohes Fieber, Durchfall und schlimmstes Erbrechen. Ich hatte außerdem noch einen Sonnenstich bekommen, weil ich in dieser Hitze ohne Kopfbedeckung mit kahlem Haupt den Kailash hinaufgestiegen war.

Schlagartig war ich sehr schwach und elend. So schleppte ich mich zu Babaji. »Bitte heile mich!«

»No!« Sein Nein war voller Kraft. Es gab mir merkwürdigerweise Kraft und die Einsicht, dass das Ganze nur durch meine Unachtsamkeit meinem Körper gegenüber verursacht worden war.

Am nächsten Morgen konnte ich immer noch nichts bei mir behalten, nicht einmal schwarzen Tee. Inzwischen war ich so schwach, dass ich kaum eine Stufe hinaufsteigen konnte. Da brachte mir jemand im Auftrag von Babaji ein riesiges Karamellbonbon, das größte, das ich je gesehen hatte. »Das schickt er dir.« Mein Verstand dachte natürlich: »Wie kann ich jetzt Süßes essen?«, aber mein Herz wusste, dass das Bonbon von Babaji Segen bringen würde. Und genau so war es: Ich aß es und war dann sehr bald wieder gesund, sodass ich meine Rückreise antreten konnte, denn mein Visum lief bald aus.

Mikado mit Muniraj

Babaji war auf der Dachterrasse, und viele indische, sehr offiziell angezogene Leute waren erschienen. Waren das Politiker? Babaji beschäftigte sich mit ihnen.

Muniraj war dabei und ich durch Zufall auch. Mir fiel ein, dass ich ein Mikadospiel dabeihatte, und so schlug ich Muniraj vor: »Lass uns inzwischen zusammen spielen«, und so begannen Muniraj und ich ein Mikadospiel.

Ich war vollkommen erstaunt, dass Muniraj nur dann ein Stäbchen wegnahm, wenn es vollkommen frei lag, während ich alles Mögliche riskierte, um Stäbchen freizubekommen, und dabei entsprechende Verluste erlitt.

Erst dachte ich noch: »Das ist ja langweilig, wenn man gar nichts wagt.« Aber später dämmerte mir, dass Muniraj mir damit zeigte, wie er arbeitet, wie er wirkt: Er greift nicht ein, Liebe schenkt Freiheit – er lässt alles sich entfalten, er greift nur ein, wenn es vom Wohl des Ganzen her notwendig ist, wenn Babaji ihm den Impuls dazu gibt.

Babaji und die Kinder

Babaji spielte so wunderbar und bezaubernd mit Kindern: Er ließ sie an sich herauf- und hinunterrutschen, zog dabei manchmal die wildesten Grimassen, dann küsste und herzte er sie und zeigte uns, dass Kinder wirklich Wärme und Nähe brauchen.

Ein in jeder Hinsicht großer Mensch, auch von großer Statur und mächtigem Gewicht, sehnte sich danach, auch einmal auf Babajis Schoß zu sitzen und von ihm geliebt zu werden wie ein Kind.

Was ich sah, als ich eines frühen Morgens auf unsere Dachterrasse stieg, war, dass Babaji, mit dem großen lieben Menschen unter einer Decke auf der Dachterrasse liegend, dessen Kopf liebevoll an seiner Brust hielt.

Behandlung individuell

Sheela, eine hochintelligente Inderin, die seit 1972 bei Babaji war, Harmonium spielte und wunderschön sang – Babaji nannte sie »Swami Lakalfar«, was bedeutet »Swami, der Holzhacker« –, erzählte uns, wie Babaji immer wieder an einem bestimmten Punkt ihres Spielens und Singens sagte: »Now you go and fire up your engine. – Jetzt geh, und wirf deinen Motor an.« Das bedeutete: »Jetzt darfst du eine rauchen.«

Ein anderer flog aus dem Ashram, als er eine Zigarette rauchte.

Auch wenn es allgemeine Regeln gab, so behandelte Babaji doch jeden absolut individuell.

Ein Outsider

Eines Abends kam, mitten in die Abendandacht hinein, ein ungewöhnlich aussehender Mann mit wilden blonden Locken, in dicken schwarzen Schuhen und offenbar nur mit einem schwarzen Regenmantel bekleidet. Während jeder entsetzt auf die dicken schwarzen Schuhe guckte – im Ashram sollte man immer sofort die Schuhe ausziehen –, rief Babaji ihm schon von Weitem zu: »I like you!«

Es war ein sehr unkonventioneller und lebendiger Mensch, wie ich später im Gespräch mit ihm merkte. Er war einfach jeglicher Ashram-Regeln unkundig.

Für den Abend war das in Ordnung, als er aber am nächsten Tag immer noch überall mit Schuhen herumlief, belehrte ihn Babaji sehr klar.

Babaji spielt mit Worten

Manchmal, wenn wir Babaji fragten: »Darf ich morgen (tomorrow) zum Chandan kommen?«, war seine Antwort:

»Two-Morrow!«

Ein andermal:

»Three-Morrow!«

Babaji spielte mit Worten auf eine äußerst kreative und einmalige Weise. Die Botschaften, stets im Telegrammstil gegeben, waren von größter Prägnanz und Mehrdimensionalität.

Zum Beispiel sagte er wiederholt zu mir: »You Phillipine Nr. 4«, oder: »You Phillipine Nr. 2«, was offenbar mit geistigem Heilen zu tun hat. Die Veden sprechen von sieben verschiedenen Himmeln, Ebenen, von denen aus auch geheilt werden kann.

Dann machte er aus dem Phillipine Nr. soundso lächelnd einen Phillipaint: »You Phillipaint!«, um das Heilen durch Malen, durch meine gemalten Bilder auszudrücken und zu segnen.

Gnade

Im Traum begegnete ich Babaji auf dem Weg den Berg hinauf. In jedem Moment, in dem ich nach Babaji rief, war er immer sofort da mit all seiner Wonne und Macht.

Und wieder im Traum ging meine Seele auf ihn zu und erhielt eine tiefe Antwort. Diesmal tat er etwas äußerst Geheimnisvolles, es war ein okkultes Geschehen:

Wir waren jetzt auf der Mitte eines Berges, der aus vielen Schichten bestand, unten war Wasser, ein Meer voller Wogen. Was Babaji nun tat, geschah, weil ich mich nach der Freiheit im Göttlichen sehnte: Er öffnete den geschichteten Berg. Es war der Karmaberg der Menschheit, der, wie mir schien, in Jerusalem lag und der das Karma aller Menschen in Form von Steinschichten beziehungsweise Steinplatten enthielt.

Er nahm meine Steinschicht heraus und entnahm ihr fünf Mal mit einem Becher äußerst starke verschiedenfarbige Essenzen. Jedes Mal, wenn er einen Becher füllte und dann nach unten in das Meer goss, war ich unendlich berührt und hielt es im Herzen fast nicht aus, so tief ging es. Ich wusste, er löschte Karma aus.

Zum Schluss sagte er: »Ein Thema muss ich dir noch lassen«, und er sagte mir, welches das war.

Der Feuerswami erkennt Babaji

Shri Ganapati Satchidananda aus Mysore, Südindien, war wieder bei uns in Deutschland zu Besuch. Wir nennen ihn den Feuerswamiji, da er sich bei bestimmten Gelegenheiten, wie zum Beispiel an Shivaratri, mitten in das Feuer begibt, dabei jedoch völlig unversehrt bleibt. Das Feuer verbrennt ihn nicht.

Außerdem materialisiert sich durch ihn das, wozu er gerade inspiriert ist, heilige Asche (Vibuthi), Amulette und vieles andere mehr, zum Segen für die Menschen. Wir haben einiges davon erlebt, als er bei uns zu Besuch war. Marcel und ich hatten ihn kennengelernt, als er 1975 eines Nachts in einer Lichtsäule in unserem Zimmer erschien.

Nun, da er wieder bei uns zu Gast war, lag es mir sehr am Herzen, ihm von Babaji zu erzählen, in der Hoffnung, dass er verstehen würde, warum ich zu Babaji als dem Herrn meines Berges gehen musste und nicht ihn in Indien besucht hatte.

Ohne viele Worte zu machen, zeigte ich ihm einfach das von Babaji gemalte Buch, das er mir geschenkt und »Omkareshwar« genannt hatte. Ich fragte: »Swamiji, wer war der Maler?« Er blätterte und blätterte Seite um Seite und schwieg.

»Wer war der Maler?«, fragte ich wieder und sagte: »Ich hab es nicht gemalt.«

Als er auf der letzten Seite zu dem Bild der neuen Welt kam, ging sein Finger zu der Gestalt auf dem Bild, die Babaji selbst ausdrückte, und mit einem tiefen Atemzug sagte er: »Lord Shiva!«

Ich war froh, dass Babaji sich ihm offenbart und Swamiji dies in dem Moment ganz verstanden hatte. Dann zeigte ich ihm das Buch, das ich gemalt hatte, über die ersten zwölf Tage in Herakhan mit Babaji. Er hielt das Buch zwischen seinen Händen und sagte strahlend: »Beautiful experience, I know it all. – Eine wunderschöne Erfahrung, ich weiß es alles.«

Der 5. Februar

Februar 1979. Ich war am Tag zuvor angekommen, als Babaji, auf der Mauer sitzend, zu mir sagte: »Today is the initiation day of Jesus. – Heute ist Tag der Einweihung Jesu.« Es war der 5. Februar.

Damals war ich höchst erstaunt, in Herakhan im Himalaya von Jesus zu hören. Durch meinen Freund Marcel, der innere Ebenen wahrzunehmen vermochte, wusste ich, dass die Erde immer wieder von Lichtschüben durchdrungen wird. Auch Teilhard de Chardin und die »Mutter« vom Shri-Aurobindo-Ashram haben dies beschrieben, so wie es durch die Jahrhunderte hindurch immer wieder Augenzeugen dieser Ereignisse gab. Alles, was ganz mit Licht durchdrungen ist, wird unzerstörbar.

Bei seiner intensiven inneren Forschung darüber, wann dies zum ersten Mal stattgefunden hat, kam Marcel auf die Zeit von Jesus.

Jeder, der zur Erleuchtung kommt, weiß genau, wann er seine erste, seine Initialerleuchtung hatte. Jedoch braucht es noch Jahre oder mehrere Inkarnationen, um vollends erleuchtet zu werden. Ebenso verhält es sich mit der Menschheit, von der wir Teile sind. Wenn sie ihre Initialerleuchtung erfahren hat, braucht es noch lange Zeit, bis sie voll erleuchtet ist.

Was Marcel durch langes Forschen und inneres Schauen herausfand, ist, dass die Initialerleuchtung der Menschheit im Moment der Taufe von Christus durch Johannes den Täufer im Jordan stattgefunden hat. Die Wasser stiegen aus reinem Entzücken empor, als der Geist Gottes herabkam.

Das Ganze steht über den Teilen, und wenn wieder ein Schub Licht den ganzen Menschen, die Menschheit, durchdringt, dann werden wir als seine Teile von selbst mit mehr Licht gefüllt.

Jesus stand für das Ganze.

So offenbarte Babaji, meinem Verständnis nach, mit dem 5. Februar, dem Tag der Einweihung von Jesus, zugleich den großen Tag der Initialerleuchtung der Menschheit.

Aufstieg mit Babaji zum Kailash

Kurz darauf, es war ein Sonntag, beschloss Babaji, zum Kailash zu gehen und etwa zehn bis zwölf von uns mit sich zu nehmen. Er war in wundervolle feuerblaue Seide gekleidet, in Ultramarinblau, die Farbe Bhairav Babas.

Babaji wählte den geraden Weg hinauf zum Kailash, nicht den langsameren Weg entlang der Quelle, den ich kannte. Es war sehr anstrengend, so steil emporzusteigen.

Babaji erklärte an vielen Stellen des Weges, wo wir uns befanden. »This is the royal queen road. – Dies ist der Königinweg!«, »This is the royal horse tower. – Dies ist der königliche Pferdeturm!«, »This is the royal mouse way. – Dies ist der königliche Mausweg!«

Es war inspirierend. Im Herzen verstand ich, nicht aber im Kopf, und den anderen ging es wohl ebenso. An diesem Tag kam ich durch den anstrengenden Aufstieg an die Grenze meiner Kräfte. Da nahm Babaji eine Frucht von einem Baum, lutschte daran und gab sie mir. Die Frucht war bitter. Danach hatte ich wieder Kraft.

Als wir oben angekommen waren, sollte offenbar eine Feuerzeremonie stattfinden und dann Nahrung, Prasad, verteilt werden. Darüber war ich äußerst erstaunt. Solche Aktionen an diesem hochheiligen Ort der tiefsten Stille? Bei meinem ersten Aufstieg hatte mich hier die Ewigkeit empfangen.

Tatsächlich führte Babaji an diesem Sonntag eine Feuerzeremonie dort oben aus, danach erhielt jeder ein Stück eines wunderbaren Brotkuchens. Erst später erfuhr ich, dass jeden Sonntag am Kailash eine Feuerzeremonie zu Ehren Bhairav Babas stattfand, denn der Sonntag ist der Tag des großen Heilers und Verwandlers, von dem mir Babaji bereits im Jahr 1978 sein selbst gemaltes Bild geschenkt hatte. Bhairav Baba ist die

Hauptkraft, die rechte Hand von Lord Shiva, er zerstört das Böse und beschützt das Gute.

Als danach die Menschen wieder abzusteigen begannen, wollte ich wenigstens noch etwas von der Macht der Stille spüren und weiter oben verweilen. So geschah es, dass ich mit Babaji zusammen abstieg, alle anderen waren schon weit voraus.

Die Hälfte des Berges gingen wir gemeinsam hinab. Wie intensiv war das! Manchmal rutschte ich aus, Babaji wartete stets geduldig auf mich.

Dann schoss er plötzlich wie eine Rakete nach unten. Es war atemberaubend. Kaum schien er dabei den Boden zu berühren, während ich weiter langsam und achtsam abstieg.

Babaji hatte mir in diesem gemeinsamen Weg mit ihm etwas von meiner großen Trauer, den Gipfel zu verlassen, genommen.

Das Buch der Transformation des OM

Ich hatte Babaji 1979 zwei leere Bücher mitgebracht, wovon eines mehr wie ein Block war. »In welches soll ich für dich malen?«, fragte er mich.

»In das mit dem Ledereinband«, sagte ich.

Er begann, wunderschöne Bilder mit Wasserfarben und viel Goldfarbe in das Buch zu malen. Jedes Bild für sich war voller Bedeutung.

Man könnte es »Das Buch der Verwandlung des OM« nennen.

Bei fast jedem Bild setzte er das OM oben in Sanskrit hinein, und er verwandelte das OM sehr: von  über  zu .

Ist das ein Hinweis darauf, dass die Schöpfung zurückgenommen wird zum Schöpfer und wieder neu entsteht?

Zum Thema Prophezeiungen

Wenn Babaji Prophezeiungen duch Menschen machen ließ, die intuitiv ausdrücken konnten, was er ihnen eingab – zum Beispiel durch Shastiji –, dann agierte er dabei wie ein kosmischer Arzt.

Als Arzt sah er die Zustände der Welt, wie sie waren, und ließ sagen, was als notwendige Konsequenz daraus geschehen wird.

Doch als Arzt gab er auch die Medizin zur Heilung.

Babaji ließ uns wissen, was wann eingetroffen wäre ohne die Intervention der göttlichen Gnade, die aber nur eingreifen kann, wenn der Mensch sie ruft und wenn er bereit ist, sich selbst und sein Leben zu verändern und dem Göttlichen zu dienen.

Er gab uns als Medizin zum Beispiel, das OM namah Shivay, den Namen Gottes, immer zu wiederholen. Außerdem in Wahrheit, Einfachheit und Liebe zu leben und Karma-Yoga zu praktizieren, das heißt, in Liebe zu handeln, ohne an den Resultaten zu haften.

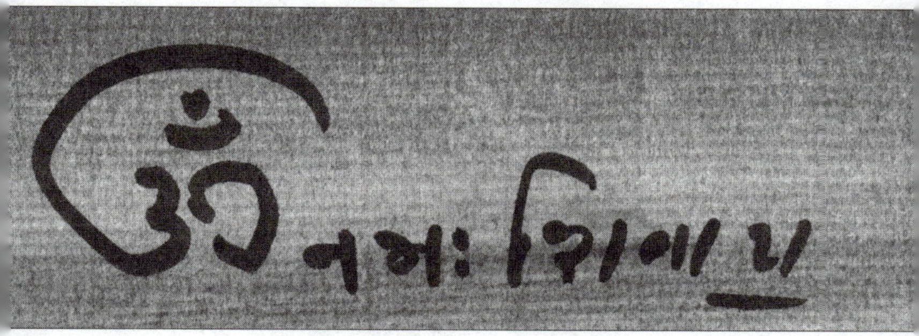

Babajis Fußabdrücke

Februar 1979, es waren inzwischen noch ein paar Besucher aus dem Westen gekommen. Wir wurden alle in zwei ineinander übergehende Zimmern untergebracht, Männer und Frauen zusammen. Erst später wurde uns deutlich, dass wir genau die Menschen waren, die dann Zentren begründeten. Übrigens wurden nach 1980, als so viele Menschen aus dem Westen kamen, Männer und Frauen in getrennten, zusätzlich gebauten Räumen untergebracht.

Babaji ließ Fußabdrücke machen, ein bewegender Vorgang, wenn man das zum ersten Mal erlebt! Kumkum, rotes Pulver, wurde in einer großen Schale mit Wasser gemischt. Erst stellte Babaji seine Füße in die Wasserschale und dann auf ein Papier, das ich vor ihn gelegt hatte.

Es war wunderbar, was sich abbildete. Beim ersten Abdruck entstand auf dem Papier ein Klecks zwischen beiden Füßen und seine Fersen waren nicht ganz darauf, aber ich war vollkommen bezaubert.

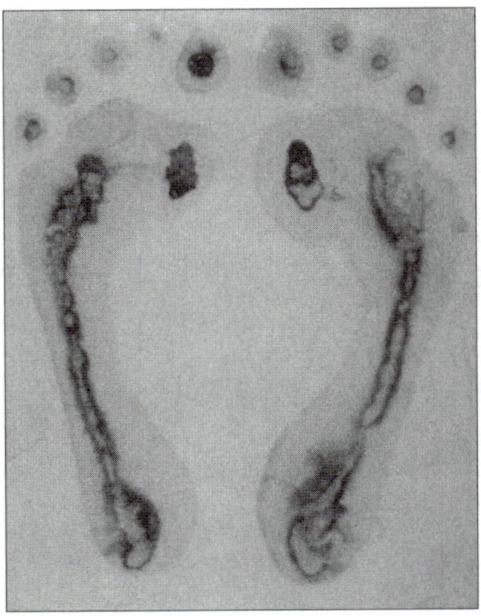

Babajis Fußabdruck

Die weiteren Fußabdrücke gelangen perfekt, und er verteilte sie dann unter uns. Er hatte mich gefragt: »Welchen möchtest du?« – »Den Ersten«, sagte ich, weil dieser mich so spontan berührt hatte. Er schenkte mir das Bild, und dazu noch einen perfekten Abdruck.

Er sprach: »Wenn der Himmel sich bricht, und auf der Erde die Hölle ist, werden die Menschen von hier nach da rennen!«, und deutete auf den Klecks, der in diesem Bild von einem Fuß zum anderen ging.

Dann sagte er zu mir mit durchdringendem Blick: »Philippin Nr. 4.«

Wiederholt hatte er mich Philippin Nr. 4 genannt, und mir war klar, dass das mit Heilen zu tun hatte. Die Menschen werden also dorthin laufen, wo geheilt wird.

Mundan

Babaji begann, bei zwei oder drei von uns Westlern an den Haaren oder dem Bart herumzuschneiden. Für mich kreierte er einen glatten Pony mit einem seltsamen Schnitt über den Ohren.

Viel später in Brasilien sah ich, dass die Xavante-Indianer genau diesen Haarschnitt hatten. Das Ganze war offenbar eine Vorbereitung für Mundan, das Kahlscheren des Kopfes, das bald darauf folgte.

Bei Babaji musste jeder früher oder später durch diesen Prozess gehen. Er wollte uns frei machen von Verhaftungen. In den Haaren steckt Saturn, das Prinzip der Kontraktion und Verhaftung. Durch das Aufgeben der Haare ließ sich viel davon lösen. Anfangs sagte Babaji zu jedem individuell, wann er Mundan machen sollte. Später, als viele kamen, sagte er in der warmen

Jahreszeit einfach: »Tomorrow everybody air-conditioner«, was bedeutete, dass jeder am nächsten Tag Mundan machen möge. In vielen Kulturen ist das Abrasieren der eigenen Haupthaare ein gängiger Brauch zur Reinigung der Persönlichkeit. Mundan ist ein Heilakt.

Jeder mit Mundan hat etwas von einem neu geborenen Baby an sich.

Man fühlt sich wie ein rohes Ei. Ich genierte mich, so bloß herumzulaufen, und band ein Tuch um den Kopf. Babaji kam das Tal entlanggeschritten. »Show! – Zeig!« So nahm ich mein Tuch ab, und er berührte meinen Kopf ganz sanft mit einem Stab und lächelte strahlend. In Ermangelung einer Mütze lief ich jedoch bald wieder mit dem Tuch herum, nicht allein wegen der Kälte, sondern auch, weil ich mich zu ungeschützt fühlte.

Eines Tages kam Babaji in unser Schlafzimmer, setzte sich auf einen der Schlafsäcke und erklärte uns, dass durch Mundan viel Licht am Haupt entstehe und dass die Menschen in uralten Zeiten, in denen es noch keine Elektrizität gegeben habe, Mundan praktizierten, um in ihren Höhlen Licht zu erzeugen. Durch eine Kopfbedeckung aber würde dieses Licht verhüllt.

»Warum hast du das nicht gleich gesagt?«, fragte ich Babaji, denn wäre mir das bewusst gewesen, hätte ich wohl nicht immer das Tuch getragen. »It would have been too early. – Es wäre zu früh gewesen«, antwortete er liebevoll.

Das Mundan war sehr wichtig bei Babaji. Wenn es nicht jeder machen konnte, dann hieß das Gesetz: »Einer für alle«.

Babaji sagte zum Beispiel zu Sheela, die schon dreißig Mal Mundan gemacht hatte: »You do this on behalf of other Indian ladies, who can't do this. – Tu das für andere indische Frauen, die es nicht tun können.«

Malen am Tempel der göttlichen Mutter

Babaji führte uns auf die Kailash-Seite, und diesmal war hier nicht, wie vor einem Jahr, vollkommene Wildnis, sondern jetzt waren dort zwei Tempel im Bau. Das war im Februar 1979. Ein Tempel für die göttliche Mutter und direkt daneben einer für die göttlichen Paare Rama und Sita sowie Krishna und Radha.

Indische Helfer hatten die enorm hohen Kuppeln des Tempels der göttlichen Mutter in allen Farben bemalt. Ich sagte: »Babaji, für die göttliche Mutter darf es nicht so bunt sein, es sollte ganz golden sein.«

Er schaute mich an und sagte: »You all golden! – Mache alles golden!«

Ich ließ Goldpulver aus Delhi kommen und begann, auf zwei riesigen aneinandergebundenen Leitern, die von vier Indern gehalten wurden, beide Kuppeln zu bemalen. In der einen Hand den breiten Pinsel, in der anderen den Kübel mit dem in einer speziellen Flüssigkeit aufgelösten Goldpulver.

Ich hatte in dieser schwindelerregenden Höhe nichts, woran ich mich festhalten konnte, nur das Gleichgewichtsgefühl meines Körpers. Beim Hinaufsteigen wurde mir ganz anders zumute. Ich hatte Angst. Wie aus der Pistole geschossen rief Joshi, einer der Inder, die die Leiter unten festhielten: »How can you fear? Babaji is with you! – Wie kannst du dich fürchten! Babaji ist bei dir!«

Natürlich, Babaji war mit mir dort oben!

Schlagartig verlor ich alle Angst und begann, die ganze hohe und breite Kuppel von außen golden zu bemalen. Dabei musste ich die Leiter immer wieder ein Stückchen verschieben. Ich wusste, dass dies eine Art Mutprobe von Babaji war. Allmählich wurde ich so sicher, dass ich selbst bei starkem Wind hinaufstieg, es kam mir vor wie ein schwingender Tanz auf der Leiter.

Einmal war ein Sturm im Anzug, als jemand, von Babaji gesandt, mir von Weitem zurief: »Babaji sagt: Komm sofort herunter!«

Ich hatte fast geglaubt, auch einen Sturm ausbalancieren zu können.

Nila malend hoch oben an den Tempelkuppeln

Die erste Feuerzeremonie am Fuße des Herakhan-Kailash

Babaji war auf dem Weg zur Einweihung des Tempels der göttlichen Mutter und des Tempels der göttlichen Paare. Beide Tempel befanden sich zu Füßen des Herakhan-Kailash.

In einem hohen Jeep fuhr Babaji mit vielen, die sich, am Wagen hängend, durch das Wasser ziehen ließen, durch den Gautama-Ganga-Fluss hindurch. Als Babaji mich sah, zog er mich empor auf die Kühlerhaube, wo ich mir vorkam wie seine Kühlerfigur. Ich war in sein wunderschönes himmelblaues Seidengewand gekleidet, das er selbst getragen und mir vor ein paar Tagen geschenkt hatte. Für lange Zeit war es erfüllt von seinem göttlichen Duft.

Die beiden Tempel wurden eingeweiht. Ich sah, dass unweit davon in der Wildnis eine große Feuerstelle ausgegraben worden war. Rundherum lag, wie in Indien üblich, auf Blättern eine Art Reismischung. Es sah zwar eher wie Vogelfutter aus, aber ich freute mich: Wie wunderbar! Gleich sitzen wir am Feuer mit Babaji, und es gibt etwas zu essen. Ich hatte inzwischen richtig Hunger, nach all den Strapazen des Malens und dem Fasten. So setzte ich mich schon einmal in freudiger Erwartung Babajis und aller anderen an das Feuer.

Babaji kam, und um das Feuer versammelten sich zu meinem Erstaunen nur Männer! Eng aneinandergedrängt saßen sie da, ganz offensichtlich aber nicht, um gemütlich zu essen. Ein indischer Priester kam zu Babaji, warf einen tödlichen Blick auf mich und sagte ihm etwas. Babaji schaute mit einem sehr tiefen Blick zu mir und schickte ihn fort.

Mir war klar, irgendetwas war hier sehr besonders, aber was, das wusste ich nicht. Ich machte dann einfach nach, was die anderen taten. Die Nahrung war nicht für uns, sondern für das Feuer bestimmt und wurde von den Umsitzenden geopfert.

Ich hatte davor noch nie solch eine große Feuerzeremonie miterlebt, kannte bislang nur Babajis Havan, sein tägliches Feueropfer in der Dunkelheit vor dem Morgengrauen.

Feuerzeremonie am Fuß des Herakhan-Kailash (1979)

Als alles vorüber war, stürmte Tara Devi auf mich zu, diese wunderbare alte Dame, Anthroposophin aus Amerika, die seit 1972 bei Babaji war. »Du musst ja unbeschreiblich rein sein, dass Babaji das erlaubt hat. Es ist seit Urzeiten verboten, dass eine junge Frau dem Feuer opfert. Jetzt wird Babaji alle Götter gegen sich haben!«

Ich erschrak zutiefst!

Kurz darauf ging Babaji neben mir her, war sanft und liebevoll. Er hatte ein dickes rundes Päckchen in der Hand, das er mir dann gab.

Seine Liebe, seinen Frieden und seine Wärme zu spüren, empfand ich als sehr beruhigend und auch, dass er mir etwas schenkte.

Später sah ich, dass in dem Päckchen Chandan war, ein gelber wunderbar duftender Puder, den ich dann viele Jahre in dem kleinen Tempel benutzte, den ich ein halbes Jahr später bei uns im Garten erbaute.

Die Antwort der Götter

Am Abend desselben Tages ging ich noch einmal zur Feuerstelle am Kailash.Rundherum war Wildnis. Ich verneigte mich tief und dankte Gott, dass ich hatte teilnehmen dürfen. Dann ging ich durch das Tal zum Ashram hinauf. Oben angekommen, merkte ich, dass ich plötzlich eine Wunde unten am linken Bein hatte, die zusehends einen weißen, größer werdenden Hof entwickelte.

Erschrocken lief ich zu Babaji: »Look! – Sieh es dir an!« Er antwortete: »Yes, I see. – Ja, ich sehe es.«

Spontan bat ich, da mir dämmerte, warum ich das bekommen hatte: »Zieh du jetzt alles aus mir heraus, was noch nicht ganz rein ist.« – »Okay«, sagte er.

Kurz darauf flog ich zurück nach Deutschland, weil mein Dreimonatsvisum abgelaufen war.

In Deutschland wollte eine Ärztin diese Wunde mit strenger Allopathie behandeln oder mich in eine Klinik überweisen, weil ihr die ganze Sache unheimlich war. Das wollte ich nicht, fand stattdessen eine Heilpraktikerin, die ihr Bestes tat, aber ohne Erfolg.

Die Wunde streute inzwischen. Schließlich fuhr ich zu Dina Rees, einer hellsichtigen, sehr lebendigen Frau, die zugleich Professorin der Medizin war. Ihre Diagnose lautete: »Das war die asiatische Stechmücke. Von ihrem Stich ist man in einer Woche tot, aber der Herr hat schützend seine Hand über dich gehalten.«

Nur wusste sie auch keinen Rat, wie die Wunde zur Heilung kommen könnte.

Ich flehte innerlich zu Babaji: »Hilf mir doch!« Und im Traum sagte er: »Injections.« Kurz darauf hörte ich von einem Arzt in unserem Dorf, der mit Elektroakupunktur arbeitete und mit seinen Injektionen schon Wunder bewirkt haben sollte. Sofort ging ich zu ihm: Er testete das Similium aus mitsamt allem, was mir fehlte, und dank seiner vielfachen homöopathischen Spritzen wurde ich schließlich geheilt.

OM namah Shivay.

Babaji nimmt alles auf sich

Als ich 1980 wiederkam, war Babaji zunächst noch verreist. Wie es durch die Klimaumstellung leicht geschehen kann, bekam ich eine Erkältung, ging aber doch ins Tal hinab, um ihm entgegenzugehen.

Oben waren viele Menschen aus dem Westen angekommen, die alle auf ihn warteten, inspiriert von dem ersten Buch Gabriele Wosiens über Babaji, das inzwischen erschienen war.

Zuvor waren nur solche Menschen gekommen, die Babaji durch einen Traum, eine Vision oder durch die unmittelbare Erzählung eines Freundes gerufen hatte.

Inzwischen hatte ich in Deutschland in unserem Garten einen kleinen Tempel gebaut, so wie er ihn gemalt hatte. Babaji kam durchs Tal geritten, er war bis auf ein kleines Bäuchlein ganz schlank. Er kam von Bombay, wo er offenbar mit sehr guten Anhängern zusammen gewesen war.

Nach zwei Stunden, die Babaji mit all den vielen neuen Menschen aus dem Westen im Ashram zusammen gewesen war, war er ganz dick und schwer geworden. Unglaublich!

Alle, die wir zu ihm kamen, brachten unsere Themen und Probleme mit, die Ausdruck der Themen und Probleme der Welt waren. Babaji nahm all das in sich auf, trug diese Lasten und transformierte sie in seinem Leib.

Ein bildhaftes Teaching

Ein Freund, der durch mich nach Herakhan kam, machte einen ganz unglücklichen Eindruck. Er war ein sehr feiner, netter Mensch, und ich fragte mich: »Was hat er nur?«

Mittags in der Ruhepause hieß Babaji mich, ihn herunterzuholen.

Babaji lagerte auf einer Steinfläche im Garten, hatte das Gesicht in seine Hände gestützt, nahm ein Streichholz und fing an, meinen Freund im Blick, damit in seinem linken Ohr herumzubohren.

Dann nahm er das Streichholz heraus und sah sich an, was er damit herausgeholt hatte. Dann richtete er den Blick wieder auf den Freund und legte das Streichholz zur Seite, nahm mit der anderen Hand ein weiteres Streichholz und bohrte nun, immer mit dem Blick auf den Freund, in seinem rechten Ohr.

Wiederum sah er sich genau an, was er aus dem Ohr herausgeholt hatte. Er legte das Streichholz weg und sagte: »Now you can go! – Du kannst nun gehen!«

Ich war sprachlos.

Später erst, als ich von diesem Freund hörte, was für Unwahrheiten ihm Menschen irgendwo in Delhi über Babaji erzählt hatten, verstand ich auf einmal, was Babaji diesem Freund, der mit diesem Dreck in den Ohren nach Herakhan gekommen war, gezeigt hatte.

Ich bin deine Hilfe

Wieder einmal durfte ich mit Babaji im Tal spazieren gehen, als mir meine Umhängetasche herunterfiel. Der ganze Inhalt lag über die Steine verteilt am Boden: Kamm, Seife, Taschentücher, aufgeplatztes Portemonnaie, Malstifte, Notizblock.

Ich genierte mich sehr und wollte alles so schnell wie möglich wieder einräumen.

Doch da bückte sich Babaji und half mir: »I am your help. – Ich bin deine Hilfe.«

OM namah Shivay!

Honigwaben

Fakiruli und ich waren in einem Zimmer zusammen untergebracht. Am Morgen nach einer für sie sehr aufregenden Traumnacht hielt sie mir eine freundschaftliche Standpauke: »Fürchtest du Gott? Du hast so ein strenges Gottesbild in dir. Immer musst du perfekt sein! Gott ist Liebe!« Und in diesem Sinne sprach sie weiter.

Als ich unmittelbar danach zu Babaji ging, der oben im Garten des Ashrams auf seinem Steinsitz saß, und mich vor ihm verneigte, schenkte er mir eine Honigwabe, die ihm gerade jemand gebracht hatte. Ich ließ mich in seiner Nähe nieder und brauchte ziemlich lange, bis ich sie verspeist hatte.

Da winkte er mir nochmals zu: »Komm!« – und gab mir die nächste große Honigwabe!

»Mein Gott, wie soll ich das bewältigen?«, fragte ich mich. – »You eat! – Iss!« Also knabberte ich an der zweiten Honigwabe und brauchte noch länger, um sie mir einzuverleiben. Sie schmeckte wirklich sehr gut. Kaum hatte ich diese zweite bewältigt, winkte er wieder und schenkte mir eine dritte Honigwabe.

Wenn es mir bisher noch nicht aufgegangen war, so ging es mir ganz sicher jetzt auf: dass Gott Liebe ist, voller Süße, so reich an Liebe, dass wir sie fast nicht aufnehmen können!

Nach der dritten Honigwabe war ich dem Platzen nahe.

Alles war unvergesslich klar. Wie hätte er es mir deutlicher zeigen können?

Babaji als Freund (circa 1981)

Mundan, zwanzig Tage Schweigen und eine Thermosflasche

Als ich im Februar 1980 zum dritten Mal für drei Monate nach Herakhankam, ließ Babaji mich sehr bald Mundan machen. Ich sollte zwanzig Tage jedem gegenüber schweigen! Nur zu ihm durfte ich sprechen. Und ich sollte nur das essen und trinken, was mir gegeben würde, außer dem Wasser des Gautama-Ganga, davon konnte ich trinken, so viel ich wollte.

Es war oft ziemlich kalt, und leider kam niemand auf die Idee, mir einen heißen Tee zu schenken, wo ich doch so gerne Heißes trank.

Ich malte wieder bei den Tempeln auf der Kailash-Seite, diesmal auf der Rückseite der Tempel. Es war kalt, und ich fühlte mich allein.

So beschloss ich eines Morgens, mir eine Thermosflasche zu kaufen und sie mit wunderbarem heißem Chai füllen zu lassen. Ich trug sie unter meinem Poncho, ging so zur Kailash-Seite hinüber. Und wer saß da vor seiner Höhle? Babaji!

Er winkte mir, zu ihm zu kommen, und ich verneigte mich vor ihm. Doch er schaute mich mit ganz traurigen Augen schweigend an. Ich wusste, warum.

»Ich liebe deine Farbe!«

Es war im Frühjahr 1980. Außer dem Tempel der Göttlichen Mutter und dem der göttlichen Paare Rama und Sita sowie Krishna und Radha waren noch zwei neue Tempel am Fuße des Kailash fertig geworden. Die Tempel für Lord Dattatreya, die Verkörperung der Einheit von Brahma, Vishnu und Shiva, und für Guru Goraknath, eine frühere Manifestation von Babaji.

Ich wollte sofort mit großer Hingabe den Tempel von Lord Dattatreya innen bemalen, weil ich wusste, dass Muniraj laut Babaji eine Inkarnation von Lord Dattatreya ist.

Es gab jedoch noch einen anderen Menschen, einen Inder, der auch unbedingt diesen Tempel bemalen wollte. Leider waren wir über die Farbgebung total konträrer Ansicht. Was tun? Es half wenig, dass ich ihm erklärte, ich sei eine Malerin, weil er mir entgegnete, er sei selbst Künstler.

Damals hatte ich keine Ahnung, dass es dieser Inder war, der die Murti, die Statue vom alten Herakhan-Baba, geschnitzt hatte, die Babaji mir im Sommer 1978 durch eine Freundin mit den Worten nach Deutschland hatte bringen lassen: »Sie soll dort stehen, wo viele sie sehen«, und die nun in meinem kleinen Tempel stand.

Leider konnten der Inder und ich uns partout nicht einigen, woraufhin ich schlagartig aus lauter Empörung hohes Fieber bekam.

In der Mittagspause durchschaute ich meinen Ärger als Grund für das Fieber und beschloss, dem anderen das Feld zu räumen, um stattdessen den Tempel für Guru Goraknath zu bemalen. Denn dort hatte ich Gott sei Dank vollkommen freie Hand!

Mit meinem hohen Fieber stieg ich nun im Tempel auf eine lange Leiter und wollte unbedingt die Kuppel von Guru Goraknath in Weltraumblau ausmalen, nicht wissend, dass keine der Tempelkuppeln innen bis oben hin bemalt wurde.

Die Kuppeln sind oben sehr eng, und ich stand mit sehr hohem Fieber inmitten intensivstem Farb- und Terpentingeruch. Den Gedanken, von all den Dämpfen da oben etwa ohnmächtig werden zu können, wies ich weit von mir. Ich war tief überzeugt, genau das Richtige zu tun.

Nachdem ich die hohe Kuppel innen von oben bis unten bemalt hatte, war auch ich überall blau, und: Das Fieber war verschwunden!

Als ich am Abend versuchte, mich am Fluss von all der blauen Ölfarbe zu reinigen, kam Babaji auf einem schmalen Brett über den Fluss geschritten. »I love your colour! – Ich liebe deine Farbe!«, rief er mir zu.

Am selben Abend, nach dem Arati, ließ er mir Sandalen, Padukas, überreichen: »Das sind Baba Goraknaths Sandalen!« Es waren wunderschöne, reich geschnitzte Padukas aus Holz, die wir bis heute zu Hause bei einer Paduka-Puja schmücken und ehren.

Natürlich war mir da klar, dass Babaji selbst es war, der damals als Baba Goraknath auf Erden wandelte.

Die ganze Zeit beim Malen hatte ich gedacht: »Oh, Guru Goraknath ist ein solch erhabener göttlicher Lehrer, ob ich ihn wohl je gesehen habe?« Denn durch meinen Freund Marcel wusste ich, dass Guru Goraknath nur höchst entwickelte Schüler zu sich nahm. Marcel war bei ihm gewesen, das bestätigte Babaji, aber ich?

Mit dem Geschenk seiner Sandalen gab er mir eine Antwort. Welche Gnade!

Der Lachschwips

Babaji erschien erstaunlicherweise immer genau dort, wo sich gerade etwas Besonderes abspielte, wo ein Teaching nötig war.

Einmal ging ich in der Mittagspause zum Tea-Shop und fand dort Fakiruli, die unglücklich über sich selbst und die Welt lauthals schimpfte: »Je me siens comme un chien. – Ich fühle mich wie ein Hund.« Ich musste sehr lachen, als sie tief überzeugt und ehrlich polterte und dabei so lustig wirkte.

Sie schimpfte weiter wie ein Rohrspatz. Und je mehr sie schnaubte, desto mehr musste ich lachen. Schließlich ging ihr die Schimpfpuste aus, und sie wurde von meinem Lachen angesteckt. Wir wurden äußerst fröhlich und konnten nicht mehr aufhören zu lachen – es steigerte sich zu einem Lachschwips!

In diesem Zustand machte ich mich auf den Weg zum Ashram.

Und wer wartete da am Ausgangstor des Ashrams? Babaji! Groß, weiß und unschuldig!

Mir fiel nichts anderes ein, als zu seinen Füßen niederzufallen.

Aber da ich vollkommen leer war, hatte ich keine Ahnung, wie ich wieder aufstehen sollte. Ich blinzelte nach oben und sah Babajis langen Arm ganz entspannt herunterhängen. Da ergriff ich seine Hand und begann, mich an seinem Arm hochzuziehen.

Unglaublich! Er, der sonst segnet und uns in tiefsten Respekt versetzt, ließ zu, dass ich mich einfach an seinem Arm hochzog. In diesem Moment das Selbstverständlichste von der Welt.

Schließlich stand ich direkt neben ihm, Auge in Auge, und er schaute mich unschuldig wie ein Kind an, mir meinen Zustand spiegelnd.

Der Lachschwips, jenseits von Gut und Böse.

Überall präsent

Eines Vormittags legte ich mich, sehr entgegen meiner sonstigen Gewohnheit und auch der allgemeinen Karma-Yoga-Forderung, am hellen Tag auf mein Bett. Ich hatte so viel erlebt, dass vieles innerlich anzuschauen war. Überflutet von allem, brauchte ich einfach Stille und machte die Augen zu.

Als ich meine Augen öffnete, stand Babaji neben meinem Bett. Er schaute sanft und ruhig auf mich, nichts weiter. Aber ich war tief beeindruckt!

Er sieht alles, er weiß alles, er ist überall präsent.

Mein für einen Moment aufflackerndes schlechtes Gewissen, weil ich mich einfach hingelegt hatte, statt Karma-Yoga zu praktizieren, schmolz in seiner Liebe wie Schnee in der Sonne.

Ein Ehemann platzt vor Wut

Einmal hakte sich Babaji ganz liebevoll bei einer älteren Dame ein und führte sie den Hang hinauf, kniff sie sogar in den Arm. Ich ging mit ihrem Mann, einem Spanier, hinterher.

Babaji flirtete dabei mit ihr, die er »Juwel« nannte, während ihr um vieles jüngerer Ehemann vor Wut schäumte und vor Eifersucht beinahe explodierte!

Da er viel jünger war als seine Frau, war er immer derjenige gewesen, der mit den Damen geflirtet hatte. Nun bekam er diese Situation in der Umkehrung von Babaji vorgeführt.

Heilung

Babaji kam von einer seiner kurzen Reisen zurück, als ich gerade von Deutschland in Herakhan angekommen war. Wegen der Übermüdung und Klimaumstellung hatte ich Fieber und ziemliches Halsweh bekommen.

Es war um die Mittagszeit und warm. Leicht angezogen lief ich mit den anderen hinunter, um Babaji zu begrüßen.

Ich durfte Babaji begleiten und ging mit ihm und einigen anderen voller Freude, bei ihm zu sein, die Tempel entlang. Doch ich fühlte auch meine Erkältung. Genau in dem Moment, als ich dachte: »Besser gehe ich jetzt hinauf, um meine Erkältung zu kurieren und endlich auszuruhen«, sagte Babaji: »You water all Gufa side! – Gieße alles auf der Gufa-Seite!«

Anstatt innerlich zu protestieren, gab ich mich einfach hin, während ich Eimer für Eimer vom Fluss den kleinen Hügel hinaufschleppte und die frisch gepflanzten kleinen Bäumchen und Pflänzchen bewässerte. Das Mantra, das dabei in mir schwang, war: »Ich bin in dir. Ich bin in dir. Ich bin in dir …« – stundenlang.

Ein Inder kam, um mir zu helfen, machte mir jedoch klar: »Ich helfe dir nicht deinetwegen, sondern wegen Babaji!«

Plötzlich merkte ich, dass die Sonne schon unterging, dass ich vom Wasserkübel-hinauf-und-hinunter-Tragen inzwischen durch und durch nass, dass es kalt geworden und: dass ich wieder vollkommen gesund war!

Keine Spur mehr von Fieber und Halsweh, wo ich doch sonst schon bei nassen Füßen Halsschmerzen bekomme.

So lief ich zu Babaji und kniete mich vor ihm nieder, wortlos. Viele Male schüttelte ich ungläubig meinen Kopf und konnte es nicht fassen, während Babaji ebenso viele Male nickte.

Offene Aussprache

Wir waren mit Babaji in einer kleinen Gruppe von Westlern auf Reisen. Eine junge Frau spielte immer den Polizisten, kommandierte und maßregelte alle. Jeder fand das sehr lästig, doch keiner sagte etwas zu ihr.

Da ich sie gern hatte, bat ich sie, sich mit mir einen Moment in dem großen offenen Zelt zusammenzusetzen, während alle ruhten, und ich veranschaulichte ihr, wie sie auf andere wirkte. Sie war völlig überrascht, denn sie war sich dessen nicht bewusst gewesen. Im Gegenteil, sie war fest überzeugt gewesen, ihre Pflicht zu tun. Nun war sie einfach dankbar, dass ich ihr das gesagt hatte.

In dem Moment erschien hoch oben auf dem Balkon Babaji und schaute liebevoll auf uns beide herunter: »I like fights! – Ich liebe Gefechte!«, womit er sagen wollte, dass er will, dass wir offen miteinander sprechen. Viele Male hat Babaji uns das gesagt.

Er wollte, dass wir aufrichtig zueinander sind, dass Licht und Wahrhaftigkeit unter allen herrscht, dass wir einander alles direkt sagen und nicht hintenherum schlecht übereinander reden oder denken.

Heirate Shastriji

Am selben Tag hatte ich morgens gesehen, wie Shastriji Babaji eine wunderschöne grüne Kopfbedeckung aus feinster Seide gebracht und ihm aufs Haupt gesetzt hatte.

Ich war sehr berührt von der Einfachheit, Natürlichkeit und Demut, mit denen Shastriji das machte.

Und ich dachte: »So möchte ich auch sein.«

Prompt sagte Babaji zu mir: »You marry Shastriji! – Heirate Shastriji!«

Shivaratri 1983

Babaji hatte einigen von uns Westlern gesagt, dass wir ihn nach Bombay begleiten könnten, so auch mir. Vor dem Aufbruch von Herakhan fragte er mich plötzlich: »You go to Calcutta? – Fährst du nach Kalkutta?« Ich war natürlich erstaunt und meinte: »Nein, ich komme mit dir nach Bombay.«

Vier von uns fuhren mit dem Zug und sollten deshalb so wenig Gepäck wie möglich mitnehmen. Obwohl ich mir nicht vorstellen konnte, dass Babaji auf Reisen Zeit zum Malen haben würde, fragte ich ihn vor der Abfahrt aus Herakhan sicherheitshalber: »Soll ich Farben und Block mitnehmen? Möchtest du auf der Reise malen?« Er sagte Ja.

Die Feierlichkeiten in Bombay fanden im Hof eines achtstöckigen Hauses am Meer statt, in dem vor allem Babaji-Anhänger wohnten. Uns war gesagt worden, wir sollten im siebten Stock wohnen. Als wir dort ankamen, wurden wir zwar freundlich empfangen, aber es wurde uns mitgeteilt, dass der siebte Stock für »headstaff only – nur für den obersten Stab« wäre, zum Beispiel für Muniraj, und sie müssten noch herausfinden, wo wir untergebracht würden, wahrscheinlich unten im Hof.

So war es dann auch. Wir landeten in einem der kleinen Zelte, die im Hof aufgeschlagen waren. Dort war auch das riesige Zelt für Shivaratri aufgebaut. Es gab nur einen Wasserhahn für alle kampierenden Menschen im Hof. Für eine Freundin war das sichtlich schwer zu ertragen, sie fand diese Zu- und Umstände unmöglich, wurde prompt krank und musste bald darauf nach Hause fahren. Wir anderen drei ergaben uns in die Situation. Mir fiel Babajis Bemerkung über Kalkutta wieder ein, und jetzt war mir klar, was er damit meinte: diese Zustände. Es war sein sanfter Hinweis auf das gewesen, was auf uns zukam.

In dem Moment, wo Babaji erschien, war sowieso alles gut.

Im obersten Stock, dem achten, war Babaji untergebracht.

Dort trafen wir uns mit ihm, es wurde wunderschön gesungen, und zum ersten Mal wurde auch ein »OM namah Shivay« aufgenommen.

Die Aufnahme wurde Babaji vorgespielt, und sie war leider fehlerhaft, Stücke fehlten. Babaji sagte: »Spiel es noch mal!«, und beim zweiten Spiel war es perfekt! Er hatte die Aufnahme kuriert!

Shivaratri ist Lord Shivas Geburtstag:
von ihm, der nie geboren,
von ihm, der, aus dem Unendlichen kommend,
ohne Vater, ohne Mutter ist,
von ihm, der ewig ist.

Es wird also das ewige Wesen von Shiva gefeiert.
Von ihm, der nie begonnen, von ihm, der immer ist.

Wir Westler, die mit Babaji reisten, durften ihn mit einigen Indern in der Shivaratri-Nacht um drei Uhr besuchen. Mir stand der Atem still.

Babaji saß da, unbeweglich im Samadhi. Wir sahen ihn von der Seite. Nur mit einem Lendenschurz bekleidet, saß er da, mit seinen vielen Locken, ein Ausdruck unendlicher Unschuld und Reinheit.

Wir durften jeder seine Füße mit etwas Milch begießen. Ich war so überwältigt, dass ich auch noch seine Knie mit Milch übergoss. Sein Anblick ging, unauslöschlich tief, in mein Herz hinein.

Später, am frühen Morgen um halb fünf, bekamen wir von Babaji Chandan, und dann begannen die Massen zu ihm zu strömen.

Ich hatte in einem schönen Shop eine ganz besondere Süßigkeit für ihn als Geschenk erstanden, sie war groß, dick, kostbar und rund. Und während ich in der Schlange stand, dachte ich immer: »Das ist wie du!«

Als ich zu Babaji kam, verzog er – wie oft, bevor etwas sehr Schönes geschah – ganz schrecklich das Gesicht: »What is this? – Was ist das?« Ich sagte ganz einfach: »Das ist süß.« Er legte seine Hände darauf und sagte: »You eat! – Iss es!« Und ich bekam die ganze kostbare Substanz zurückgeschenkt.

Er strömte eine solch tiefe Liebe aus, dass ich weinen musste. Ich zog mich an der Seite des großen Zelts hinter einen der letzten Säulenpfosten zurück und wäre am liebsten unsichtbar gewesen. Seine Liebe brachte mich immer mehr zum Weinen, und sein Anblick vom frühen Morgen ergriff mich wieder ganz und gar; diese Unschuld, diese Reinheit seiner Schönheit.

Nach einer Weile kam Sheela als Bote von Babaji mit dem Auftrag, mir eine Lebensschnur von ihm zu bringen. Durch all die unzähligen Menschen fand sie mich. Ich war überwältigt, dass er mich, die ich, ergriffen von seiner Liebe, für niemanden sichtbar sein wollte, bis in den hintersten Winkel suchen ließ.

Nach einer Weile erschien Sheela erneut, inzwischen kannte sie mein Versteck, und sagte: »Babaji ruft dich, du sollst zu ihm kommen.« So ging ich, verweint wie ich war, nach vorn, wo er umgeben war von all den vornehmen reichen Indern, und verneigte mich. Er sagte: »Bring me my colours! – Bring mir meine Farben!«

Ich sollte ihm den Block und die Farben holen, und das mitten im Shivaratri! Babaji setzte ein Zeichen auf den Block, das ich, vor ihm kniend, nicht sehen konnte, und sprach dabei zu jemand anderem.

Dann wandte er sich an mich, die ich nichts lieber als unsichtbar gewesen wäre: »Okay, now you can go. – Es ist gut, du kannst nun gehen!« Den Block mit dem Bild gab er jemand anderem.

Gegen Mittag kam nach dem großen Fest mit allem Singen und Feiern ein Inder und gab mir den Block mit dem Bild zurück. »Babaji schenkt dir dieses Bild«, sagte er und schrieb mir in Hindi auf, was Babaji dazu gesagt hatte.

Babaji hatte einen umgekehrten Trishul (Dreizack) gemalt, der sich nach unten ausströmte, und gab mir damit seinen Segen für das Buch, von dem ich noch gar nicht wusste, dass ich es schreiben sollte.

Sofort nach Shivaratri wurden wir drei aus dem Zelt in ein äußerst komfortables Zimmer im ersten Stock umquartiert.

Babaji nahm uns Westler in den nächsten Tagen zu vielen seiner indischen Schüler mit. Beeindruckend war ein Meeting bei einem besonderen indischen Anhänger und seiner Frau. Er war ein berühmter indischer Regisseur und Filmschauspieler.

Dort fand durch Babaji die Einweihung von Kali, einem seiner Schüler, statt, der dann Shani, Saturn, wurde. Die Gastgeberin sah innerlich, wie Rauch aus Babajis Nase, Ohren, Mund herauszog und in Kali einzog. »Jetzt ist er Shani«, sagte Babaji und gab ihm einen schwarzen Trishul.

Weiter ging die Reise nach Vapi auf einer inspirierenden Zugfahrt durch das indische Land. In Vapi, einem schön in der Natur gelegenen Ashram, gab Babaji uns allen Bang, ein köstliches anregendes Getränk, woraufhin alle ganz high wurden, jeder auf seine eigene Weise.

Die eine von uns drei Freundinnen kicherte und lachte die ganze Zeit, die andere sah ihr eigenes Denken dreidimensional, und ich kam in tiefe Meditation.

Keine Trennung mehr

In Deutschland hörte ich von einem Europäer, der seit einem halben Jahr bei Babaji war und immer weinte. Als ich wieder nach Herakhan kam und sah, wer dieser Mann war, nämlich jemand, den ich von früher gut kannte, war ich sehr erstaunt und fragte: »Warum musstest du so viel weinen in all der Zeit, in der du bei Babaji bist?«

Seine Antwort war: »Die Trennung!« Er meinte die Tatsache, dass er so lange von Babaji getrennt gewesen war, das bringe ihn so sehr zum Weinen!!

Als Bhole Baba kam Babaji für alle als Vater, der einfach ist wie ein Kind. Aber für diesen Freund war er wie tausend Mütter!

Bedingungslose Liebe

Ein netter junger Mann aus einer guten indischen Familie, der viel, vor allem selbst verschuldetes, Leid in sich trug, war zum Alkoholiker geworden. Er verehrte Babaji, den er durch dessen Besuche bei seiner Familie kannte.

Eines Tages ließ Babaji ihn mit einer großen Gruppe auf eine längere Pilgerfahrt in die Berge in Richtung Badrinath mitkommen. Der junge Mann war sehr besorgt, wie er wohl all die Tage überstehen würde ohne den Whiskey, den er so sehr brauchte. Es überraschte, erleichterte ihn und erfüllte ihn mit Dankbarkeit, dass Babaji tatsächlich eine Flasche Whiskey für ihn dabeihatte und außerdem noch eine schwarze Wolldecke zum Schutz und um ihm Frieden zu geben.

Der junge Mann sagte mir, das werde er Babaji nie vergessen. Er war überwältigt von dieser bedingungslosen Liebe, die wusste, wie es um ihn stand, und nicht von ihm forderte, was ihm unmöglich war.

Babaji holte jeden da ab, wo er war, nicht da, wo er sein sollte.

Be Happy

In strategischen Momenten fragte Babaji den einen oder anderen von uns: »Are you happy? – Bist du glücklich?« Oft kam dann nur ein strahlendes »Ja« aus einem hervor: »Yes!«, und man war in der Riesenschwingung der Freude mit ihm.

Ein anderes Mal »Are you happy?«, und Babaji brachte alle Themen hoch, aufgrund deren man unglücklich war. Meistens handelte es sich dabei um irgendwelche Anspruchsprogramme, Ärger, Ängste oder Frustrationen, unser ganzes Schattenmaterial.

Babaji brachte in kürzester Zeit sehr vieles in uns hoch und gab uns dabei zugleich alle Kraft, damit umzugehen, damit es geheilt und verwandelt werden konnte.

Hiramans Geschichte

Einmal brachte ich Babaji ein Buch von einem Autor der von Yogananda begründeten »Self-Realization Fellowship« mit, dem ich von Babajis jetziger Erscheinung erzählt und Fotos gezeigt hatte. Dieser Mensch aber konnte die Identität von Yoganandas Babaji mit dem jetzigen Babaji nicht erkennen. Ich gab Babaji dessen Buch und bat ihn: »Bitte lass ihm doch ein Licht aufgehen, ihn erkennen, dass du und Yoganandas Babaji identisch seid!«

Babaji gab mir dieses Buch zurück, und kurz darauf traf ich Hiraman, einen Freund aus Amerika.

Hiraman hatte blonde Locken und strahlende blaue Augen. Er schenkte Babaji, als er bei ihm ankam, eine Art Fahne mit der Inschrift: »Love is sun energy! – Liebe ist Sonnenenergie!« – und genau so war Hiraman selbst auch!

Gütiger Babaji (circa 1983)

Hiraman sah das Buch mit der Abbildung von Babaji in meiner Hand und sagte: »Genau so ist Babaji mir in Hawaii erschienen!« Auf dem Buch war eine Abbildung von Yoganandas Babaji.

Und er erzählte mir seine Geschichte:

Babaji war ihm zuerst in einer Vision erschienen, mit einer Himalayamütze (Topi). Hiraman wusste nicht, wer das war, er wusste nur eines, dass dies sein Meister war. So begab er sich auf die Suche und reiste 1977 nach Indien zur Khumba Mela. Er hoffte, seinen Meister dort zu finden, wohin alle großen Meister und Lehrer zu kommen pflegten.

Er schwor sich: »Ich werde so lange nicht essen und trinken, bis ich ihn gefunden habe.«

Es war bereits der vierte Tag nach seinem Gelübde, und Hiraman hatte ihn immer noch nicht gefunden. Durch jede Luke, in jedes Zelt schaute er. Und da erblickte er endlich ein Foto genau von dem Wesen, das ihm erschienen war!

Es war das Bild des alten Herakhan-Baba mit tibetischer Mütze

Hiraman betrat das Zelt und sah vorn den jetzigen Babaji sitzen. Sofort erkannte er an der Schwingung, dass dieser Babaji identisch mit der Erscheinung des alten Herakhan-Baba war!

OM namah Shivay!

So war Babaji ihm zuerst erschienen als der alte Herakhan-Baba.

Dann, als Hiraman in Hawaii auf Babajis Geheiß dabei war, in der Wildnis von Big Island einen Tempel für ihn zu erbauen, zunächst ohne Mittel und mit dem Hinweis von Babaji: »Du darfst erst wiederkommen, wenn du den Tempel vollendet hast«, erschien Babaji ihm in der Form von Yoganandas Babaji-Bild, das auch auf dem Buch abgebildet war.

Hiraman sagte: »Das war eine ganz herrliche Erscheinung!« Es war die zweite Erscheinung Babajis vor Hiraman.

Und zum dritten Mal erschien Babaji ihm als Bhole Baba, so wie wir ihn jetzt kennen, mit all seiner Wärme, Kraft und Liebe.

Hiraman ist ein Mensch, den Babaji mit diesen drei Erscheinungsformen seiner selbst sehr gesegnet hat.

Tibetische Story

Durch einen Zufall trafen Marcel und ich 1982 den tibetischen Lama Ayang Rinpoche, der Phowa lehrte. Ich war sofort sehr berührt. Phowa ist eine Übung, die man zu Lebzeiten praktizieren sollte, um beim Sterben sofort in das höchste Bewusstsein zu kommen, eine Übung, die auch im Tibetanischen Totenbuch beschrieben ist.

Hier wurde nun all das lebendig praktiziert. In mir war ein tiefes Wiedererkennen, all das kannte ich gut von einem anderen Leben her.

Weil Babaji in das erste Buch, das er mir geschenkt hatte, ein großes Bild von Tibet gemalt hatte, lud ich den Lama ein, zu uns nach Daisendorf zu kommen. Damals nicht ahnend, dass ein ganz anderes Tibet auf mich warten würde.

Der Lama war sehr bewegt von der Energie des Platzes und wollte in unserem Garten überall Stupas errichten, was ich jedoch ganz sicher nicht wollte. »Buddha, Christus und Babaji, sie sind alle eins!«, sagte er.

Später luden Marcel und ich ihn dann ein, für Freunde ein neuntägiges Phowa-Retreat in unserem Haus zu geben. Ich dachte, dass manche, wenn sie durch diese Übung die göttliche Präsenz über ihrem Haupt erfahren würden, Babaji erkennen könnten, weil Babaji mich damals durch den tausendblättrigen Lotos über meinem Haupt ins Ewige zu sich emporgehoben hatte.

Um diese Phowa-Übung zu praktizieren, musste man ein bestimmtes tibetisches Mantra viele, viele Male wiederholen.

Ich schrieb Babaji vom Phowa und den Übungen. Er antwortete: »Das kannst du machen, aber dann komm nicht mehr nach Herakhan.«

Inzwischen war der Lama aber bereits eingeladen! Als ich Babaji kurz darauf in einem zweiten Brief davon berichtete, kamen als Antwort darauf zwei Briefe gleichzeitig an, abgesandt zu ganz verschiedenen Zeiten.

Ich öffnete den ersten Brief von Babaji, von Gora Devi geschrieben. Darin stand: »Because you got involved in this Tibetan story, you never come back to Herakhan again! You never write to me again! – Da du dich auf diese tibetanische Geschichte eingelassen hast, komme nie wieder zurück nach Herakhan! Schreib mir nie wieder!« Ich war zutiefst erschrocken.

Dann öffnete ich den zweiten Brief, der fünf Tage später abgesandt worden war, aber genau am selben Tag bei mir ankam. Er war von einem Freund geschrieben, den ich inspiriert hatte, zu Babaji zu gehen. Dieser Freund hatte Babaji gefragt: »Ich habe einen Brief an Nila verfasst, hast du eine Nachricht für sie?« Der Freund beschrieb, wie Babaji, auf seinem Mäuerchen sitzend, anfing, wie eine Sonne zu strahlen und dann zu singen. Seine gesungene Botschaft an mich war: »You have become one with the Buddha, with God. – Du bist eins geworden mit Buddha, mit Gott!«

Gott sei Dank kamen beide Briefe gleichzeitig an!

Mir wurde klar: »Du bist schon zur Erleuchtung gekommen, du hast schon den Berg erklommen, und jetzt willst du dieselbe Übung noch einmal machen, die ich dich damals schon gelehrt habe. Was ich dir jetzt zeigen will: Das Teaching hier in Herakhan, für die jetzige Zeit, ist ein anderes. Es geht nicht darum, wie man im Falle des Todes erfolgreich seinen Körper verlässt, um ins Höchste einzugehen, sondern um den Dienst im Jetzt und Hier, um Karma-Yoga! Dienst an der Schöpfung, Dienst an den Mitmenschen, an der Natur, an allem. Mit der ständigen Wiederholung des Namens Gottes in deinem Herzen.« – Der Groschen war gefallen.

Nur war ich jetzt in der fatalen Situation, nicht mehr zu ihm kommen und ihm auch nicht mehr schreiben zu dürfen.

Nun wurde ich sehr aktiv, den Menschen von Babaji und seiner Botschaft für unsere Zeit zu erzählen. Ich richtete die Montagabende ein, die es bis heute gibt, mit Meditationen mit Arati und Erzählungen über Babaji und spirituelle Themen. Ich tat, was ich konnte. Und ich flehte um Gnade!

Etwa zwei Monate später kam überraschend ein Brief mit einer Karte von Muniraj: »Du kannst zu Weihnachten nach Herakhan kommen!« Nun wagte ich, nach Indien an Gora Devi zu schreiben, und bat um Babajis Bestätigung von Munirajs Einladung.

Babajis Kommentar war: »Jay Hanumane Lala.«

Was ich verstand, war: »Sieg dem lieben Hanuman! Sieg dem, der dient!« Hanuman ist der Diener Gottes, der aus Liebe zu ihm Berge versetzen kann.

Das hieß »Ja!«. Und so, mit erleichtertem Herzen, flog ich im Dezember nach Indien.

Ein Nachspiel wegen der Tibetgeschichte

Nach dem leuchtenden Weihnachten gab es ein Nachspiel wegen meiner Tibetgeschichte.

Am 24. Januar 1983 bat ich Babaji, am Abend Arati vor ihm machen zu dürfen. Es war der Tag, an dem ich 1978 in Herakhan ein für alle Mal erkannt hatte, dass er das göttliche Wesen ist.

Er antwortete: »No! You can do Arati to Buddha only! – Nein, du kannst nur vor Buddha Arati machen!«

»Oh«, dachte ich, »jetzt spielt er die ganze Tibetgeschichte wieder hoch.« Dann sagte Babaji: »You go home! – Geh nach Hause!«, und ich entgegnete: »Ich gehe zum Kailash!« Er: »No! Home! – Nein, nach Hause!«, worauf ich erwiderte: »Kailash ist mein Zuhause. Wenn nicht der äußere, dann der innere Kailash.« Da sagte Babaji: »Yes!«

Ich ging zu einem alten Deviplatz außerhalb des Ashrams, hoch auf einem Hügel gelegen, von wo aus man einen herrlichen Blick auf den Kailash hatte.

Dort verbrachte ich einige Stunden, und ich bereitete insgeheim für den Abend das Arati vor, auch auf die Gefahr hin, dass er »Nein« sagen würde. Am Abend ließ er es jedoch zu und half mir sogar dabei. Es wurde ein großes, festliches Arati, und anschließend hielt er eine seiner ersten längeren Ansprachen. Seine Rede über das Gesetz der neuen Welt, das er »Law Nr. 44« nannte:

Babajis Rede Nr. 44 vom 24. Januar 1983

»Immer, wenn hier in Herakhan von einem Angehörigen einer bestimmten Nationalität Arati zelebriert wird, müssen alle Männer und Frauen dieses Landes daran teilnehmen. Das gilt für die Schweizer, Franzosen, Italiener, Amerikaner etc.

Dies ist ein neues universelles Gesetz, erlassen in Herakhan Vishwa Mahadam. Dieses Gesetz hat universellen Charakter. Es gilt nicht nur für ein Land, sondern für die ganze Welt. Das neue Gesetz für das allumfassende Reich wird in Herakhan seinen Ursprung haben.

›Dharma 44‹, Gesetz 44, ist der Name dieses Gebotes. Jeder kann bestraft werden, wenn er diesem Erlass nicht Folge leistet. Jeder von euch muss dem Gesetz gehorchen, denn es ist weltweit gültig. Die ganze Welt wird ein Königreich sein, es wird einen König geben, und ein Gesetz wird auf der ganzen Welt herrschen. Die alten Gesetze und Verordnungen haben heutzutage ihre Gültigkeit verloren, weil die Justizministerien korrupt sind. Das neue Gesetz wird wie eine Morphiumspritze mit sofortiger Wirkung sein.

Nehmt das Gesetz nicht in eure eigenen Hände. Lasst euch vielmehr vom Gesetz leiten. Ich wiederhole: Kontrolliert nicht das Gesetz, indem ihr es in die eigenen Hände nehmt!

Shirdi Maulana gibt euch all dies bekannt. Ihr müsst über Shirdi Maulana Bescheid wissen. Er lebte während der mohammedanischen Herrschaft in Indien. In seinem Geistkörper zieht er durch die Welt und hilft den Menschen auf unsichtbare Weise. Er ist jetzt unter uns und spricht durch Shri Mahaprabhji. Babaji sagt, das ›Ich-‹ und ›Mein-Denken‹ hat einen Schleier um die Menschenherzen gelegt. Die Menschen sind selbstsüchtig, egoistisch geworden. Wie kann Frieden herrschen, wenn der menschliche Geist voll derartiger Gedanken ist? Wer hat schon eine solch hohe Gesinnung, sich dem weltweiten Dienst an der Menschheit und der Nächstenliebe zu widmen? Die Menschen sind so weit gesunken, dass sie bereit sind, andere für ihre selbstsüchtigen Motive zu töten.

Jeder Einzelne von euch muss mithelfen, die korrupten Gesetze abzuschaffen und wahres Recht an ihre Stelle zu setzen.«

Babajis Duft

Wieder ging ich mit Babaji durch das Tal spazieren, mit seinem Schirm in der Hand. Nach einem langen gemeinsamen Vormittag verströmte er zum Schluss seinen göttlichen Duft!

Er hatte einen Stift in der Hand und spielte mit dessen Kappe, wobei er immer wieder sagte: »Opening – Closing – Opening – Closing … – Öffnen – Schließen – Öffnen – Schließen …« Dabei kam der Duft, verschwand der Duft, wieder und wieder dieser äußerst beglückende Duft, Babajis Duft.

Daraufhin fragte ich: »Babaji, warum nicht immer offen?« Doch er verschloss den Stift, und damit war das Thema für diesen Tag abgeschlossen!

Die Wirkungskraft von OM namah Shivay – eine innere Reise von 70 nach 108

Babaji führte mich in eine tiefe Meditation. Mit geschlossenen Augen saß ich kerzengerade und erlebte, wie meine Hände ganz genaue Mudras ausführten, die Energien im ganzen Körper in Bewegung setzten, was zugleich tiefe Erkenntnisse in mir freisetzte.

Mit meinem atmenden Bewusstsein ging ich innerlich über die Mitte der Stirn hinauf zum Scheitelchakra und erlebte, dass auf dem Weg dorthin im Inneren Ausgänge zu verschiedenen göttlichen Welten in Form von Zahlen existieren.

Die Stirn bewusst emporgehend, erfuhr ich intensiv die Christuskraft, die Tore in diese herrlichen Bereiche drückten sich in den Zahlen von 70 bis 90 aus. Das Scheitelchakra hatte, als Tor zum Unendlichen, die Zahl 100. Es gab noch höhere Ebenen, die aber erstaunlicherweise nicht durch ein weiteres Nach-oben-Gehen, sondern nur durch ein freiwilliges Wieder-Hinabsteigen erreicht wurden. Diesmal aber führte der Weg nicht vorn über die Stirn, sondern über den Hinterkopf hinab. So mühelos das vordere Hinaufgehen über die Stirn war, so anstrengend erlebte ich das Hinabsteigen über den Hinterkopf.

Es ging von einer Ebene zur nächsten, durch die Tore von 101, 102 zu 103, zu 104. Stets war es ein inneres Zurücktreten, eine Art Verzichtenkönnen, das das Eintreten in die nächste Ebene möglich machte. Dieser innere Weg führte vom Hinterkopf hinab bis zur Schädelbasis. Um weiter nach unten zu kommen, bedurfte es meiner ganzen Kraft, um all die die von innen her inspirierten Mudras durch meine Hände geschehen zu lassen. Die Ebene von 107 erreichte ich nur mit größter Anstrengung, damit war ich wirklich am Ende meiner Kraft und fragte: Wie komme ich in 108?

Da sah ich das Mantra »Om namah Shivay« wie feinsten Puderzucker über alle Welten verteilt, von der höchsten bis in die tiefste Ebene, und sah, dass jeder, der mit Hingabe den Namen Gottes wiederholt, beispielsweise in Form von »Om namah Shivay«, sofort im allerhöchsten Bereich ist. Das heißt, dass jeder einfache Mensch, der andächtig mit dem Namen Gottes die Erde pflügt, direkt im Höchsten ist.

Welch ein Teaching!

Wie tief ist Gottes Liebe, dass er es so einfach macht: So wurde mir gezeigt, dass der allerhöchste göttliche Bereich nicht durch eigene Anstrengung, sondern nur durch das Wiederholen von Gottes Namen zu erreichen ist.

Om namah Shivay. Ich überantworte mich dir, Herr.

Wenn zwei oder drei in meinem Namen zusammen sind

Es war im Jahr 1979. Vom untersten Teil, dem Fuß des Kailash baute man intensiv Erde und Steine ab, um weitere Tempel zu erbauen, alles per Hand, lediglich mit Schaufel und Schubkarren. Es war eine unglaubliche Aktion, die nur mit göttlicher Gnade möglich war.

Ein mit Erde und Steinen vollgepackter Schubkarren stand am Weg, als ich mit Babaji und einer älteren Dame vorbeikam. Er trug mir auf, diesen zum Hang hinzufahren.

Frischen Mutes packte ich den Schubkarren, doch es gelang mir nicht, ihn auch nur einen Millimeter von der Stelle zu bewegen, so schwer war er! Daraufhin bat Babaji die kleine ältere Dame, mir zu helfen. Zu meiner Überraschung konnten wir zusammen den Schubkarren plötzlich mit Leichtigkeit bewegen. Es war äußerst beeindruckend!

»Wenn zwei oder drei in meinem Namen zusammenwirken«, kann geschehen, was wir für unmöglich halten würden.

Ein Teaching zum 5. Februar

Es war der 5. Februar, der Tag der Einweihung von Jesus, wie mir Babaji im Februar 1979 offenbart hatte. Am Vormittag dieses besonderen Tages sollte ich mit einigen anderen den Garten unten um das Dhuni, den heiligen Feuerort, verschönern.

Im Herzen ganz erfüllt von der Bedeutung dieses Tages war ich gerade dabei, Unkraut aus einem Beet zu entfernen, als ich von Babaji einen Schlag auf den Rücken bekam. »This is not allowed. – Das ist nicht erlaubt.« Was wollte er mir damit heute sagen?

Ich verstand: »Für mich gibt es kein Unkraut. Ich arbeite mit allem, mit jedem Menschen, mit jedem Wesen.«

Wie so oft benutzte Babaji eine äußere Situation, um Inneres zu offenbaren. In einem anderen Zusammenhang war es gewiss gut, wenn Unkraut gejätet wurde.

Bei Babaji musste man immer wach, lebendig und flexibel sein – intuitiv verstehen können.

Babajis Füße massieren

Immer wieder ließ mich Babaji seine Füße massieren, stets empfand ich das Ölen und Massieren seiner Füße als großes Geschenk. Er ließ es nur so lange zu, wie ich im richtigen Bewusstsein war.

Wenn irgendein persönliches Gefühl hinzukam, musste ich sofort aufhören.

Manchmal hatte ich den Eindruck, ich würde die Kontinente dieser Erde massieren. Tiefes geschah dabei. Ein heiliger und oft sehr wundervoller Vorgang.

Wächter seines Königreiches

Es war 1983. Am Abend erklärte mir Babaji: »Tomorrow I paint for you! – Morgen werde ich für dich malen!« Sehr ungewöhnlich, denn sonst malte er stets ganz spontan, ohne Ankündigung. Und ich musste immer bereit sein und die Farben in meiner Tasche parat haben.

Am nächsten Morgen wurde mir jedoch gesagt, ich solle »Watchman of His Kingdom« sein, Wächter seines Reiches.

Es war ein neues Lila (Spiel), das Babaji kreiert hatte: Wer immer für diese Aufgabe ausgesucht war, sollte am Ausgang des Ashrams zum Wald hin mit einem Stab bewaffnet auf ein Dach steigen und aufpassen, wer hereinkam.

Einen Moment dachte ich: »Wie schade, Babaji hatte doch gesagt, er würde heute für mich malen, und jetzt muss ich Wächter sein!«, aber die Pflicht kommt immer zuerst, das war klar.

Also stand ich stundenlang mit dem Stab auf dem Dach in der Sonne.

Ich hatte einen kleinen Block in meiner Tasche und fing an, spontan etwas zu zeichnen. Dabei musste ich ständig an die Gralsburg denken.

Gegen Mittag wurde mir sogar Essen heraufgebracht, doch weil ich Babaji wenigstens kurz begrüßen wollte, sorgte ich für ein Ablösung. Er lagerte auf seinem Mäuerchen, wie immer mittags, an der Stelle, wo es zu seinem Kutiya, seinem kleinen Zimmer, hinunterging. Schon von Weitem rief er mir zu: »Where have you been? I told you, I would paint for you! – Ja, wo warst du denn? Ich hatte dir doch gesagt, ich würde für dich malen!«

Völlig unerschrocken ging ich zu ihm hin und sagte: »Du hattest mich zum Wächter deines Reiches gemacht. Schau, ich habe etwas für dich gemalt«, und zeigte ihm die kleine Skizze, worauf er strahlend meinte: »I painted this! This is a door to Heaven! – Das habe ich gemalt. Es ist ein Tor zum Himmel!«

Dieses Bild steht als Zeichen für den »Quell des Heilens«, den glücklichen Ort, den Babaji durch uns am Bodensee geschaffen hat.

Beim Aufbau des Ganzen gab er uns das Gefühl, dass wir freudig alles selbst entdeckten und ausführten, doch er war es, der alles inspirierte und durch uns tat.

Beim Malen

Wenn Babaji malte und ich direkt bei ihm saß, schenkte er mir immer das Gefühl, als würden wir gemeinsam malen. Ein vollkommen kollegiales Gefühl, es war einfach schön!

Einmal hatte ich eine kleine Skizze von der Gralsrunde gemacht und sie, entgegen meiner sonstigen Art, sehr figürlich ausgearbeitet. Ich brachte sie Babaji. Er sagte prompt: »I no like! – Ich mag es nicht.« Dann wollte er den Malblock haben und legte los.

In großen Zügen malte er mit ein paar Pinselstrichen ein wunderschönes Bild, damit mein ureigenes freies Malen bestätigend.

Babaji beim Malen mit Nila

Ein anderes Mal hatte er auf einem sehr großen Block ein Bild ausführlich und lange gemalt, mit einem großen goldenen Berg und differenzierten Vorgängen. Ich sollte es in mein Zimmer mitnehmen, ebenso zwei weitere große Bilder von ihm. Ich war überzeugt, sie seien für andere bestimmt, weil er mir ja schon zwei ganze Bücher gemalt hatte. Das Bild mit dem goldenen Berg brachte ich ihm zurück und sagte: »Babaji, willst du daran nicht noch malen? Ich finde, das sieht noch nicht fertig aus.« Da antwortete er: »No! This is finished. – Nein! Es ist fertig«, und schenkte mir alle drei Bilder.

Babajis zweites gemaltes Buch und seine Weiterführung

Babaji hatte mir 1979 ein wunderschönes Buch bis zur Hälfte bemalt, das man »die Verwandlung des OM« nennen könnte.

1980 brachte ich Babaji das Buch wieder mit und fragte, ob er darin weitermalen wolle. Er nahm das Buch, ging mit mir auf die Dachterrasse und hieß mich, mich in die Ecke der Terrasse zu setzen. Er selbst blieb in der Mitte auf einer kleinen Steinmauer sitzen. Nur wir beide waren da. Ich durfte also diesmal nicht zuschauen, wie er malte. Er war etwa zwanzig Minuten mit dem Buch beschäftigt. Natürlich schaute ich aus der Ferne, was er tat, und sah, dass er blätterte, nach vorn, nach hinten, dann wieder bei der einen oder anderen Seite länger verweilend. Babaji war sehr aktiv mit dem Buch beschäftigt. Schließlich sah ich, wie er einen dicken Filzstift nahm und etwas malte. Danach winkte er mich zu sich und übergab mir das Buch: »This is finished now! – Nun ist es fertig!«

Von dem, was er getan hatte, war nur zu erkennen, dass er ein ausdrucksstarkes »OM namah Shivay« auf das letzte von ihm bereits gemalte Bild gesetzt hatte. Es war ein grünes, sehr aufgerissenes Bild, das aussah, wie die Erde nach einer radioaktiven Verseuchung durch einen Atomkrieg aussehen könnte. In dem OM-Zeichen war die vordere Linie ganz nach oben gezogen, als würde die Schöpfung wieder zurück zum Schöpfer geführt.

Die zweite Hälfte des Buches, in der er so intensiv geblättert hatte, war, wie mir schien, leer geblieben.

Viele Jahre später entdeckte ein Freund, der mit radioästhetischen Messungen durch Babajis Bilder und auch durch die leeren Seiten ging, dass Babaji im Feinstofflichen die leeren Seiten bemalt hatte.

Ich erzählte Shastriji davon, und er erklärte: »Das sind Bilder, die Babaji durch dich hindurch malen wird.« Das wahrhaftig geschieht immer und immer wieder – äußerst beglückenderweise!

Einmal, das war erst vor Kurzem, wollte ich Farbspuren, die sehr dick geraten waren, wieder etwas wegnehmen, obgleich sie sehr schön aussahen. Das Bild sollte zu einer Ausstellung, und ich hoffte, dass es so schneller trocknen würde.

Im selben Moment war mit voller Intensität Babajis Präsenz zu spüren, ich hörte ihn innerlich sagen: »What are you doing, taking away the energy of my painting?! – Was machst du? Du nimmst die Energie aus meinem Bild weg!« Ich war natürlich erschrocken und hörte sofort auf, die dicke Farbe herunterzunehmen.

Ich hatte verstanden! Das werde ich bestimmt nie wieder tun.

Bhole Baba unterwegs

Shastriji erzählte, dass er sehr oft bei Babaji in seinem Kutiya, seinem kleinen Zimmer, schlief, das Babaji jede Nacht durch Man Singh von außen abschließen ließ. Das bedeutete, dass Shastriji auch nicht auf die Toilette gehen konnte, das musste er anders regeln.

Was Shastriji dabei erlebte, war, dass Bhole Baba viele Male nachts unterwegs war und stets rechtzeitig zurückkam, bevor Man Singh die Tür am frühen Morgen wieder aufschloss.

Ein Herz-Arati

Wieder war ein 5. Februar gekommen, jener Tag der Einweihung Jesu, von dem Babaji schon 1979 zu mir gesprochen hatte. Dieser Tag der Taufe Jesu im Jordan war der große Tag, an dem der Heilige Geist durch ihn auf die Erde herabkam und sie mit Licht erfüllte. Damit geschah die Initial-Erleuchtung der Erde und gleichzeitig die der Menschheit.

Es war am 5. Februar 1983, als ich Babaji fragte, ob ich vor ihm Arati machen dürfe. Seine Antwort war: »Ja, mit Hargovind zusammen«, der gerade neben mir stand.

Hargovind überließ mir die gesamte Vorbereitung. Am Nachmittag pflückte ich Blumen für eine schöne Blütenmala und bereitete eine große Prasadschale für alle vor. Statt eines Schals wie sonst hatte ich einen neuen, schneeweißen Sari für Babaji mitgebracht und fügte für ihn, den ich als Vater verstand, anlässlich dieses besonderen Tages eine Krone aus festem Papier mit indischen Goldbändern zusammen. Anschließend schnitt ich aus Karton ein Herz, bemalte es in der Mitte weiß, rundum in allen Regebogenfarben und fixierte am Rand nach allen Seiten hin Blumen, bis ein blühendes Sonnenherz entstand. Um es Babaji dann umhängen zu können, befestigte ich es an einer Sandelholzmala (Gebetskette).

Ich war so fieberhaft beschäftigt, dass ich zum Schluss keine Zeit mehr fand, wie beabsichtigt und für ein Arati üblich, die Blütenmala zu knüpfen. Schon läuteten die Abendglocken.

Festlicher Babaji beim Arati

Kurzerhand band ich aus den noch vorhandenen Blumen vier kleine Sträußchen und legte die übrigen Blüten einfach, zusammen mit allen anderen Schätzen, für die Abendandacht in eine Schale.

Babaji saß kerzengerade da, als ich anfing, den weißen Seidensari um ihn zu wickeln und versuchte, ihm das blühende Herz umzuhängen. Doch es wollte nicht über seinen Kopf gehen, die Kette war zu kurz. So blieb das blühende Sonnenherz oben auf Babajis Haupt, seinem tausendblättrigen Lotos, liegen, während die Mala rechts und links herunterhing und sein Gesicht umgab. Wohin aber jetzt mit der Krone? Der Platz auf Babajis Kopf war besetzt. Babaji meinte, ich könne sie Hargovind geben.

Ich versah Babajis Hände und Füße mit Duft und steckte von den vier Sträußchen spontan zwei zwischen seine Zehen und zwei in seine Hände, die er dafür perfekt aufrecht hielt. Die Schale mit all den übrigen Blüten legte ich einfach in seinen Schoß. Babaji spielte wirklich vollkommen mit. Da er keine Hand mehr frei hatte, um von dem angebotenen großen Prasadteller Früchte und Süßigkeiten zu nehmen, steckte ich ihm behutsam etwas davon in seinen Mund.

Wie ein vollendetes Murti saß er da.

Ein beglückendes Arati vor einem strahlenden Babaji folgte, der wie eine Sonne leuchtete. Und jeder der Anwesenden durfte dann kommen und vor ihm die Flammen führen.

Zum Schluss nahm er das blühende Herz von seinem Haupt und legte es auf meinen Kopf. Bevor ich mich's versah, war es heruntergerutscht und hing nun über meinem Herzen. Glücklich verteilte ich dann das Prasad an alle.

Anschließend kamen zwei indische Priester auf mich zu und fragten: »War das ein bengalisches Arati?« Lachend schüttelte ich den Kopf, ahnend, dass sie sich nicht vorstellen konnten, dass dies alles nirgendwo geschrieben stand, sondern aus der

Liebe heraus spontan entstanden und von Babaji in Liebe ebenso spontan beantwortet worden war.

Anhang

Der Trommler

Trommler, du trommelst dein Leben
durch Städte und Wüsten hindurch,
Trommler, du trommelst dein Sterben
durch diese Weise der Welt.
Trommler, was mag dich erlösen
vom endlosen Trommelschlag?

Botschaft der Trommel –
versiegelt.
Wie ist zu lösen das Siegel?

Im Wendekreis wird der Fliegende zum Fliehenden.
Sonnenschläfer war ich, wusste nichts von einer Botschaft,
einer Trommel, die es gibt.
Sonnenschläfer, da ich sah
Steine schlafen das Licht,
Blumen duften das Licht,
Vögel singen das Licht,
Menschen lächeln es.

Doch dann sah ich die Welt –
ich sah anderes: Soll dies das Leben sein?
Das Gehen von kleiner Freud zu großer,
von kleinem Leid zu großem,
mal diesem Freund, mal jenem Feind
oder Ausschauen – oder Einfall – oder Lust –

Und eine Arbeit hat man, die schon mal
bestimmte Stundenzeit im Tag erfüllt,

und sagt man sich noch wie zum Trost:
Das Wichtige – das Andere – nachher einmal dann …
Schattenversiegelte Welt – schwer zu leben
mit Menschen, denen ein schattenhaftes Licht
als wirklich und das Ganze scheint

– ja, scheint.

… ging ich die Lampenstraßen der Menschen entlang
durch Lampenhäuser und Straßen und Menschenschein
– durch, immer hindurch –
Gedankenhäuser und -straßen, Gedankenschein
und durch den Schein der Gedanken noch hindurch
– wo das Ende, wo? –,
da seh ich Bilder mir entgegenkommen,
aus deren Mitte ein Bote tritt –
Angst springt auf im Raum, sprengt Löcher in den Raum.
Bilder, all die Bilder –
bin das alles ich?

– ICH? –

Botschaft der Trommel,
da hörte ich den Ruf zum ersten Mal.

Sonnenschläfer einst? Erwacht bin ich, Schattentänzer nun.

Masken sind da, viele Masken,
tanzen muss ich, leben, sterben,
eine Maske nach der anderen:
durch – und – ab.

Wie viele Masken muss ich sterben noch,
bis es endlich aus mir leben kann?

Da, seht den Vagabunden an:

Vagabund,
hier bist du im Rot, suchst das Blau,
da hast du das Blau und suchst das Rot –
Gefangener, bist im Schwarz, suchst das Weiß.
Flieger, hast das Weiß, suchst das Schwarz,
alles das der Vagabund.
– Vagabund –

Und durch alles sucht er das Gold.

Botschaft der Trommel
– durch alles das Gold –

Warum diese Botschaft
versiegelt so tief ins Zeichen, ins Bild?

Ich fragte Fall aus Flieger und Fanfarenlust,
fragte Lust aus Träumerelend und Maskenmuss,
fragte die Masken: WARUM? Und vernahm:

… was hörte ich doch, was sagten sie mir?

Trommler, immer hör ich den Trommler nur –
Trommler, er trommelt sein Leben durch Städte und Wüsten hindurch,
Trommler, er trommelt sein Sterben durch meine Weise,
durch deine Weise, durch unsere Weise der Welt.

… ja, der Rhythmus, wie du wanderst,
seltsam fern die Liebe, die dich führt –
und dein Marsch geht durch die Bilder,
durch die Zeichen, lang, wie lang der Weg – – –

Doch ich glaube einer Reinheit
und erwarte den gespiegelten Ort meines Sterns.

*

Im Wendekreis wird der Fliehende zum Fliegenden.

*

Und da geschieht es, dass endlich
all die Bilder, all die Zeichen
überwunden sind – wir
bilder-, zeichen-, maskenlos
geworden sind –

und sterben können.

Du hast dein Gesicht gewonnen dann,
frei wird das versiegelte Licht,
und die Botschaft der Trommel, die lebt.
Erlöst ist der Trommler vom endlosen Trommelschlag.

geschrieben von Nila (Renata Caddy)
mit 21 Jahren in Berlin
inspiriert von Babaji
(Text in gekürzter Form)

Lord Shiva trinkt den Giftbecher

Babajis Mahasamadhi 1984

»Bitte, Babaji, wenn du gehst, ruf mich, und lass mich dann bei dir sein.«

Ich dachte damals, er würde, wie es vom Buddha erzählt wurde, irgendwo in den Wald gehen und dann vom grobstofflichen bis zu den feinstofflichen Körpern eine Hülle nach der anderen auflösen.

Ich wollte so gerne dann bei ihm sein.

Auf meine Frage hin erhob Babaji seine Hand und bewegte sie leicht, wie um zu sagen: »Was fällt dir ein?« – Aber er sagte nichts.

Als ich ihn im März 1983 am Ende meines Aufenthalts in Herakhan fragte: »Wann darf ich wiederkommen?«, sagte er: »You can come in January.« Als der Januar 1984 kam und ich meinen Flug buchen wollte, hörte ich von verschiedensten Seiten, Babaji sei für sechs Wochen unterwegs und: »Er will nicht, dass in dieser Zeit irgendeiner zu ihm kommt.«

Ich schrieb sofort nach Herakhan, ob das so sei, und hörte als Antwort von Babaji: »You come in March! – Komm im März!« Ich las »March«, und bei diesem Wort sah ich vor mir gähnende Leere! Er hatte mir doch »January« gesagt. Darum fragte ich dann noch einmal!

Ich rief Freunde in Indien an, um genau zu hören, wann Babaji wirklich wegfährt. Die Antwort war: »Am 20. Januar.« Ich vernahm eine innere Alarmglocke – aber wie! –, sofort zu ihm zu kommen. Der nächstmögliche Flug war am 17. Januar 1984.

Meine Freundin Gisela, die lange schon geplant hatte, im Januar nach Indien zu reisen, weil sie keine andere Zeitalternative hatte, flog mit mir mit.

Vom Flughafen Delhi aus nahmen wir sofort ein Taxi nach Haldwani, und von dort ging es gleich per Jeep weiter nach Damsite und dann zu Fuß nach Herakhan, wobei wir viele Male den Gautama-Ganga-Fluss durchquerten.

Am 18. Januar kamen wir um drei Uhr nachmittags oben bei Babaji an. Er empfing uns, auf seinem Mäuerchen sitzend. Eine so tiefe Schwingung der Liebe, ohne Worte, ging von Babaji aus, dass uns fast die Tränen kamen.

Sogleich durfte ich seine Füße massieren und ölen. Er fragte: »Which is Heartoil?« – »Das Rosenöl«, antwortete ich. Jeden Tag ließ er mich dann seine Füße massieren. Es war so intensiv!

Babaji fuhr nicht, wie ich aus Delhi gehört hatte, am 20. Januar weg, sondern erst am 21. Januar, und er ging nicht für sechs Wochen, sondern nur für sieben Tage mit ein paar männlichen Begleitern auf Reisen. Jeder Moment, in dem ich mit ihm zusammen war, war von solcher Tiefe, Worte können es nicht ausdrücken.

Wie er gab! Was er innerlich offenbarte …

Wieder und wieder erfuhr ich ihn als das reine Sein, das alles durchdringt – und nicht nur das, auch als tiefes liebendes göttliches Ich, das, auf allen Ebenen, voller Erbarmen unsere Lasten von uns nimmt, wenn wir ihm alles übergeben.

Am Abend bevor er fuhr, sagte ich zu ihm: »Babaji, es ist zu viel, was du auf dich nimmst!«

Ich hatte es einfach gesehen.

Am Morgen vor seiner Abreise verkündete er, dass drei seiner Schüler in der Zeit seiner Abwesenheit vor seiner Türe sitzen und meditieren sollten, und zwar vierundzwanzig Stunden lang. Einer davon war ich. – Ich fühlte die Liebe, die ihn das sagen ließ.

Als Babaji zurückkam, war wieder ein Tag reicher, tiefer und kostbarer als der andere. Er gab und gab, fast gab er mehr, als wir aufzunehmen vermochten – ganz sicher mehr, als ich aufnehmen konnte.

Am 5. Februar 1984 bat ich Babaji, vor ihm Arati machen zu dürfen. Es war von allen Aratis das allerschönste. Ich sah ihn als das reine leuchtende Sein, als die inkarnierte Ewigkeit, als das Innerste von allem, was ist, das alles trägt, löst und befreit, was bereit ist, befreit zu werden.

Zugleich immer neu und tiefer das Wissen und die Erfahrung: Babaji, mit seinem Erbarmen, ist auch der Herr des Grals und der Transformation der Materie.

Am 9. Februar wurde von einem sehr alten, feinen Inder, einem Schüler von Mahendra Maharaj, der gerade angekommen war, eine Rede gehalten. Darin drückte dieser leuchtend und klar aus, dass Babaji die Inkarnation höchsten göttlichen Erbarmens sei, reine höchste Liebe, und dass er das ewige Sein ist, in allem.

Er sprach mir wirklich aus der Seele.

Babaji forderte ihn dann auf, der Reihe nach einige von uns zu umarmen. Erst die von Babaji zu Yogis eingeweihten Männer, dann rief er mich nach vorn, und dann noch zwei weitere Frauen. Der alte Inder umarmte jeden Einzelnen von uns. Durch die Umarmung schien das Wissen des alten Inders auf uns übertragen oder unser eigenes inneres Wissen bestärkt zu werden.

Am nächsten Abend, dem 10. Februar, sollte der weise alte Inder auf Babajis Geheiß wieder eine Rede halten. Jetzt sprach er über die göttlichen Inkarnationen und ihre Kalas, das heißt die Machtaspekte, die sie mitbrachten.

Rama kam mit zwölf Kalas, Krishna zunächst mit acht Kalas und bekam durch die Gnade von Herakhan-Baba noch weitere acht hinzu, hatte also sechzehn Kalas. Rama und Krishna waren Vishnu-Inkarnationen. Als Mahendra Baba kam er mit 108 Kalas, und jetzt als Herakhan-Baba kam Babaji mit 1008 Kalas.

Ich muss gestehen, dass ich über diese Vergleiche in Staunen versetzt war, über diesen immensen Unterschied von Rama mit zwölf und Babaji mit 1008 Machtaspekten, er war also mit seiner ganzen Macht gekommen.

Am nächsten Morgen, dem 11. Februar, gab Babaji, auf seiner Terrasse auf einem Stuhl sitzend, im Fieber Darshan. Er empfing die Ersten, die kamen, leicht singend. Babaji hatte einen schwarzen Pullover an, und wie in all diesen Tagen durfte ich neben ihm sitzen, zusammen mit ein paar Yogis.

Ich hatte noch Fragen bezüglich der gestrigen Rede des Inders. Das ganze bewegte mich einfach.

Da begann Babaji, Flusen aus seinem schwarzen Pullover herauszuziehen und sagte dann prompt zu mir: »This outside!«, als ich die heruntergefallenen Flusen aufsammelte. Mir war klar, was die Flusen bedeuteten: Sie waren Ausdruck meines Fragens, meines Zweifelns wegen der gestrigen Rede, das er damit restlos von mir nahm.

Wie immer war es jeden Tag aufs Neue spannend und erhellend, zu erleben, wie Babaji auf die Menschen einging, die in der Schlange standen, um zu ihm nach vorn zu kommen. Da ich neben ihm auf dem Boden saß, konnte ich sehr genau beobachten, in welcher Verfassung der eine oder andere war, der zu ihm kam, und wie Babaji antwortete.

Den einen segnete er, den anderen ignorierte er, er schaute weg oder gähnte gar, den Nächsten strahlte er an, er schenkte ihm etwas, oder er schaute einfach voller Mitgefühl. Von Sekunde zu Sekunde wechselte das, oft ganz subtil. Es war ein immer lebendiger tiefer Darshan – ich bin du, und ich führe dich –, auch jetzt, da er in hohem Fieber war …

Ich fragte Babaji noch wegen meines Rückflugs, den ich für den 17. Februar gebucht hatte, ob ich bis Shivaratri oder länger bleiben dürfte. Darauf sagte er: »Tomorrow you go to Delhi and change the ticket!«, und dann: »After Shivaratri you can go!« Er streckte seine Füße aus – und während ich all die Tage zuvor seine Füße hatte massieren dürfen, meist, wenn alle gegangen waren, durfte ich das heute nicht.

Ich sah seine ausgestreckten Füße mit den weißen Socken, und auf einmal durchfuhr es mich: »Die weißen Füße der Ewigkeit.«

Beim Darshan hatte ihm ein junger Mann ein Buch über Hiroshima mitgebracht. Babaji schaute das Buch sehr aufmerksam an. Ein anderer hatte Babaji ein paar Orangen, eingewickelt in eine Weltkarte, überreicht. Auch diese Karte schaute er lange und sehr aufmerksam an, und er wurde traurig dabei. Dann bat er um eine Minute Schweigen für Andropow, das Staatsoberhaupt der Sowjetunion, der gegangen war.

Am Nachmittag wurde das Wetter ganz seltsam, viel Donner ohne Regen, es lag etwas Unheimliches in der Luft.

Babaji war krank, er kam nicht in die Kirtanhalle zum Abend-Darshan. Das hatte ich noch nie erlebt. Doch seine Lichtpräsenz war ganz intensiv spürbar. Es hieß, er hätte etwas mit den Lungen, wie eine Lungenentzündung, und hohes Fieber.

Sofort kam mir der Gedanke: »Da nimmt er die verpestete Luft der Zukunft auf sich!«

Ich fragte innerlich: »Was können wir für dich tun?« Mir kam die Idee, eine Puja für die Heilung der Luft zu machen. Ich erfand einfach eine Puja unten am Fluss.

Am nächsten Morgen sollte ich nach Delhi fahren. Undenkbar für mich, in dieser Nacht einfach zu schlafen, wenn Babaji so krank war, dass er nicht einmal zum Darshan kam. Nach dem Abend-Arati, als es im Ashram still geworden war, begann ich draußen auf dem Platz, der zu seinem Kutiya führte, im Gebet um Heilung für ihn zu tanzen.

Oft hatte ich andere sagen hören: »Babaji hilft immer uns, doch was können wir schon für ihn tun? Kann man da nicht nur sagen: ›Herr, hilf dir selbst!‹?«

Mir fiel das Gesetz ein, das Christus uns gegeben hatte: »Wenn zwei oder drei in meinem Namen zusammen sind …«, und so betete ich für Babaji, auf dass die Liebe zwischen dem menschlichen und dem göttlichen Wesen ihn heilen möge.

Das Unglaubliche geschah: Sein Duft kam, der Duft, der sonst nur für Sekunden von ihm geschenkt wurde – und jetzt blieb dieser göttliche Duft für Stunden! An der Stelle, wo auf der kleinen Mauer, die oben auf der Terrasse um sein Kutiya herumführt, das OM gemalt ist, stand der Duft wie eine lebendige Präsenz. Für Stunden und Stunden und Stunden. Welche Antwort, welche Gnade!

So tanzte ich voller Seligkeit die Nacht hindurch in der Präsenz seines göttlichen Duftes, im Gebet um Heilung für ihn.

Am Morgen war ich überzeugt, dass es Babaji viel besser gehen würde, und ich wartete an seinem Törchen.

Einer, der aus seinem Kutiya heraufkam, antwortete auf meine Frage »Wie geht es Babaji?«: »Nicht besser! Babaji sagt: Outside pain, inside good. – Außen Schmerz, innen gut.«

Oh … und ich dachte, er wäre ganz sicher geheilt nach dieser wunderbaren Nacht. So fiel mir nur noch ein, ihm Tigerbalsam zum Einreiben und einen frisch im Gautama-Ganga gewaschenen und im Wind getrockneten neuen weißen Schal zum Wärmen bringen zu lassen, im Gebet, dass es ihm helfen möge.

Kurz darauf erschien tatsächlich Babaji zum Darshan auf seiner Terrasse. Ich war die erste, die hinunterlief, und fiel in tiefer Ergriffenheit flach vor ihm zu Boden.

Babaji war ganz verhüllt, man sah nur seine Augen und seine Nase. Er war, wie mir schien, genau in diesen weißen Schal gehüllt.

Er erhob seine Hand zum Segen, und ich sah, wie ich es noch nie zuvor gesehen hatte, den Segen von weit her durch seine Hand hindurchströmen. Wie aus einer großen Ferne segnete er jeden Einzelnen von uns. Er war vollkommen ernst, schweigsam, uns alle tief ergreifend.

Zum Schluss sagte Babaji leise und sanft zu mir und einer Frau, die neben mir saß: »Jao! – Geh!« Es war am Ende des Darshans, die meisten waren schon gegangen. Ich verneigte mich tief, nicht ahnend, dass es mein letzter Darshan von Babaji in dieser menschlichen Form war.

Als ich aufstand, sah ich, dass genau in dem Moment unten im Tal der Truck kam, mit dem ich fahren sollte. Ich nahm diesmal den Truck, um möglichst schnell nach Haldwani zu kommen und dann weiter nach Delhi und wieder zurück.

In Haldwani traf ich kurz Muniraj, der mir überraschend sagte: »Wenn du zurückkommst, kannst du auch den Nachtbus nehmen.« Ich hatte gar nicht gewusst, dass es einen Nachtbus gab. Er fügte noch hinzu: »Wenn du ankommst, kannst du in mein Haus kommen.«

Am nächsten Tag, dem 13. Februar, in Delhi, konnte ich mit Gottes Hilfe mein Rückflugdatum bei der Travel Agency mühelos ändern.

Ich wohnte bei Familie Lal. Die alte Dame, Vimla Lal, die ich sehr gern hatte, bat mich: »Bleib doch und sieh mein neugeborenes Enkelkind!« Das tat ich auch, aber dann erfasste mich eine unglaubliche Eile, zurückzukehren.

Ich nahm den Nachtbus und erschien dann nachts um zwei oder drei Uhr vor Munirajs Haus, dankbar, dass ich zu dieser Zeit dorthin gehen durfte. Seine Söhne erzählten mir, dass Babaji Muniraj gerufen hatte, sofort zu kommen!

Das hatte zur Folge, dass in mir wieder die innere Sturmglocke läutete und ich sofort nach Herakhan aufbrechen wollte. »Bitte, bitte, besorgt mir irgendeine Gelegenheit, jetzt nach Dhamside zu fahren!«

Seine Söhne erklärten mir: »Nobody will drive you in the night!« Über diesen holprigen Weg! Ich bestand darauf.

Schließlich fanden sie einen Onkel, der bereit war, mich in der frühen Morgendämmerung, nicht vorher, zu fahren.

In Dhamside angekommen, wollte mich jeder davon abhalten, gleich weiterzugehen: »Warte, später gibt es einen Truck.« Doch ich war schon auf meinem Weg durch den Fluss, ganz allein in den aufbrechenden Morgen hinein.

Ich kam morgens, kurz nach acht Uhr, in Herakhan an. Es war Dienstag, der 14. Februar 1984.

Muniraj kam gerade die Treppe herauf aus Babajis Zimmer. Auf meine bange Frage »Wie geht es Babaji?« antwortete Muniraj: »Heart pain – Herzschmerzen!« Ich holte sofort Herztropfen und gab sie Muniraj für Babaji. – Bange wartend da oben.

Dann hörte ich, dass Babaji inzwischen die größten Schmerzen durchgestanden hatte. Am 12. Februar hatte er zu Gora Devi gesagt: »Mein Herz ist gebrochen, verwundet von tausend Messern, mein Körper hat Tausende von Wunden, und niemand ist da, mich zu heilen. Warum, oh warum? Mond, Sonne und Sterne sind alle in mir, und ich trage die ganze Last des Universums.«

Er ließ Kharku, einen seiner Yogis[7], ein Shri-Yantra an sein Herz halten, eine Stunde lang, und dabei sang Babaji Liebeslieder von Mira, die Gora Devi übersetzte, während er selbst dann auch das Herz des Schülers berührte. Welche Liebe!

Am 13. Februar ging es Babaji noch schlechter. Ich hörte, dass er, gestützt von zwei Yogis, Schritt für Schritt zum Sheesh Mahal wankte, einem großen für ihn gebauten Raum in der Nähe seines kleinen Kutiya. Sein Gesicht war grau, er konnte kaum atmen.

Ein anderes Mal, als einer der Yogis ihn begleitete und ihn dabei innerlich fragte: »Wie kannst du der Herr des Universums und jetzt so schwach sein?«, da habe sich Babaji aufgerichtet und sei strahlend leichten Schrittes weitergegangen, wie um zu zeigen: Natürlich kann ich das, aber so wird das Leid nicht transformiert – und schon ging er wieder in den Schmerz hinein, war krank, nach Atem ringend, wankte, musste gestützt werden.

Im Sheesh Mahal sitzend, schaute Babaji wieder in das Buch über Hiroshima, lange, und sagte leise: »Zu viele Krankheiten habe ich in mich aufgenommen, jetzt muss ich sie alle auflösen.«

---

7 Babaji hatte im August 1981 unten am Flussstrand unter den Felsen ein neues Dhuni bauen lassen, wo immer das heilige Feuer brennen sollte, und hatte einigen der Menschen aus dem Westen, die in Herakhan bleiben wollten, eine Yogi-Einweihung gegeben und sie zu Wächtern des heiligen Feuers gemacht.

An diesem 13. Februar gab Babaji gegen Mittag einen kurzen öffentlichen Darshan, den letzten.

Babaji war auf Lungenentzündung hin behandelt worden, und als er gebeten wurde, die Medizin zu nehmen, lachte er, nahm sie ein und bemerkte, dass er keine Luft bekam.

Einmal in größtem Schmerz – dann wieder heiter, noch Teachings gebend. Niemand ahnte, was bevorstand.

In seinem großen Schmerz war er wieder und wieder von seinem Bett aufgestanden. Einmal trat er in die Mitte der fünf oder sechs Yogis, die bei ihm waren, und ließ sie gleichzeitig von allen Seiten ihre Hände auf ihn legen. So bildete er die Mitte des Rads, die anderen die Speichen. Das ließ er dreimal wiederholen.

Mir kamen Worte von Babaji in den Sinn, die er etwa vor einem halben Jahr zu nur wenigen, ihm sehr nahe Stehenden gesagt hatte. Als eine der Frauen weinte und sich flehend an ihn wandte: »Oh Baba, oh Baba …«, unterbrach er sie:

»No Baba, no Baba, only Adesh! – Kein Baba, kein Baba, nur das Gesetz!«

»Ich weine nie, denn nichts von dieser Welt berührt mich noch.
Wer immer geht und kommt, ist geboren oder stirbt.
Keine Bindung, welcher Art auch immer, ist in mir für diese Dinge.
Mein Herz ist ausgetrocknet und Stein geworden.
Alle Tropfen haben den Ozean verlassen.
Aber wer ohnehin fragt nach meinem Schmerz?«

So stand ich am 14. Februar oben am Mäuerchen und blickte in banger Erwartung hinunter, wo außerhalb von Babajis Kutiya sechs oder sieben Yogis warteten. Bei Babaji waren Muniraj, Gohari, der junge Tempelpriester und Ramesh Batt.

Dann kam die Nachricht von unten: »Babaji atmet nicht mehr, aber seine Hände und Füße sind noch warm.«

Etwas später wurde gesagt, dass Hände und Füße nun auch kalt würden. Einer der Yogis, der Arzt war, fügte hinzu: »Klinisch müsste man sagen, er ist tot.«

Keiner wollte und konnte das glauben.

Genau zu der Zeit fühlte ich einen machtvollen Lichtstrahl auf meiner Stirn. Das war etwa um halb zehn Uhr morgens.

Wir dachten alle, er sei im Samadhi und würde zurückkommen … Es war ein langes Warten.

Schließlich ging ich auch hinunter und sah, wie Babaji da auf seinem Bett lag in seinem kleinen Kutiya. Sein Gesicht sah aus, als wäre er durch einen mächtigen Sturm gegangen, als hätte er eine große Schlacht geschlagen. Gewaltig.

Auf seiner Decke waren Flecken …

Es war eine absolute Stille um ihn.

Draußen schien die Natur den Atem anzuhalten, kein Vogel sang. Stundenlang.

An der Stelle oben auf der Terrasse, genau über seinem Kutiya, wo noch vor zwei Nächten sein wunderbarer Duft mich berührt hatte, war jetzt eine Art Sog, eine Leere zu spüren und ein Geruch von nassem Kalk.

Als die von Babaji eingeweihten Yogis heraufkamen, die unten gewartet hatten, und einer sehr weinte, da umarmte ich ihn fest und hörte mich, voller Kraft, sagen: »Das ist nicht erlaubt!«

Ich war so erfüllt von Babajis Kraft der Freude und des Lichts, gar nicht von Schmerz.

Babaji hatte mich immer, und besonders in den letzten Tagen, so intensiv sein Sein erfahren lassen, seine Ewigkeit, mich über den Körper weit hinausgeführt in: »Ich bin die Mitte von allem, was ist, ich bin das Licht, das, alle Materie durchdringend, weit hinausstrahlt, weit, weit …«, und jetzt war ich so von der Freiheit und Macht des Lichts durchdrungen, dass da kein Platz für Traurigkeit war.

Lange blieb das so.

Babaji, der mit jedem Atemzug die Themen, Probleme und den Schmerz der Welt in sich aufgenommen, voll Erbarmen und in äußerster Demut alles verwandelt hatte – ungeachtet dessen, was Menschen dachten oder sagten –, er hat gelitten bis zuletzt und war zugleich ewig frei.

»Weinst du jetzt, weil du dich ohne seine physische Präsenz allein gelassen fühlst? Du weißt doch, Babaji ist absolut treu, er wird dich weiter führen, von innen her.

Oder weinst du, weil du sein Leid vielleicht sahst, aber nicht wagtest, wirkliches Mitgefühl ihm gegenüber in dir zuzulassen, und so auch nicht die Parzival-Frage zu stellen vermochtest: ›Warum leidest du? Was hast du? Was kann ich für dich tun?‹?«

Am Abend dieses 14. Februars 1984, des Valentinstags, der in der westlichen Welt als Tag der Liebe und Freundschaft gefeiert wird, ließ Muniraj die Botschaft in die Welt hinausgehen, dass Babaji seine menschliche Form verlassen hatte.

Babaji hatte Muniraj – Shri Maha Muniraj – die Verantwortung für alles übergeben. Er hatte immer gesagt, Munirajs Arbeit werde beginnen, wenn er, Baba, gehe.

Babaji hatte uns alles gegeben, was zu geben war. Was wollten wir noch?

Während Babajis menschliche Form noch unten in seinem kleinen Kutiya lag, wurde in der Nacht »OM namah Shivay«-singend gewacht.

Muniraj war unten bei ihm und abwechselnd auch einige von denen, die immer im Ashram lebten, wie Gohari, Man Singh, Gora Devi, OM Shanti und Swamiji. In dem kleinen Zimmer hatten nur ganz wenige Platz.

Am frühen Morgen wurde Babajis menschliche Form auf ein Bett, das mit Eisblöcken und Decken bedeckt war, draußen auf seiner Terrasse unter seinen Pipalbaum gelegt. Während Babajis Gesicht am Tag zuvor noch wild ausgesehen hatte, wurde nun sein Antlitz von Augenblick zu Augenblick immer inniger, immer schöner.

Gegen neun Uhr kamen die ersten indischen Anhänger von außerhalb an, Babajis nahe Schüler, Sheela als Erste von Bombay, Deviji und ihr Mann Lakshmi, Gopiji und andere – schöne Menschen.

Gegen Mittag kam auch Shastriji, der von Rajgarh eine lange Reise gehabt hatte – Babajis geliebter Shastriji –, zusammen mit Dr. Rao und vielen Schülern.

Mehr und mehr Menschen kamen – zahllos viele.

Wir wenigen Westler wachten zusammen mit den indischen Devotees den ganzen zweiten Tag bei ihm, seiner menschlichen Form.

Wie jung und schön Babajis Körper nun da ruhte, in voller Unschuld.

Stundenlang stand ich neben seinem Leib und nahm ihn ganz ins Herz. Auch wenn es mir damals noch nicht fassbar und bewusst war, fühlte ich, dass ganz Tiefes mit Babajis Leib geschah (siehe S. 253).

Am Abend erhellte sich der tagsüber noch nebelverhangene Himmel, die Luft wurde sanft wie Seide.

Als an diesem Abend Pujari und ich die Ashram-Treppen hinunterliefen, schweifte unser Blick nach oben zum Himmel: Da war der leuchtende volle Mond, umgeben von einem riesig weiten, wie aus feinsten Diamanten gebildeten Kreis. – Wahrhaft ein Zeichen Gottes!

Voller Ehrfurcht hielten wir inne. Nie zuvor und nie nachher habe ich so etwas gesehen. Es war ganz und gar überwältigend!

In dieser zweiten Nacht, die sanft, warm und so voller Liebe, voller Süße war, wachten viele bei Babajis menschlicher Form, die er verlassen hatte.

In dieser ganzen Zeit schlief ich, wie gewiss so mancher andere auch, sehr wenig, fast gar nicht. Es waren enorme Energien da …

Am 16. Februar waren ganz früh am Morgen wieder alle um seinen Leib versammelt. Wir sangen …

Babajis Antlitz war wunderschön, innig leuchtend – wie ein Murti. Als solches war er auch verehrt worden. Sein Leib war nun geschmückt mit einer Fülle von Blumen und Malas.

Er, der Ewige, der in diese Welt, die Maha Maya, hineingetanzt war mit all ihren Themen, der in seiner Liebe unsere Probleme auf sich genommen hatte, der auch seine Lilas mit uns gespielt hatte, um uns zu befreien, er hatte das Wesen der Vergänglichkeit voll in seine menschliche Form aufgenommen und darin transformiert, um dann dieses Murti, seine menschliche Form, durch den Tod zu führen und der Mutter Erde zu schenken.

Es ist bedeutsam, dass Babaji diese seine menschliche Form, in der er so viel transformiert hatte, nicht wieder in Licht auflöste wie früher, sondern diesmal damit durch den Tod ging, um sie der Erde zu geben – in dieser besonderen Zeit der Menschheit und Weltgeschichte.

»Ich verneige mich vor dir,
oh Wächter des Südostens.
Herr des Weltalls,
Verkörperung ewiger Glückseligkeit,
allmächtiger Gott, alles durchdringender Geist,
der du bist die Verkörperung der Veden.
Ich verehre dich, Shiva, oh Herr,
der du erstrahlst im Licht des Seins,
das war, ehe die Schöpfung wurde.

Du bist ungeteiltes, sehnsuchtsfreies,
allumfassendes Bewusstsein,
umkleidet allein mit Äther,
dem Element reinsten Lichts.
Ich verneige mich vor dir
als dem höchsten Herrn,
der du bist jenseits aller Gestalt,
transzendent,
Urgrund alles Geschaffenen.

Durch das Wort nicht definierbar,
durch das Bewusstsein nicht erfassbar,
durch die Sinne nicht wahrnehmbar.
Schrecklich bist du, doch gnadenreich,
Same des Urklangs OM.
Herr des Kailashberges,
Verschlinger selbst der kosmischen Zeit,
Essenz aller Tugenden.
Ich verehre dich, Shankara,
du Gnadenreicher,
Herr des Alls,
geliebt von aller Kreatur,
doch unergründlich zugleich.«

Verse zum Lobpreis Shivas von Tulsidas

Wir sahen das stille Antlitz der Liebe, Lord Shiva in menschlicher Form.

Inzwischen war auch der Gouverneur von Uttar Pradesch nach Herakhan gekommen, ein inniger Verehrer von Babaji, sowie unzählige andere Menschen.

Neben der Kirtanhalle hatte man eine große tiefe Öffnung ausgegraben und mit kostbaren Seidentüchern ausgelegt.

Das Antlitz der Liebe – Lord Shiva in menschlicher Form

Babajis menschliche Form wurde unter anderen von sieben seiner Yogis vom Platz unter dem Pipalbaum zu dem für ihn ausgehobenen Grabplatz getragen und dort sachte in die Erde niedergelegt, mit dem Haupt im Süden, nach Norden zum Kailash-Berg schauend.

Das war am Donnerstag, dem 16. Februar 1984, dem Vollmondtag im Wassermann, einem strahlenden Tag, zwischen elf und zwölf Uhr.

Babajis Antlitz war so innig und schön.

Er war umrahmt von Blüten, Malas, getränkt in Parfüm, versehen mit all den rituellen Dingen wie einem Eimer Wasser, einer Decke, Baumwollschals, Nahrung, Gewürzen, Räucherwerk, Geld, Seiden und einem Meer von Blumen.

Ich sah das alles ganz genau, denn ich stand oben mit zwei oder drei anderen auf einem ganz schmalen Stück Erde am Rand der Kirtanhalle – direkt darunter war sein Grab.

Die wogende Menge drängte sich nur so zum Grab.

Muniraj, Shastriji und der Gouverneur Singh führten für uns alle das letzte Arati vor Babajis menschlicher Form aus.

Danach wurden Weihrauch und kiloweise Reis um seinen Körper gelegt, getrocknete Früchte und viele Kokosnüsse. Dann kam Salz und Salz und Salz auf ihn, 500 Kilogramm Salz. Wie tief berührend, als die erste Gabe Salz auf sein Angesicht fiel.

Am Ende bedeckte Erde die irdische Form von Babaji. Alles war so ergreifend, dass man es gar nicht fassen kann.

Zu meinem Erstaunen waren dann die meisten der zahllosen Menschen ebenso schnell, wie sie gekommen waren, wieder verschwunden.

In den nächsten Tagen waren Babajis Präsenz und innere Führung unglaublich stark spürbar. Jeder hat das auf eine andere Weise erlebt, ich besonders durch seinen göttlichen Duft. Immer, wenn ich in der Schwingung der Liebe, der Herzenseinheit mit jemandem war, entstand sein vollkommen beglückender Duft.

Verwunderlich, dass in den folgenden Tagen nur wenige dort saßen, wo sein kostbarer Leib unter der Erde lag.

Ich hatte das starke Bedürfnis, ihn auch dort zu ehren, wollte meine tiefe Dankbarkeit ausdrücken für alles, was er auf sich genommen, für das Opfer, das er vollbracht, und für das Unendliche, das er uns in dieser Erscheinungsform geschenkt hatte.

Die menschliche Form Babajis, die wir hier in die Erde von Herakhan gelegt haben, ist dieselbe Form, in der Babaji zu Beginn des 19. Jahrhunderts oben auf dem Herakhan-Kailash aus einer Lichtkugel heraus erschienen war, als ein strahlendes Wesen im Alter zwischen 20 und 25 Jahren.

Diese menschliche Erscheinungsform des göttlichen Wesens wurde dann durch Yogananda bekannt als Mahavatar Babaji, später auch Baba Herakhan genannt, den viele kannten und sehr verehrten, auch wegen seiner zahlreichen Heilungen und Totenerweckungen. Im August 1922 dematerialisierte er sich dann vor den Augen einiger Schüler im Zusammenströmen von Kali- und Gauri-Fluss und begegnete weiterhin Einzelnen.

Im Juni 1970 erschien Babaji in derselben, nur verjüngten und etwas veränderten Form, in seiner Höhle am Fuß des Kailash – »Es ist immer derselbe Körper«, sagte Shastriji –, und seitdem war Babaji unter uns.

Seine menschliche Form verwandelte sich urgewaltig durch all das, was er dann auf sich nahm und transformierte.

Es ist wahrhaftig von großer Bedeutung, dass Babaji diese materialisierte menschliche Form, durch die er so viel gewirkt hat – mit phasenweisem Hiersein und Nicht-mehr-Hiersein –, nun nicht, was wohl alle Anhänger erwartet hatten, im Licht aufgelöst hat, sondern durch den Tod gehen ließ, um all das, was er darin transformiert hatte, der Erde zu schenken, der Erde von Herakhan. Die Erde brauchte diese Substanz. Das ist ein großes, äußerst kostbares Geschenk für sie!

Auch wenn Babaji diese physische menschliche Form dieses Mal durch den Tod gehen ließ:

»Er selbst ist nie gegangen!

Er kann jederzeit in jeglicher Form erscheinen«, betont Muniraj.

Babaji ist das ewige Wesen.

Er ist immer da, allgegenwärtig.

Er führt jeden und hilft jedem, der ihn von ganzem Herzen ruft. Um ihm zu danken für sein Opfer, das er in dieser Form vollbracht hatte, ließ ich im Ashram ein dunkelrotes Samttuch in

Form eines zwölfblättrigen Lotos nähen. In der Mitte des Samttuchs formte ich aus einer dicken Rudraksha-Mala ein großes OM, das ich auf das Tuch aufnähte. Dieses dunkelrote Tuch legte ich dann auf die frische Erde, unter die wir seine menschliche Form gelegt hatten.

Es lag dort lange.

Als ich ein Jahr später wiederkam, gab mir OM Shanti, eine Inderin, die im Ashram lebte, das Tuch wieder mit den Worten: »Ich habe es für dich aufbewahrt.«

Dieses Tuch ist später mit mir nach Tibet gereist zum dortigen Kailash, und dieses Tuch verwenden wir jeden Freitag bei einer bestimmten Meditation.

Über dem Platz, wo sein Leib in der Erde lag, wurde inzwischen ein Marmortempel gebaut.

Babaji ist auch der Gralskönig,
der in dieser Erscheinung nicht nur das Leid
des Landes und der Erde,
sondern eines viel Größeren auf sich nahm.
»Nicht nur die Erde ist in Gefahr,
das ganze Universum ist in Gefahr«,
hatte er wiederholt gesagt.
(Siehe: »Offenbarungen zu Babajis Mahasamadhi« S. 247–255)

Babajis Zeichen

Einmal ließ Babaji auf eine große Fahne sein Zeichen setzen: ein Kreuz und darauf das OM. Eine machtvolle Kombination:

Das OM, in das Kreuz gespannt, zugleich das OM, das das Kreuz erlöst.

Drei Tage nachdem Babajis Körper der Erde gegeben worden war, kamen mächtige Stürme, Gewitter mit prasselndem Regen, Hagel – die Elemente waren außer Rand und Band. Der Gautama-Ganga-Fluss war so angeschwollen, dass wir tagelang Herakhan nicht verlassen konnten, weder durch das Tal noch über die Berge.

In den Nächten war es sehr dunkel, fast unheimlich …

Es sollte zwölf Nächte lang oben in der Kirtanhalle oder unten im Dhuni, dem Ort des Heiligen Feuers nahe am Fluss, gewacht werden. Diese achteckige Feuerstelle des Dhuni hatte Babaji mit eigenen Händen liebevoll für das Feuer der göttlichen Mutter geformt. Jeden Morgen und Abend wird sie durch das Feuer geehrt. »Jeder kann dort Befreiung finden«, diesen Segen hatte Babaji dem Dhuni gegeben.

Nun tat es unendlich gut, in der Innigkeit des Dhuni zu sein, auch in den lebendigen Flammen Babajis Präsenz, Freiheit und Frieden zu fühlen – er und die Devi, die göttliche Mutter, sind eins.

Durch tiefe Herzensverehrung wird das göttliche Licht sichtbar.

Babajis Zeichen: das OM im Kreuz

Die göttliche Mutter als
Herakhandeshwari Ma

Worte von Babaji, im Februar 1984:

Liebe die ganze Menschheit!
Hilf allen Lebewesen!
Sei glücklich! Sei höflich!
Sei eine Quelle unerschöpflicher Freude!
Erkenne Gott und das Gute in jedem Gesicht!
Kein Heiliger ist ohne Vergangenheit,
kein Sünder ohne Zukunft.
Sprich Gutes über jeden!
Kannst du für jemanden kein Lob finden,
so lasse ihn aus deinem Leben gehen!
Sei originell! Sei erfinderisch!
Sei mutig! Schöpfe Mut – immer und immer wieder.
Ahme nicht nach! Sei stark! Sei aufrichtig!
Stütze dich nicht auf die Krücken anderer!
Denke mit deinem eigenen Kopf!
SEI DU SELBST!
Alle Vollkommenheit und Tugend Gottes sind in dir
verborgen – offenbare sie!
Auch Weisheit ist bereits in dir – schenke sie der Welt!
Lasse zu, dass die Gnade Gottes dich frei macht!

Anhang

So überraschend und plötzlich das Aufgeben seines Körpers für uns alle war, es gab doch verschiedene sehr genaue Hinweise, dass und wann Babaji seinen Körper verlassen würde. All das wurde aber entweder nicht verstanden oder erst danach bekannt.[8]

- 1971 hatte Shri Nantin Baba, ein bekannter Heiliger Nordindiens, öffentlich verkündet, dass Babaji eine Manifestation Shivas sei und dass er, nach ein paar Jahren, wenn er seine besondere Mission erfüllt habe, gehen würde, um dann als Knabe wiederzukommen.
- Im Februar 1973 wurde dies von Shri Gangotri Baba bestätigt, mit dem zusätzlichen Hinweis, dass Babaji voraussichtlich in sieben oder acht Jahren die Erde verlassen würde, es sei denn, es käme ein besonderer Schüler, dem zuliebe er noch ein paar Jahre länger bleiben würde.
- Ram Singh aus Okaldunga hatte schon 1970 angekündigt, dass Babaji 1984 weggehen würde.
- Im Jahre 1980 hatte Babaji einem Inder, Hem Chand Bhatt, gesagt, dass er Herakhan 1984 verlassen würde. Auf die Frage, wann er dann wiederkäme, antwortete Babaji, er käme zurück, wenn jemand ihn so sehr riefe wie Mahendra Maharaj.
- Im August 1983 sagte Babaji zu Ram Dass, einem seiner Yogis: »In sechs Monaten werde ich im Samadhi sein.« Ram Dass fragte sich, was Babaji damit wohl meinte, kam aber nicht auf die Idee, dass Babaji seinen Körper verlassen würde.
- Auch etwa zu dieser Zeit führte Babaji Man Singh, der ihm stets diente, zu dem Ort neben der Kirtanhalle und sagte ihm: »Hier wirst du das Grab für mich ausheben«, worauf Man Singh zu weinen anfing.

---

8 Vgl. Shyam, Radhe: Leben aus dem Sein. Ein Buch über Babaji. Reichel Verlag 1990.

- Gora Devi, Babajis erste westliche Schülerin, traf Babaji im Februar 1972. Er sagte ihr damals, dass sie zwölf Jahre bei ihm sein würde. Diese Zeit war 1984 vollendet, und sie fragte sich, was wohl geschehen würde.[9]
- Am 9. Februar 1984 kam auf Babajis Geheiß Makhan Singh Baba, ein Tempelpriester von Babajis Ashram in Madhuban. Babaji teilte ihm gleich nach seiner Ankunft mit, dass er am Morgen des 14. Februar seinen Körper verlassen werde, aber er solle mit niemandem darüber sprechen.

---

9 Vgl. Devi, Gora: Das Abenteuer einer Transformation. Zwölf Jahre mit Babaji. Reichel Verlag 1994.

Was Babaji uns lehrt, in seinen Worten

»I only like Zeroland – Ich mag nur das Land des Nichts«, das hörte ich Babaji einmal sagen und war tief berührt: Zeroland – das ewige Sein, Lord Shivas Reich, jenseits der Dualität, das zugleich alles, was ist, durchdringt und hält und trägt.

Auf die Frage »Wer bist du?« gab Babaji verschiedene Antworten:

»Ich bin niemand und nichts. Dieser Körper ist nur hier, um allen Wesen zu dienen. Mein Name ist Mahaprabhuji, der große Herr.«

»Ich bin wie Feuer. Bleibe nicht zu weit weg, sonst kannst du die Wärme nicht spüren. Doch komme nicht zu nah, um dich nicht zu verbrennen. Lerne den richtigen Abstand.«

»Ich bin überall.«

»Ich bin in jedem deiner Atemzüge.«

»Ich bin der Spiegel, in dem du dich selbst sehen kannst.«

»Ich bin Bhole Baba, der Vater, der einfach ist.«

»Ich bin gekommen, dir zu helfen, dich zu führen. Leg mir deine Last zu Füßen. Ich trage deine Last.«

»Ich bin gekommen, um euch zum Gewahrsein der Einheit jenseits der Dualität zu führen, um das Getrenntsein durch Glaubensbekenntnisse, Religionen und Kasten aufzulösen.

Es gibt nur eine Menschheit, seid menschlich!

Sucht die Bewusstseinserfahrung, dass wir alle eins sind.

Ich möchte euch eine Freiheit zeigen, über eure Vorstellungen hinaus, wo Löwe und Ziege gemeinsam aus einer Wasserquelle trinken.«

»Suche Harmonie in allem, was du tust. Ich bin Harmonie.
Wenn du im Frieden bist, bin ich es.
Wenn du beunruhigt bist, bin ich es.
Wenn du glücklich bist, bin ich es.
Sei glücklich!
Ich bin du.
Habe Vertrauen, alles hängt vom Vertrauen ab.«

»Trage den Namen Gottes immer in dir.

Der schnellste Weg, Gott zu verwirklichen, ist das immerwährende Wiederholen seines Namens. Durch das Wiederholen des Gottesnamens (des Mantras) wird der menschliche Geist gereinigt. Es ist das einzige Heilmittel für die Krankheit des Geistes.

Wenn euer Geist und euer Herz unrein sind, wie kann Gott darin wohnen?

Das Wasser, mit dem ihr euer Herz reinigen könnt, ist der Name Gottes. Jeder sollte den Namen Gottes wiederholen, überall auf der Welt.«

Insbesondere lehrte Babaji die Wiederholung des Mantras OM namah Shivay.

»Ich verneige mich vor Gott« –

oder: »Ich nehme Zuflucht in Gott – Ich überantworte mich dir, Herr«

oder, frei übersetzt: »Herr, ich liebe dich.«

Babaji sagte:

»OM namah Shivay ist das große ursprüngliche Mantra, es ist eins mit dem Urklang der Schöpfung. Die Macht von OM namah Shivay ist unendlich, ist stärker als alle Atombomben der Welt.«

Stehender Babaji (1972)

»Lehre alle Menschen die Anrufung von Gottes Namen, überall auf der Welt.«

Babaji kam, das Sanatana Dharma, das universelle göttliche Gesetz, wieder aufzurichten, das seit Urzeiten existiert. Keiner kann sagen, wann es begann. Es ist so spontan und natürlich, wie es das Dharma, das Wesen, die Natur des Feuers ist, zu brennen, das Dharma, das Wesen des Wassers, zu fließen, und das der Luft, zu wehen – ebenso natürlich ist das Dharma, das Wesen der Seele, eins zu werden mit dem göttlichen Geist.

Spirituelle Praktiken, durch die diese Einheit erreicht wird, entfalten sich ganz natürlich aus dem spontanen Bedürfnis der Seele, dieser Sehnsucht des Menschen, und können in allen Religionen gefunden werden.

Babaji ermutigt dazu, diese grundlegenden natürlichen Praktiken auszuführen:

- die Verehrung Gottes,
- die Wiederholung von Gottes heiligem Namen,
- die Erinnerung Gottes, das beständige Gewahrsein des göttlichen Geistes.

Und er betont: »Wahre Religion ist Dienst an der Menschheit.«

Das Sanatana-Dharma ist wie ein Ozean, aus dem die verschiedenen Religionen wie Flüsse entsprungen sind.

Babaji sagt:

»In Wahrheit, Einfachheit und Liebe zu leben, ist des Menschen höchste Pflicht. Da alle Religionen zu Gott führen, folge der Religion, die in deinem Herzen ist. Dienst an der Menschheit ist Dienst an Gott, ist Verehrung Gottes. Liebe und diene anderen, wie du mich liebst und mir dienst.

Ich selbst bin gekommen, um allen Wesen zu helfen, um allen Wesen zu dienen. Jeder sollte sich als einen bescheidenen Diener der Menschen, der Erde, der Welt sehen.«

Seit Babajis Wirken ab 1970 sind nicht nur viele Tempel und Ashrams gegründet worden, in Indien wie im Westen. Er selbst hat auch viele Wohlfahrtsaktionen initiiert, die Medizin, Erziehung, Kleidung, Nahrung, Obdach und Mittel zur Selbsthilfe für die Armen in Indien bereitstellten.

Er bewirkte ebenso die Gründung von Krankenhäusern, Tierkliniken und die Einrichtung von kostenlosen mobilen Krankenbehandlungen in abgeschiedenen Gegenden.

Babaji lehrt, dass durch das Ausüben von Karma-Yoga, der Hingabe aller Handlungen an Gott, dem Nichtanhaften an den Früchten des Handelns, der Mensch sich reinigt und schützt.

»Finde deine Pflichten in dieser Welt, und erfülle sie mit Liebe, dabei alles Gott weihend.«

»Arbeit ist Gottesdienst!«

»Versuche, mehr zu tun, als du für möglich hältst.
Sei bereit, jede Arbeit zu tun.
Während du arbeitest, habe immer den Namen Gottes in dir.
Arbeite bis zu deinem letzten Atemzug.
Ein fauler Mensch ist ein toter Mensch.
Arbeite, und werde zu Licht!«

»In dieser Zeit des zu Ende gehenden Kali Yuga sind die Tore des Himmels nur für Karma-Yogis offen. Der Weg der Tat wird euch in die Freiheit führen.«

»Handle mit Mut! Yoga, der Weg der Vereinigung mit Gott, fordert Mut. Enttäuscht zu sein oder den Mut zu verlieren, ist nicht Yoga!«

»Allen lebenden Wesen, einschließlich Tieren, Blumen und Steinen, ist von Gott eine Form gegeben worden, um eine Pflicht in dieser Welt zu erfüllen. Auch mein Körper ist nur hier, um eine Pflicht zu erfüllen: allen menschlichen Wesen, allen lebendigen Dingen zu dienen.

Wenn die menschlichen Wesen in diese Welt kommen, vergessen sie ihre Pflichten und fallen in Verhaftung an die Illusion der materiellen Welt, sie fallen in ›ich‹ und ›mein‹, und so vergessen sie Gott.«

»Ich bin gekommen, um zu geben, nur, um zu geben, doch wer vermag zu empfangen, was ich wirklich zu geben habe?«

Babajis Anliegen war es auch, die ursprüngliche Bedeutung des Yagna, der Feuerzeremonie, wieder bewusst zu machen, die nach den Veden das machtvollste Mittel der Harmonisierung kosmischer Energien ist. Mit seiner Hilfe können wir alle Ebenen des Lebens ausgleichen. Das Yagna ist von großer Bedeutung. Babaji hat es wieder ins Leben gerufen.

Babaji selbst machte jeden Tag vor der Morgendämmerung ein Havan (Yagna), eine kürzere Feuerzeremonie, und bei vielen besonderen Gelegenheiten wie Weihnachten, Navaratri etc. führte er große Yagnas zusammen mit vielen Menschen aus.

»Ich will nicht Tausende und Millionen von Anhängern.
Ein vollkommenes Wesen genügt, die Welt zu verändern.
Rama, Krishna, Christus – waren nicht viele.
Sie waren nur jeweils einer, doch sie haben die Welt verändert.
Buddha war auch nur einer und hat die Welt verändert.
Ich sage euch diese Dinge, damit ihr nicht meint, die Anzahl sei wichtig.
Ein Lichtfunke genügt, um das Weltall zu erleuchten.«

»Ich möchte die Menschheit aufwecken.
Ich möchte den Weg zu Frieden und Glücklichsein zeigen.
Das ist nur möglich, wenn die schlechten Elemente entfernt werden.
Der Mensch ist durch seine niedere Natur versklavt.
Ich bin gekommen, den Menschen auf einen höheren Weg zu führen.
Im Menschen muss das Höhere Selbst entwickelt werden, dadurch wird sein niedriges Selbst aufgelöst und sein Herz gewandelt.
Seid menschlich!«

»Heute ist nicht nur die Menschheit in Gefahr,
sondern auch alle Wesen des Weltalls.
Ich muss nicht nur die Menschheit berücksichtigen,
die ganze Schöpfung ist zu retten …
Wie ist das möglich? (lange Pause)
Es ist fast unmöglich.
Das auf die Welt kommende Unheil ist unvermeidbar.
Keine Zeit kann mit dieser verglichen werden.
Die Revolution wird nicht einmal Minuten dauern,
in Sekunden wird sie vorüber sein.
Die Länder, die die zerstörerischen Waffen erfunden haben,
sollten nicht glauben, sie seien sicher …«

Babaji nannte uns in der letzten Zeit, bevor er seinen Körper aufgab, oft »meine Kinder«. Zu einem Schüler sprach er:

»Mein Sohn, jetzt ist es an der Zeit, das Rückgrat gerade zu halten. Die Zeit ist gekommen, vorwärtszuschreiten, für dein Wohl, für das der Welt, für das Wohl aller ist es notwendig, das Rückgrat gerade zu halten. Denn die Zeit ist gekommen.«

»Eine große Revolution ist im Kommen, wie es sie noch nie zwischen Himmel und Erde gegeben hat. Sie wird gleichzeitig überall geschehen, sehr bald, wird wie eine Sense von einem Ende der Welt zum anderen gehen. Es wird total sein. Wo Wasser ist, wird Land sein. Wo Berge sind, werden Täler sein. Jene, die schlafen, werden schlafend sterben, jene, die stehen, werden stehend sterben. Ich werde Feuer und Wasser zusammen brennen und werde in der Mitte von Feuer und Wasser sein. Ich werde dort bleiben, was immer geschieht.«

»Universeller Friede ist mein Hauptziel und einziger Zweck.
Ein neues Königreich ist im Kommen.
Nur noch wenig Zeit bleibt, bis ihr die neue Welt sehen werdet.«

Shri Muniraj Maharaj

Babaji hat die Verantwortung während der Zeit seiner physischen Abwesenheit Shri Muniraj übergeben.

Er sagte: »Muniraj ist eine Inkarnation von Lord Dattatreya« – das ist die Einheit von Brahma, Vishnu und Shiva, ein höchst erhabenes Wesen. Muniraj ist gekommen, um der Welt und allen Lebewesen mit großer Liebe zu dienen. Er ist in diesem Leben tief herabgetaucht, um zu zeigen, dass man auch als Familienvater – er hat neun Kinder – und als Geschäftsmann ein gotterfülltes Leben führen kann. Vor Jahren schon hatte Babaji jeden gebeten, sich auch vor Muniraj zu verneigen.

Babaji erklärte, dass Muniraj der Guru der Menschen aus dem Westen sei.

Mir steht die Feder immer erst einmal still, wenn ich über Shri Muniraj, sein Wesen und Wirken, schreiben will. Die Welt ist Bühnenheilige gewohnt, Shri Muniraj ist das vollkommene Gegenteil davon.

Sein Wesen: ebenso tief wie verborgen, ebenso groß wie einfach, voller Mitgefühl und von natürlicher Demut wie das Wasser, das nicht süß, nicht salzig ist, sondern rein.

Über die Tiefe lässt sich nicht gut sprechen, sie muss erfahren werden. Wenn man einem Wesen wie Shri Muniraj, der ins Herz der Erde wie in das Höchste reicht, wirklich begegnen will, muss man tief in sich gehen, lauschen und empfangen können.

Dem oberflächlichen Blick bleibt er verborgen. Man erlebt vielleicht, dass er sehr liebevoll mit kleinen Kindern umgeht, dass beispielsweise Hunde voller Freude um ihn sind, dass sein Blick von einer wundervollen menschlichen Wärme ist, sehr klar, leuchtend – manchmal auch streng. Erhabenheit ist um ihn, er ist vollkommen souverän und ein Ozean der Stille.

In seiner Gegenwart schwingt die Stille, im Schweigen seiner Liebe wird das Licht fühlbar.

Babaji sagte einmal: »Wenn Muniraj lächelt, dann lächeln alle Welten. Shri Muniraj ist von weltumspannendem Bewusstsein und Handeln.«

Babaji sprach einmal über Kakbushundi, ein höchst erleuchtetes Wesen, das in der Form einer Krähe auf einem Hügel im Himalaya lebt: »Er wird alle Pralayas (Auflösungen der Schöpfung) überleben, weil er absolut gar nichts für sich will.« Das Gleiche gilt für Christian Rosenkreutz und gewiss auch für Shri Muniraj.

Shri Muniraj, ein großer Beschützer auf so vielen Ebenen steht allen, die ihn bitten, stets zur Seite. Er sieht alles, führt, inspiriert von innen her und wirkt ganz und gar in Hinwendung zu Babaji. Selbst vollkommen frei, trägt er tief am Leid des Ganzen.

Shri Muniraj, lächelnd mit Chandan (1984)

Im Herbst 1984 ereignete sich in Chilianaula eine wunderschöne Geschichte:

Kharku Anand, ein sehr lieber Freund, hatte Geburtstag und ging zu Muniraj, um sich zu verneigen. Als er wieder aufschaute, sah er statt Muniraj Babaji da sitzen. – Überwältigt und vollkommen fassungslos rannte er aus dem Raum. Als er nach einer

Weile wieder zurückkam, um mit Muniraj über dieses Ereignis zu sprechen, war dessen Kommentar dazu: »Sometimes Babaji does these things. – Manchmal tut Babaji diese Dinge.«

Eine Begebenheit, die zeigt, wie tief Muniraj auf Babaji ausgerichtet lebt und wie vollkommen Babaji durch Muniraj wirkt.

Muniraj ist in West und Ost für alle Menschen da, die sich an ihn wenden.

Er reiste mehrfach in den Westen zur Inspiration und Unterstützung der Menschen, die ihn riefen, und der geistigen Zentren dort.

Die Navaratras, die neuntägigen Feste zu Ehren der göttlichen Mutter im Gebet um Heilung für alle Wesen, werden unter seiner Führung im Frühling in Herakhan und im Herbst in Chilianaula (in dem von Muniraj für Babaji gebauten Ashram) gefeiert. Feste, die von enormer Kraft sind und jedes Jahr von Hunderten von Menschen aus Indien und aus vielen Ländern der Erde besucht werden.

Hier ein Beispiel von Munirajs Wirken:

Ich fuhr den Bodensee entlang. Es regnete, und ich war beim Fahren plötzlich in Schlaf gefallen, auf die andere Fahrbahn geraten, hatte mehrere Pfosten umgerammt und nahm dann, wie im Traum, wahr, dass eine souveräne, sehr ruhige Energie meinen Wagen lenkte und zurück auf die richtige Fahrbahnseite brachte. Da erst kam ich zu mir und hielt, noch ganz benommen, an. Erstaunlicherweise erfüllte mich eine große Ruhe.

Eine junge Frau, die offenbar hinter mir gefahren war, brachte ihr Auto vor mir zum Stehen und kam an mein Fenster: »Sie sind eingeschlafen, gell? Sie haben Ihre Stoßstange und Ihr Nummernschild verloren. Sie sind jetzt sicher unter Schock, bleiben Sie sitzen, ich hole das alles für Sie.« Sie lief im Regen zurück und sammelte alles ein. Sie schien mir wie ein Engel. OM namah Shivay!

Später entdeckte ich, dass ich acht Holzpfosten umgefahren hatte, was ich an entsprechender Stelle meldete, doch der gute Mann dort sagte: »Die waren sowieso erneuerungsbedürftig«, und: »So ehrlich ist selten einer. Sie brauchen nichts zu bezahlen.«

Erst fragte ich mich, ob es Babaji war, der mein Auto gelenkt hatte – doch als ich mir diese souveräne, ruhige Art vergegenwärtigte, erkannte ich, dass es wohl Muniraj gewesen war. Als ich ihn nach drei Tagen anrief und deswegen fragte, bestätigte er das.

OM namah Shivay!

Wie wundervoll, dass er genau im Moment der Gefahr da war und handelte. Wie dankbar bin ich ihm für sein vielfaches Wirken auch auf inneren Ebenen!

Shri Muniraj und Shastriji mit Peter Caddy in Findhorn (1988)

Datt Mishra: Shastriji

Unser goldener Shastriji mit seinem tiefen Herzen voll so großer Liebe und Wärme ist der große Seher und, wie Babaji sagte, »der heilige Poet und Weltenlehrer in aller Zeiten«. Er schrieb die meisten großen Epen in Ost und West durch die Zeiten hindurch. Ein Meer des Wissens ist er und ebenso ein wundervoller Beschützer und Heiler, nun in den inneren Welten wirkend.

2003 hat er mit 97 Jahren seinen physischen Körper verlassen. Auch er war ein Familienvater mit acht Kindern, ein weithin bekannter Gelehrter und Autor von 65 Büchern, eins davon hat 1000 Seiten und schildert das Wirken Babajis durch die Zeiten hindurch (bisher ist es nur in Hindi erschienen). Außerdem war er ein großer ayurvedischer Arzt.

Sooft er nur konnte, war Shastriji bei Babaji. Meist lud Babaji ihn ein, bei ihm in seinem kleinen Kutiya zu schlafen.

Shastriji war Babajis Sprachrohr. Da Babaji selbst lange kaum öffentlich sprach, hielt Shastriji die Reden, inspiriert von ihm, und zitierte bei all seinen Feuerzeremonien – auch auf Reisen – die Mantras.

Shastriji erzählte uns unsere Vergangenheit und Zukunft. »Ich sehe alles, aber nur sehr wenig kommt über meine Lippen«, sagte er mir einmal. Nun, das für ihn »Wenige« war für uns schon sehr viel!

Nach Babajis Mahasamadhi nahm Muniraj meistens auch Shastriji mit in den Westen, zusammen mit einigen Schülern. Es war eine Riesenfreude, auch Shastriji bei uns zu beherbergen. Wir – mein Mann Peter Caddy und ich – nahmen Muniraj und Shastriji und ihre Begleiter im Juni 1988 auch nach Findhorn mit, jener spirituellen Gemeinschaft im Norden von

Schottland, die Peter 1962 mitbegründet hat und wo jetzt circa tausend Menschen leben.

Ebenso war es eine große Freude, Shastriji immer wieder in seinem Landsitz in Rajgarh besuchen zu dürfen. Das war stets eine äußerst inspirierende, reiche und tiefe Zeit.

Obwohl Shastriji sehr spontan und lebendig im Ausdruck war, blieb auch sein tiefes Wirken – ebenso wie das von Muniraj – dem äußeren Auge vollkommen verborgen, einfach weil auch er von solch natürlicher Demut war.

Hier ein Beispiel von Shastrijis Wirken:

Kurz vor dem Aufbruch nach Deutschland war ich in Shastrijis Haus plötzlich sehr krank geworden, Erbrechen,

Shri Shastriji beim Lesen Heiliger Schriften

Durchfall, ganz hohes Fieber. Ich hatte mir offenbar an einer indischen Süßigkeit, die ich aus dem Städtchen für alle mitgebracht hatte, total den Magen verdorben.

»Oh, Shastriji, morgen früh muss ich nach Delhi, um meinen Flug nach Deutschland zu nehmen. Wie kann ich überhaupt fahren? Ich fühle mich dermaßen schwach.«

»This is very bad«, sagte er, am Fußende auf meinem Bett sitzend, scheinbar ratlos. Plötzlich machte er ein paar Bewegungen mit seinen Händen in meine Richtung, ganz schnell ging das – und der Geist des Lebens kam zurück in mich.

In kürzester Zeit war ich wieder fit, sodass ich am nächsten Morgen reisen konnte. »I usually don't do these things. – Normalerweise tue ich diese Dinge nicht«, bemerkte er nur, als ich mich dann sehr bei ihm bedankte.

Om Namah Shivay

2.
Ein Garten des Himmels entsteht

Der kleine Tempel und seine Verwandlung

»Nandan Van«, Lord Shivas Garten, gemalt von Babaji in das Buch Om Kareshwar

Es war einmal ein Tempel, den gab es schon vor Hunderten von Jahren. Irgendwann trat er aus der Sichtbarkeit in das Unsichtbare zurück und wirkte von dort.

Nachdem er ein leuchtendes Bild von einem See in Deutschland (offenbar der Bodensee) gemalt hatte, malte Babaji in seinem ersten »Bilderbuch« unser Haus mit einem kleinen Tempel. Es folgte ein Bild von »Lord Shivas Garten«, einem blühenden Garten, über den er ein großes Om setzte, ein ein Bild von »Tibet« und am Ende »Die Neue Welt«. Das ganze Buch, das in den ersten Seiten noch andere Bilder enthielt, nannte er »OM Kareshwar«, »Lord Shivas Tempel« oder den »Sitz des Herrn, dessen Name OM ist«.

Als Babaji mir im Sommer 1978 durch eine Freundin ein kleines holzgeschnitztes Murti, eine Statue vom alten Herakhan-Baba, mit dem Hinweis bringen ließ, es solle dort stehen, wo viele Menschen es sehen, begann ich mich erneut zu fragen, was es mit dem kleinen, von ihm gemalten Tempel auf sich hatte.

Unten vor unserem Haus befand sich ein großer wilder Garten. Als mein Freund Marcel, der hellsichtig war, am zweiten Tag nach unserem Einzug am Schreibtisch saß und hinausschaute, sagte er: »Nanu, wo sind wir denn hier gelandet? Es ist, als wenn der Himmel hier senkrecht in die Erde eindränge. Nicht wie sonst, oben Himmel und unten Erde. Einer Akupunkturnadel gleich dringt die Energie des Himmels in die Erde, und zwar genau vor uns im Garten.«

Wir hatten schon gleich beim Einzug bemerkt, dass hier eine außerordentlich hohe Schwingung herrschte, die alles, was nicht licht war, sehr rasch in uns hochbrachte.

Inzwischen war ich, im Februar 1979, wieder in Herakhan gewesen, und mir war klar geworden, dass ich, inspiriert von Babaji, einen kleinen Tempel bauen würde. Auf meine Frage »Aus Stein oder Holz?« lautete seine für mich damals überraschende Antwort: »Aus Holz!« Erst später verstand ich, warum.

Am 17. August 1979 wurde der kleine Tempel, noch höchst einfach zunächst, von einem philippinischen Heiler eingeweiht.

Es war hoch beglückend, den kleinen Tempel in diesem wilden Garten zu sehen. Die tägliche Andacht mit Arati, einer Lichtzeremonie, und einer Meditation bewirkte, dass dieser Tempel immer mehr zu leuchten begann, wuchs und immer inniger, schöner und reicher wurde. Hier verwendete ich täglich das wunderbar duftende gelbe Chandan-Pulver, das Babaji mir in einem dicken Päckchen bereits nach der ersten Feuerzeremonie am Kailash gegeben hatte. Offenbar für den kleinen Tempel, den es damals noch nicht gab.

Der Tempel bekam einen Rundgang, ein verlängertes Dach, einen Trishul darauf und vieles mehr. Zeichen für alle Elemente, Erde, Wasser, Feuer, Luft und Äther, malte ich innen auf seine Wände. Ich hatte ihn der göttlichen Flamme in allem, was ist, gewidmet und das Bild einer herrlichen goldenen Flamme gemalt, hinter der groß und erhaben Babaji stand.

Christus hatte seinen Ausdruck im Tempel gefunden, ebenso wie Elemente aus allen geistigen Strömungen, die mir nahe waren. Mir fiel auf, dass ich, wenn ich ein heiliges Zeichen, ein Symbol, nicht an der richtigen Stelle anbrachte, tagelang keine Ruhe hatte, bis ich die Stelle fand. So gewann ich den Eindruck, dass wohl dieser kleine Tempel seine Entsprechung auch in der inneren Welt hatte.

In der Mitte des Gartens entstand eine Feuerstelle, die wir, wie ich es in Indien gesehen hatte, tief in die Erde einließen. Anfangs führte ich einmal im Jahr eine Feuerzeremonie durch, immer am 17. August, dem Geburtstag des Tempels.

Alle meine Freunde liebten den kleinen Tempel mit seinen farbigen Glasfenstern, seinem golden bemalten Boden, seinem OM im Goldgrund und seinen flammenden Herzen an der Decke, mit der lichtvollen intensiven Präsenz von Babaji.

Als ich mit Muniraj, der 1981 zum ersten Mal nach Europa und auch zu uns nach Hause kam, auf dem Balkon stand und er in den Garten blickte, sagte ich zu ihm: »Schau, Muniraj, da ist der kleine Tempel.« Seine Antwort war: »Es ist kein kleiner Tempel, es ist ein großer Tempel hier!«

Wir feierten jeden seiner Geburtstage mit vielen Freunden, oft auch mit Kindern, und es wurde stets ein einmaliges Fest. Der Tempel wurde immer schöner, reicher, inniger: Er war aus reiner Liebe gemacht.

Als ich Babaji 1980 ein selbst gemachtes und bemaltes Fotobüchlein von meinem kleinen Tempel schenkte, nahm er es, hielt es an seine rechte, dann an seine linke Wange und an sein Herz und wieder rechts und links an die Wangen, voller Liebe und Zärtlichkeit. Es war bezaubernd. Wie konnte er deutlicher seine Liebe für den kleinen Tempel zeigen?

Jahre später, nach Babajis Mahasamadhi, erzählte mir die Frau des Architekten, der den riesigen Tempel vom Chilianaula-Ashram im Auftrag von Muniraj für Babaji gebaut hatte, dass Babaji sehr oft, wenn er auf Besuch zu ihnen nach Delhi kam, sagte: »Please, bring me my favourite book. – Bitte bringe mir mein Lieblingsbuch!« Sein »favourite book« war jenes liebevoll bemalte Fotobüchlein von meinem kleinen Tempel. Ich war so berührt davon, wie er mir auch noch nach dem Tod seines Körpers seine Liebe für den kleinen Tempel auf diese Weise zeigte!

Nach zwölfeinhalb Jahren brachte ich im Rundgang des Tempels den tanzenden Shiva an und sagte innerlich zu Babaji: »Der kleine Tempel ist vollendet schön. Ich habe nichts hinzuzufügen.« Und Shiva tanzte! Genau vier Tage später stieg der kleine Tempel flammend zum Himmel auf. Peter Caddy, mein Mann, mit dem ich seit 1987 verheiratet war, stürmte um ein Uhr nachts in mein Zimmer: »Dein Tempel brennt!« Im Garten stand schon die Feuerwehr. Natürlich war ich zutiefst erschrocken, auch wenn das Schauspiel, das sich mir bot, sehr schön war. Ich sah eine große blaue Flamme, wie ein riesiges S oder ein C, immer wieder durch all die anderen Flammen hindurchtanzen. Da wusste ich: Alles ist unter göttlicher Kontrolle.

Noch in der Nacht riefen Peter und ich tief bewegt unseren Freund Peter Dawkins an, der bemerkte: »Das war eine Feuerzeremonie im großen Stil!«

Am nächsten Morgen zeigte sich, dass wirklich nur der Tempel gebrannt hatte und die Bäume und alles ringsum so gut wie unversehrt waren. Das Herakhan-Baba-Murti hatte sich in einen Lingam, ein Symbol Shivas, verwandelt, sehr berührend! Alle heiligen Yantras oder Zeichen waren vollkommen unbeschädigt, während die dicken Glocken geschmolzen waren.

Der Kommentar von einem hellsichtigen Freund dazu war: »Der Tempel war ein Heiliger, und das sind seine Reliquien.«

Eine unglaubliche Freuden-Energie erfüllte den Garten. Das stand in großem Kontrast zu dem Teil in mir, der verständlicherweise tief erschüttert und traurig und vollkommen rätselnd war: Warum? Wie konnte das geschehen?

Ich selbst war die Letzte gewesen, die noch im Tempel war, und hatte, wie jede Nacht, einige Teelichtlein brennen lassen. All das geschah in der Montagnacht vom 24. zum 25. Februar 1992, einer heiligen Nacht Babajis.[10]

---

10 Zum Beispiel erschien im Kathgaria-Ashram in der Nacht vom 24. zum 25. Februar 1957, während die Menschen sangen, eine drei Meter hohe Flamme über einem Murti des alten Herakhan-Baba, das am Tag darauf eingeweiht werden sollte. Herakhan-Baba wurde in dieser Flamme sichtbar. Nach ein paar Minuten verkleinerte sie sich und trat in das Murti ein.

Peter, mein Mann, der nichts weiter mit Tempeln im Sinn hatte, legte sofort ein Rosenbeet dort an. Der Trishul, der oben auf dem Dach des Tempels angebracht gewesen war, war völlig heil geblieben, und wir stellten ihn in die Mitte des Beetes. Eine große feuerblaue Glaskugel, die sich in der Nähe befand, war ebenfalls völlig unbeschädigt, während der Stab, auf dem sie gestanden hatte, schwarz verkohlt war.

Im Laufe der Jahre hatte sich der ganze Garten zu einem Tempel entfaltet, vor allem, seit ich mit Peter hier lebte. Bevor Peter 1988 damit begann, den wilden Garten zu zähmen, hatte er seinen Freund Peter Dawkins, der sich mit der Tempelwissenschaft befasste, befragt, wie dieser große romantische Garten mit seiner wundervollen Schwingung von Gott her gestaltet werden sollte. Der sah innerlich im Garten alle Energiezentren, die nach dem Bilde des Menschen einen vollkommenen Lebensbaum ausdrückten, wie er in der Kabbala beschrieben ist. Nach Peter Dawkins Forschung ist dieser auch das Grundprinzip aller Kathedralen und Tempel. Jetzt verstanden wir, dass der große Tempel, von dem Shri Muniraj gesprochen hatte, den ganzen Garten umfasste. Der kleine Tempel war der Anker für den großen gewesen.

An allen wichtigen Punkten gruben wir nun die Yantras, die durch das Feuer gegangen waren und unversehrt geblieben waren, tief in die Erde ein, sodass die Energie des kleinen Tempels den ganzen Garten durchdrang. Seine heilige Asche haben wir über den gesamten Garten verstreut.

Babaji schenkte mir eine Vision, in der ich den kleinen Tempel blau leuchtend in der inneren Welt sah, besucht von vielen geistigen Wesen.

Doch all das half nicht, meinen Schmerz zu lindern. Mein Nichtverstehen, meine tiefe Frage im Herzen blieb: Warum war das geschehen? Der Tempel war doch aus reiner Liebe gebaut.

Als ich bald darauf zum Frühlings-Navaratri in Herakhan

war, kam die ganze Trauer noch einmal hoch, und ich bat Babaji innerlich mit meinem ganzen Sein, mit allem, was ich war, um Antwort. Die Erklärung kam:

Schon bevor der Tempel gebaut wurde, stand fest, dass er wieder gehen würde: Babaji hatte zugelassen, dass ich damals, als junge Frau, bei der allerersten Feuerzeremonie am Kailash mitopferte. Tara Devi sagte mir damals, dass alle Götter jetzt gegen ihn seien und mein Leben forderten (siehe Begegnungen mit Babaji, »Die erste Feuerzeremonie am Fuße des Herakhan-Kailash«, S. 142 f.).

Doch Babaji sagte: »Ihr dürft nicht ihr Leben nehmen, aber ihr könnt ihren Tempel haben, den sie bauen wird.« Nach zwölfeinhalb Jahren war nun die Zeit dafür gekommen.

Ich fragte Muniraj, ob dies wahr sei. Er antwortete: »Es ist wahr.« Da war ich erleichtert und dankerfüllt. Ich hatte den Tempel der Flamme gewidmet, die ihn dann zum Himmel emportrug.

Als Peter Dawkins kurz darauf zum ersten Mal seit diesem Tempelereignis wieder bei uns war und im Garten meditierte, sah er: »Dein Tempel ist ein Stern geworden!« Er war sehr bewegt und meinte, ich solle bei einer Sternwarte anfragen, ob ein neuer Stern entdeckt worden sei. Ich nahm das jedoch einfach still in mein Herz und ließ es stehen.

Nachdem der kleine Tempel flammend zum Himmel aufgestiegen war, galt unsere ganze Aufmerksamkeit nun dem großen inneren Tempel, der sich über den ganzen Garten erstreckte.

Der Garten zeigte sich als kleiner Kosmos in sich selbst. Er entfaltete und offenbarte die Orte seiner verschiedenen Energiebereiche wie ein lebendiges Wesen. Wir entdeckten, dass es einen Kopfbereich im Norden, wo der kleine Tempel gestanden hatte, einen Herzbereich in der Mitte, wo die Feuerstelle war, und einen unteren Bereich bei der Wasserstelle gab. Ganz unten, an der Basis, lag ein großer Stein.

Innerlich stets lauschend, arbeiteten wir nun an der Vollendung des großen Tempels, der sich von Norden nach Süden durch den Lebensbaum mit seinem Doppelkreuz im ganzen Garten ausdrückte.

Genau neun Jahre später brach wieder ein Feuer im Garten aus. Es war in der gleichen Montagnacht im Februar 2001, die jetzt auf den 26. Februar fiel. Ich bereitete mit anderen eine Andacht in unserem Meditationsraum vor. Als ich eben beginnen wollte, unterbrach ich mich plötzlich und sagte: »Ich muss jetzt die Flamme in den Garten bringen, bitte führt ihr hier alles fort.« Ein Freund, Rudolf, sagte: »Ich komme mit dir.«

Im tief verschneiten Garten, am Marsplatz vorbei in die Mitte zum Herzbereich, der Feuerstelle, kommend, wunderte ich mich, dass das kleine Licht vom Marsplatz nicht geradlinig ausstrahlte, sondern im Schnee lauter Kringel in Rosenformen zu bilden schien. Mit dem Rücken zum Marsplatz gewandt, schaute ich zur Flamme, die wir in die Mitte gebracht hatten. Plötzlich rief Rudolf, der mir gegenüberstand: »Ein Feuer!« Seinem Blick folgend, drehte ich mich um und sah am Marsplatz,

Nila mit Shri Muniraj und Shri Shastriji bei einer Feuerzeremonie 1985 im »Quell des Heilens«

dass aus dem Teelicht in dem kleinen Gefäß eine etwa eineinhalb Meter hohe blaue Feuersäule entstanden war. Ein reines himmelblaues Feuer. Wir traten näher. Ich beruhigte Rudolf: »Schau, wie schön!« Es war wirklich atemberaubend schön, erhaben und heilig. Schweigend standen wir da, voller Staunen. Nach einer Weile ging das Feuer zurück, ganz langsam, sachte. Bewegt erzählten wir unseren Freunden von dem Ereignis.

Am nächsten Morgen ging eine Freundin von mir in aller Frühe in den Garten und sah am Marsplatz keine Spur von Ruß, alles war vollkommen rein und unberührt. Als ich Shastriji am Telefon von dem blauen Feuer erzählte, sagte er: »Jetzt ist der Name deines Platzes ›Höchstes Heilungszentrum‹.«

Nach diesem heiligen Feuer zeigten verschiedene göttliche Wesen ihre Plätze im Garten ganz klar, zum Beispiel war plötzlich zwischen Mars- und Merkurplatz für mich und andere deutlich eine ganz besondere Energie spürbar. Wer kündigte sich da an? Zu meiner Überraschung wusste ich plötzlich: Das ist der Buddha.

Als ich Shastriji dies erzählte – damals rief ich mehr Shastriji als Muniraj an, um jedes wichtige Detail des Gartens mit ihm zu besprechen –, sagte er: »Dieser Platz des Buddha zwischen Mars und Merkur ist sehr bedeutungsvoll«, und ich erinnerte mich, dass nach Rudolf Steiner das Erscheinen des Buddha genau in das Zuendegehen der Marshälfte und den Beginn der Merkurhälfte der Erde fiel.

Die Gegenwart von Jesus war im Garten von Anfang an fühlbar, aber jetzt wurde sein Platz deutlich, nämlich gegenüber von Babajis Steinsitz.

Ebenso Krishna und Radha sowie Rama und Sita zeigten uns ihre Plätze, alle im Herzrondell. Voller Freude schufen wir für jeden einen besondern Platz mit einer edlen ovalen Steinplatte auf dem Boden, geschmückt mit schönen Blumen und Büschen rundum und einem Gefäß für ein Teelicht davor.

Als dann im Wasserrondell, dem unteren weiblichen Bereich im Garten, plötzlich auch unter einem Baum eine sehr auffallende Energie wahrnehmbar war, fragte ich mich, wer das noch sein konnte. Es gab schon einen Engelplatz im Garten für die Schutz- und Heilengel und für die vier Engel der großen Himmelsrichtungen. Die göttliche Mutter hatte als Weltenmutter ihren bezaubernden Platz am Wasserrondell, als Mutter Maria wohnte sie schon lange im Herzrondell.

Wer konnte diese enorme Energie unter diesem großen Baum sein? Ich stellte ein schönes Licht auf und dachte: »Vielleicht ist dieser Platz für die Vorfahren gemeint?« Als ich sie mit Räucherstäbchen einladen wollte, stand unerwartet Kali[11] vor mir Om namah Shivay!

Kurz darauf zeigte sich auch auf der gegenüberliegenden Seite des Wasserrondells an zwei Stellen eine besondere Energie: erst Saraswati[12], dann Lakshmi[13]. Wieder versicherte ich mich bei Shastriji. »Ja«, er bestätigte alles.

So ermöglichte das Licht und die Kraft des »Blauen Feuers« das Herabkommen der verschiedenen Ausdrucksformen des einen göttlichen Wesens, die wir seitdem täglich grüßen und ehren. All das, nachdem der ganze Garten durch den voll entfalteten Lebensbaum den großen Tempel ausdrückte.

So verwirklichte sich ein »Garten des Himmels« auf Erden, genannt »Nandan Van«, tief verbunden mit dem Herzen von Europa. Es ist ein Garten, der dem Unvergänglichen in der Schöpfung dient und der auf tiefe Weise nährt und heilt. Der Name des Zentrums als Ganzes ist »Quell des Heilens«.

Wir feiern unter anderem die acht Sonnenfeste im Jahr mit vielen Freunden mit Feuerzeremonien, die ausgleichend und heilend auf die Elemente in uns und in der Natur wirken.

---

11 Kali ist die göttliche Mutter in ihrem Machtaspekt.

12 Saraswati ist die göttliche Mutter in ihrem Aspekt der Weisheit und der schönen Künste.

13 Lakshmi ist die göttliche Mutter in ihrem Ausdruck von Liebe, Freundschaft, Wohlstand und Fülle.

3.
Weiteres Erscheinen von Babaji und Offenbarungen

Peter und Renata Caddy

Mit Peter auf dem Weg nach Herakhan: Babajis Erscheinen

Peter und ich gingen durch das Tal nach Herakhan, immer wieder den Fluss Gautama-Ganga durchquerend. Für Peter war es das allererste Mal. Wir wussten, dass wir Weihnachten mit Munirajs Segen am Fuß des Kailash in Herakhan heiraten würden.

Wir standen gerade vor einer Flussdurchquerung an einer besonders tiefen Stelle, und Peter war damit beschäftigt, seine Tennisschuhe ganz fest zuzuschnüren, während ich wartete.

Plötzlich sah ich drei Frauen, die hohe Körbe voller Gras auf dem Kopf balancierten, durch den Fluss schreiten. Sie gingen dicht an uns vorbei.

Direkt hinter ihnen schritt eine wunderschöne Gestalt mit einer himmelblauen Kopfbedeckung aus feinster Seide. Dieselbe himmelblaue Seide war um seine Hüfte geschlungen. Er trug eine Brahmanenschnur schräg über seinem bloßen Oberkörper und hielt einen langen Stab in der Hand. Sein Antlitz war strahlend schön, mit leuchtenden goldbraunen Augen. Sein Blick ging, uns beide gleichzeitig umfassend, durch uns hindurch und in die Ferne. Er ging dicht an uns vorbei. Das war am Sonntag, den 29. November 1987.

Mein erster Gedanke war: »Ist das der Gesandte eines Königs?«

In den folgenden Tagen und Nächten ließ uns diese Erscheinung nicht los, wir mussten beide immer wieder an sie denken, und das Gefühl vertiefte sich in mir, dass es Babaji gewesen war, der uns beide willkommen hieß in seinem Tal und uns seinen Segen für unser gemeinsames Leben gab.

Wir fragen Muniraj: »Wer war das?«

Seine Antwort: »Das war Babaji in der Form von Bhairav Baba.«

Genau die gleiche Antwort kam dann auch von Shastriji, als ich ihn mit Peter besuchte. Shastriji empfand von Anfang an große Achtung, Liebe und Freundschaft für Peter und drückte das in seiner sehr lebendigen Weise aus.

Begegnungen mit Hanuman

Als wir Shastriji wieder in seinem schönen, lichten, einfachen, überall von Grün umgebenen Zuhause in Rajgarh besuchten, wo er mit seiner Familie lebte, inspirierte er uns, zusammen mit anderen in einem kleinen Bus zu einem im Dschungel gelegenen Hanuman-Platz zu fahren.

Es war am 28. September 1988. Auf dem Weg durch vollkommen einsame Gegenden mit wilden Tieren sah ich eine wunderschön gewachsene Gestalt uns entgegenlaufen, sehr lebendig, voller Schwung, groß, mit breiten Schultern, fröhlich gelocktem braunem Haar, strahlenden Augen und einer Brahmanenschnur um seinen blanken Oberkörper.

Woher kommt der schöne junge Mensch in dieser einsamen Wildnis?

Er lief in entgegengesetzter Richtung an unserem Bus entlang und direkt an meinem Fenster vorbei. Eine tief vertraute Gestalt.

Später, als ich Shastriji fragte: »Wer war das?«, antwortete er: »Das war Hanuman.«

Ich war erfüllt von großer Dankbarkeit.

Auf einer weiteren Pilgerreise waren wir, Peter und ich, unterwegs in die Berge nach Badrinath. Doch zunächst wollten wir Dronaghiri, ein Heiligtum der göttlichen Mutter, besuchen. Unterwegs dahin sah ich plötzlich raschen Schrittes eine feuerorange gekleidete junge Frau des Weges kommen, mit abstehenden kurzen dunkelblonden Locken, ganz unindisch, und mit lockerem orangenem Rock und orangenem Oberteil bekleidet.

Ich wunderte mich sehr über diese Erscheinung.

Später, als ich wieder Shastriji dazu befragte, war seine Antwort: »Das war der weibliche Hanuman, ein Geschenk der göttlichen Mutter.« Das geschah am Sonntag, dem 9. Oktober 1988.

Ein Bote von Babaji

Als ich 1989 mit meinem Mann Peter, Peter Dawkins und zwei englischen Freundinnen auf dem Weg durch das Tal nach Herakhan ging, flog uns ein Fischreiher entgegen. Von Weitem schon sahen wir, wie dieser große Vogel, dicht über dem Gautama-Ganga-Fluss schwebend, auf uns zukam und majestätisch an uns vorbeizog.

Alle waren sehr berührt: ein Bote, entsandt von Babaji?

Ich hatte hier zuvor noch nie einen Fischreiher gesehen, und Peter Dawkins sagte, der Fischreiher gelte als Zeichen des Gralskönigs. Der Gralskönig ist das Wesen, in dessen Körper sich das Leid des Landes, das Leid der Welt ausdrückt, im Westen bekannt als König Amfortas, der durch Parzivals mitfühlende Frage von seinem Leid erlöst wird.

Als wir an einem der nächsten Tage unseren Aufstieg zum Kailash begannen, kam uns zu Beginn des Aufstiegs der Fischreiher wieder entgegengeflogen. Er schwebte von oben, dicht über einem Wasserfall, der am Kailash entspringt, herab, um uns zu begrüßen. Welche Sprache!

Wahrlich: ein Bote von Babaji!

Nila im Fluss

Das Mysterium des Herakhan-Kailash – Eine Vision vom 26. Oktober 2004

Ein Blick in die weite Zukunft

Nach dem Navaratri in Chilianaula schenkte Babaji mir eine Vision, in der sich das innere Mysterium des Herakhan-Kailash offenbarte:

Ich sehe eine dicke Schicht aus Erz um den ganzen Herakhan-Kailash herum.

Ein Auge zeigt sich, ein allsehendes Auge auf der Spitze des heiligen Berges. Es schaut senkrecht hinab, einen Lichtschaft durch den Berg formend. Gleichzeitig schaut es nach allen Seiten, in alle Richtungen.

Und – es schaut empor in die Ewigkeit.

Es ist das ursprüngliche Auge.

Im Berg ist viel zum Schweigen gekommen, was früher getönt, gesungen und geleuchtet hat.

Im tibetischen Kailash ist vollkommenes Leben, alle Majestät, alle Hierarchien sind dort um die ewige leuchtende Flamme versammelt, die in seiner Mitte immer brennt.

Babaji leitet alles von dort aus, während der Herakhan-Kailash, umgeben mit dieser dicken Schicht aus Erz – ich sehe die Zahl 110 – innerlich sehr still ist.

Jetzt erkenne ich tief innen im Berg, im verborgenen Herzen des Herakhan-Kailash, eine äußerst zarte, leuchtende, rosa Substanz, die sich bewegt.

Eine heilige Alchemie ist hier am Werke – höchste Ehrfurcht gebietend.

Im tiefroten Herzen des Berges ist ein neues Leben im Prozess der Geburt, ganz rosa, atmend, aus reiner Freude gemacht, äußerst kostbar, so süß wie ein rosa Baby!

Neues Leben: Die neue Welt wird daraus entstehen.

Babaji hat dies ermöglicht, er hat die Substanz dazu gegeben, er hat die Dunkelheit und das Leid, die Probleme dieser Welt auf sich genommen.

Er trug all das, verwandelte es in seiner menschlichen Form und schuf so die fünf Elemente neu. Dann schenkte er seinen Körper der Mutter Erde, der Erde von Herakhan: Es war sein göttliches Opfer und seine machtvolle Arbeit, die diese neue Geburt möglich machten.

Der Herakhan-Kailash

Das tiefrote Herz ist umgeben und geschützt von der feinsten Platinsubstanz, die den Berg von innen her erfüllt, bis zu der dicken Schicht aus Erz, die sich außen um den ganzen Berg gelegt hat.

Die beiden Berge, der Herakhan-Kailash – der ursprüngliche Kailash – und der tibetische Kailash, sind tief miteinander verbunden. Sie wirken zusammen.

Im tibetischen Kailash: die ewige Flamme des Lebens und, im Manasarovar-See, der Baum des Lebens.

Aber im Herakhan-Kailash: das neue Leben, die neue Welt im Prozess der Geburt, diese äußerst zarte Substanz, so fein, so kostbar, so süß wie eine heilige Hostie im atmenden Herzschlag des Lebens.

All das ist umgeben und vollkommen beschützt vom tiefroten Herzen der göttlichen Mutter.

Wie zwei Hälften eines Herzens formen Shiva und Shakti, miteinander tanzend, das neue Leben. Lichtwellen gehen aus nach allen Seiten, eine lebendige Sonne entsteht – es ist die Sonne des neuen Lebens.

Rosa wandelt sich zu Gold.

Der Gautama-Ganga, der so lange unterirdisch strömt und dabei das ewige Sein berührt, ist wesentlich in diesem Prozess, ebenso das Platin, das den ganzen Berg erfüllt.

Der mächtige Mantel aus Erz, der den Berg umgibt, drückt die alte Schöpfung aus und muss gereinigt werden.

Wieder zeigt sich das allsehende Auge auf der Spitze des Berges – Babaji sagt: »Was du jetzt siehst, siehst du durch dieses Auge.«

Ich sehe viel Blau, Madonna-Blau.

Es bedeckt das ganze Erz mit seiner Macht der Sanftheit und Stille.

Das Erz, es kracht und bewegt sich – das Blau bringt das Erz von außen her zum Schweigen.

Von innen her ist das Erz berührt durch das Platin, die höchste Substanz.

Nach dem Blau wird das Weiß erscheinen.

Im Berg: das atmende neue Leben.

Wenn das Weiß über das Blau kommt, findet die Geburt statt; was innen war, wird außen sein: ein Sonnenlichtwesen – es kommt überall gleichzeitig zur Geburt.

Man kann das mit dem Verstand nicht fassen.

Vom tibetischen Kailash und vom Manasarovar-See aus ist alles vom Licht her vorbereitet.

Wenn das Weiß sich über das Blau legt, ist der Umkehrpunkt da, und beide Kailash verbinden sich miteinander für die Geburt dieser lebendigen, atmenden neuen Substanz, die gleichzeitig überall auf der Welt geboren wird.

Ich sehe einen riesigen Flügel – akashablau – vom tibetischen Kailash zum Herakhan-Kailash kommen.

Dieser mächtige Flügel enthält in sich selbst viele Flügel.

Innen in diesem riesigen Flügel ist Feuer, gewaltiges Feuer, das Explosionen verursacht. Es scheint, als ob dieser akashablaue Flügel mit seinem Feuer das Erz vollkommen zum Aufbrechen bringt, und erst dann der madonnablaue Mantel der göttlichen Mutter über das Erz gelegt wird und erst dann das Erz zur Stille kommt.

Das Erz ist unerlöst gewesen – es brauchte dieses Feuer …

Der Flügel von tiefem kosmischem Blau voll Feuer kommt ganz deutlich vom tibetischen Kailash und vom Manasarovar-See, vom ewigen Babaji, der von dort aus alles führt.

Das Feuer dauert nicht lang, dann kommt das Blau, dann das Weiß und danach ein zartes, lichterfülltes Grün – das neue Leben strömt nach allen Seiten …
Nach dem riesigen Feuerflügel, der das Erz der alten Welt sprengte, erscheinen lichtblaue, silbrige, wunderschöne Sternenwesen.
Sie alle strömen aus dem blauen Mantel der göttlichen Mutter hervor. Wahrhaftig, die göttliche Mutter ist und bewirkt alles.

Dann kommt der Umkehrpunkt, und das goldene Wesen ist da, geboren in jedem – leuchtend, strahlend …

Jetzt sehe ich viel Rot, ein tiefes machtvolles Rot.
Drachen kommen in Orangerot, sie kämpfen miteinander und haben Spaß daran, einander zu verschlingen.
Im tiefen Rot und in seiner Würde erwacht das menschliche Bewusstsein.

Alle wahren menschlichen Wesen knien nieder und beten, Schulter an Schulter, ganz nah beieinander – sie alle werden zu einem einzigen tiefen Gebet.
Das bewirkt, dass der Drachenkampf sich in Dampf auflöst.
Von oben kommt ein feines, zartes Gelb.
Unten auf Erden im tiefen Rot befinden sich die Menschen im Gebet um göttliche Gnade.

Dies verbindet alle mit dem Herakhan-Kailash und seinem Geburtsprozess.
Der Umkehrpunkt ist da.

Zu den Menschen in tiefem Rot kommt Schwarz.
Das Schwarz scheint wie der physische Tod – aber all jene, die beten, sind vollkommen verbunden mit der Geburt des Neuen.

Sie realisieren kaum, dass sie durch den Tod gehen, um neue Wesen zu werden.

Babaji hat den Tod schon auf sich genommen.

Er hat uns den Tod als das Tor zur Verwandlung gezeigt.

Der Schatten ist kurz für jene, die beten.

Aber für andere mag es wirken wie das Ende.

Überall leuchtendes Rosa, zarteste Liebe umgibt die Erde. Blühendes Leben in allen Farben und ein herrlicher Duft erfüllen alles.

Die Menschen haben feinere Körper.

Jeder bewegt sich frei auf der Erde.

Gott ist bei uns, wir sind in ihm. Babaji ist da.

Offenbarungen zu Babajis Mahasamadhi

21 Jahre später

1. Tag

An jenem sehr besonderen Tag, Babajis Mahasamadhi am 14. Februar 1984, der in Indien nach dem Mondkalender jedes Jahr neu berechnet wird – diesmal fiel er auf den 12. Februar 2005 –, war ich im Herzen wieder ganz tief verbunden mit dem, was damals in Herakhan geschehen war.

Seit dem Morgen begann sich eine große innere Kälte in mir breitzumachen, besonders im Herzbereich. Zittern überkam mich, und meine Versuche, warm zu werden, halfen nicht; die Kälte und das Zittern blieben, stundenlang, es schien mir endlos.

»Warum?«, fragte ich.

Es kam der Satz: »Aus den Wolken tropft Blut.« Ich war alarmiert, ging in die Stille und hatte folgende Vision:

Ich sehe Öffnungen in der Erde, aus denen es in Fontänen herausspritzt, hellblaue Wasser, pur, ganz licht – und andere Öffnungen, da blubbert es nur, darunter befindet sich etwas Schweres, Dunkelgelbliches, was nicht herauskommt.

Ich sehe schwarze Schiffe am Himmel, eine dunkle Tätigkeit oben, als ob der Ozean oben sei. Dann zeigen sich riesige feuerregenartige Bögen in verschiedenen Farben.

Es ist, als ob alles zusammenhinge mit Babaji und der Tatsache, dass er diesmal seinen physischen Körper der Erde gab.

Geschenk der Freiheit,
gemalt 2008 von Nila (mit Babaji)

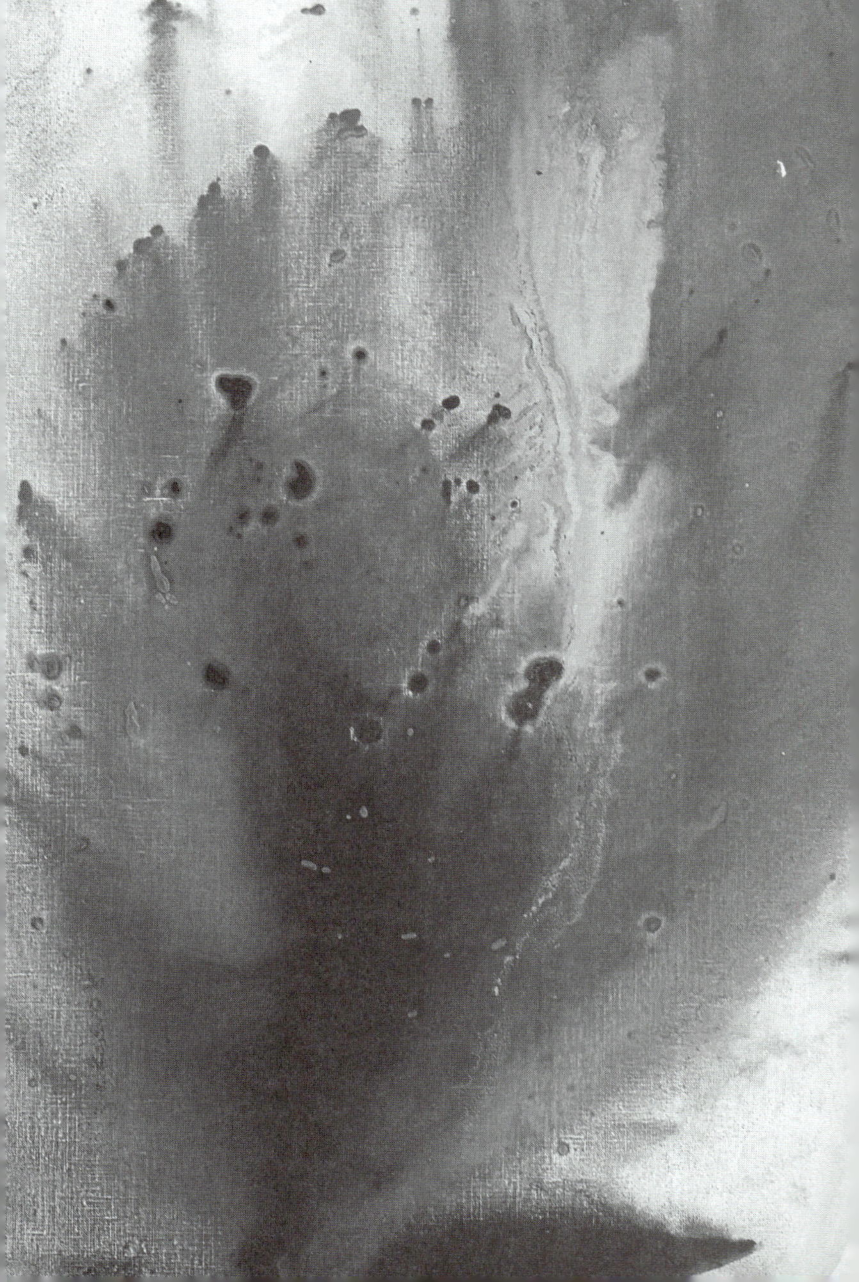

Von rechts kommt in Richtung Mitte eine bleisilberne Armee marschiert, in der einer wie der andere ist, klein, alle gleich, sie berühren nicht die Erde, sie sind von einer anderen Ebene.

Wer sind sie wohl?

Von links treten große Gestalten mit riesigen Speeren in Erscheinung. Sind das Satan-Engel? – Mein Herz hat Angst – Sie gehen mit ihren langen Speeren auf die bleisilberne Armee los.

Jetzt sehe ich goldene, fast durchsichtige Ritter.

Menschen von Gott: Oben, unten, rechts, links, in der Mitte, von überall her sind sie da.

Mit ihnen ist die göttliche Energie.

Sie beteiligen sich am Geschehen.

Jetzt donnert machtvoll etwas Dunkles, Violettes – fast Schwarzes – von oben senkrecht herab. Gewaltige Kugeln, die die Erde wahnsinnig aufbrechen.

Das Schwere, Dunkelgelbe ist es, was die Erde nicht loswird.

Die violetten Kugeln von oben haben die Erde trichterförmig aufgebrochen. Der Trichter – wie ein Krater – geht bis tief in die Erde.

Die Erde ist jetzt offen, kann atmen – ein Befreiungsatmen –, eine Erleichterung für die Erde, doch Schmerz für die Kreatur.

Die Erde ist jetzt nicht mehr rund.

In der geöffneten Erde werden Farben sichtbar.

Die Schichten sind rotorange, gelb, hellgrün und ganz unten tiefdunkelblau.

Aus tiefem Dunkelblau erhebt sich nun eine weiße Gestalt.

Die Göttin entsteigt der Tiefe.

Das Weiß steht jetzt auf.

Die violetten Bomben kamen vom Herrn der Schöpfung.

Die weiße Gestalt befreit sich in dem Krater aus der Tiefe.

Gesang erfüllt die geöffneten Erdschichten, wenn sie, die Göttin, aus dem dunklen Weltraumblau der Tiefe – wie eine Perle – ihr Haupt erhebt. Sie steigt empor.

Dieses Singen ist wie Sonnenlicht. Sie ist die Weltenkönigin und die Seele der Erde.

Jetzt steht sie hoch über der aufgebrochenen Erde, hat ihre Arme ganz weit wie zum Schutz über alles gebreitet. – Die Liebe ist da.

Der Herr selbst hat den Aufstieg der Göttin ermöglicht.

Die Elemente jubelten, als sie emporkam. Da ist ein Preisen der göttlichen Kraft.

Von unten steigt sie auf.

Als große Segens-Präsenz steht sie über allem, thront – und aus ihren Armen strömt ein Schleier, der die ganze Erde umhüllt. Ein segensreicher Schlaf senkt sich auf die Erde.

Zugleich ist es auch, als wenn sich an der Stelle des Einschusses eine neue Erde gebiert.

Die Göttin steigt auf, und das Singen, das aus tiefer Verehrung kommt, ist wie Sonne, ist Sonnenlicht.

Ein Singen des Dankes und der Freude der leuchtenden Farben, der Elemente, an sie, die Königin, die die Herrin dieser Erde ist.

Diese Verehrung, diese Liebe ist unzerstörbar.

Die Öffnungsstelle vibriert äußerst lebendig – die anderen Stellen der Erde nicht.

Der strömende weiße Schleier der Göttin löst sich von ihr – es findet eine Verschiebung statt.

Die Einschussstelle, der Trichter, reicht bis ins Innere der Erde, umfasst ein Siebtel der Erde.

Es ist, als ob sich dort, am Trichter der Einschussstelle, eine neue Planetensubstanz formt und als ob dort eine neue Erde sich herauszulösen begänne, durch den Gesang, der wie die Sonne ist.

Eine Sonnenerde wird aus dem Trichter herausgehoben.

Die Göttin hat den weißen Schleier um die alte Erde gehüllt, ihr geschenkt. Die alte Erde schließt sich wieder, heilt im weißen Tuch.

Das Neue ist geboren. Die neue Welt ist leuchtend.

Die Göttin selbst ist durchscheinendes Gold – steht jetzt lichtvoll ohne Schleier da.

Die alte Erde ist weiß umhüllt von ihrem Schleier. Devi selbst hat ihn zusammengebunden, behutsam verknotet an der Einschussstelle, auf dass die alte Erde in Ruhe sei.

Die Stelle, wo die Göttin emporgestiegen ist, bildet einen besonderen Punkt. Es ist, als ob in den Trichter der alten Erde eine heilende Substanz, eine Ruhe-Substanz gegeben worden ist, die die Erde braucht. –

Die alte Erde darf schlafen.

Der neue Planet leuchtet von innen heraus.

Die neue Erde ist leuchtend wie die Sonne.

In dem Moment, da sie sich herauslöst aus der alten Erde, strömt sofort Medizin für die alte Erde ein, eine milchigweiße Substanz, die sie durchdringt.

Die alte Erde formiert sich durch diese Substanz neu.

Sie braucht lange Zeit.

Sie hat Pause. Ruhezeit.

Die Substanz ist eine Gnadensubstanz.

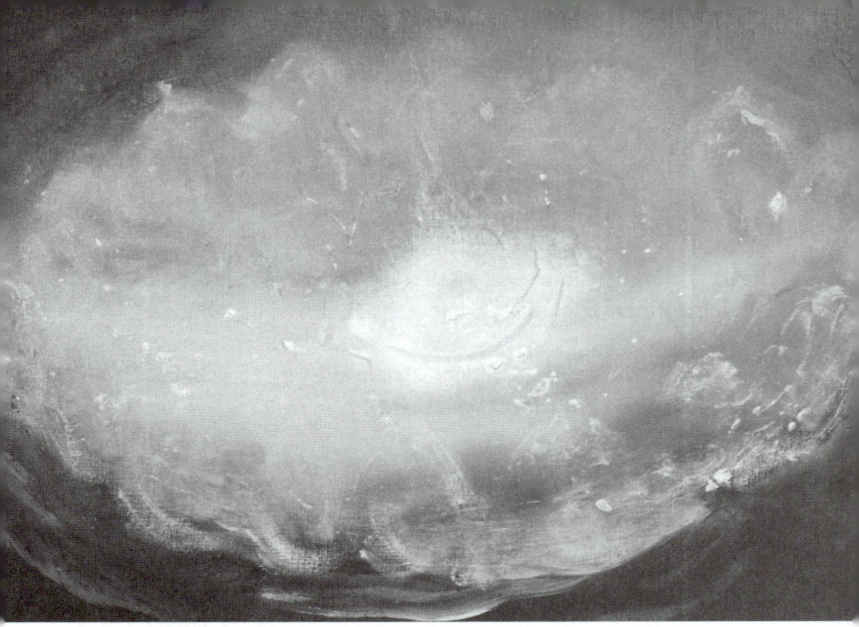
Heimat, gemalt 2006 von Nila (mit Babaji)

Die Devi ist es gewesen, die im untersten Wasser wie gefangen war.
Gott hat sie befreit.
Sie ist die Seele der Erde.
Die göttliche Mutter hat sich heruntergeschenkt in die Tiefe.

Aus dem tiefblauen Raum im Innern ist die Devi emporgestiegen.
Die Elemente, die Farben leuchten, alle Wesen singen.
Gesang, der wie Sonne ist.

Die neue Welt wird voll mit Loblied sein …
Rosarosengold – das sind die Farben der neuen Erde,
zart und fein,
ein Planet der Liebe und Verehrung.

2. Tag

Einen Tag nachdem Babaji seinen physischen Körper verlassen hatte, wurde er von seinem Kutiya nach draußen gelegt – auf Eisblöcke – unter seinen heiligen Baum.

Jetzt, einundzwanzig Jahre später, am 22. Februar 2005, wurde mir eine innere Vision geschenkt von dem, was damals geschah, als ich ganz ergriffen mit anderen um seinen physischen Körper stand, Wache haltend:

Weiße Vögel, schneeweiße himmlische Tauben kamen, sie bewegten ihre Flügel sehr rasch … und bedeckten Babajis Körper vollkommen.

Dabei nahmen sie all die Juwelen und kostbaren Edelsteine, die sich in seiner menschlichen Form gebildet hatten, heraus.

Jetzt erschien ein größerer Vogel, ein junger Adler, lichtgrau, ein ganz besonderes Wesen.

Er saß auf Babajis Haupt, auf diese Weise es beschützend.

Während die weißen Tauben jetzt ganz still – Taube an Taube – vollkommen Babajis Körper bedeckten, nahm der junge Adler aus Babajis Haupt das Juwel seines Dritten Auges heraus und verschlang es. All das zum Schutz.

Ich sah viele Gegenmächte wartend, um all das für sich selbst zu entnehmen. Doch der Adler und die weißen Tauben beschützten alles.

Plötzlich gab der Adler ein Zeichen. In diesem Moment flogen alle weißen Tauben und der Adler mit allen Schätzen zum Kailash.

Das Tor zum Kailash öffnete sich und wurde sofort wieder geschlossen und versiegelt.

Jetzt, da die Schätze sicher zum Kailash gebracht worden waren, kam ein herrliches Wesen und umhüllte Babajis Körper.

Es war die große Göttin, die ihn vollkommen mit ihrer blauen Hülle bedeckte, sodass die Gegenmächte nicht mehr nahen konnten.

Im Kailash feierte man ein großes Fest.

Die kostbaren Substanzen, die die Tauben gebracht hatten, waren nicht nur für die Erde, sondern auch für verschiedene Sterne. Ich sah einige Juwelen aufsteigen zu den Sternen.

Das Universum wurde neu geordnet.

Als Babajis Körper in die Erde gelegt wurde, nahm Mutter Erde seine Substanz sofort auf.

Babajis Körper brachte Licht und Farben in die Erde. Sie leuchteten.

Sie waren Glocken, die Farben tönten in der Erde.

Sie brachten Liebe, sie sangen.

Sie setzten einen sanften tiefen schmelzenden Prozess in Bewegung.

Die Erde braucht Zeit, um das alles zu integrieren.

Babaji kam, die Alchemie, die Geburt des Neuen in seiner physischen Form durchzuführen und diese Substanz der Erde zu geben.

Ein großes Wesen, dunkel, fast schwarz, zeigt sich.

Ist das der Tod?

Etwas Neues ist geschehen – im Tod ist eine Öffnung entstanden, die es vorher so nicht gegeben hat.

Als Babaji seinen physischen Körper durch den Tod gehen ließ, geschah dies.

Wenn man nicht auf den Tod schaut, sondern durch diese Öffnung, kann man die Sterne sehen.

Große Seelen sahen dies immer, aber jetzt ist es erreichbar für jeden.

3. Tag

Einundzwanzig Jahre später – eine Vision, geschenkt im »Nandan Van«, in unserem »Garten des Himmels«, am 23. Februar 2005:

Im Garten sah ich innerlich die göttliche Mutter, wie sie auf ihrem Steinsitz saß, in Ananda-Farben. Hinter ihr stand Lord Shiva.

Sie hatte Bhole Babas Körper in ihren Armen wie eine Hülle, eine Form.

Dann saßen sie und Lord Shiva, beide auf ihrem Sitz und hielten Bhole Babas Körper.

Aus Babajis Form wurde ein Kind geboren – ein Junge zwischen vier und fünf Jahren.

Er saß allein auf dem Steinsitz, mit dunklem, gelocktem Haar, aufrecht – wunderschön, voller Kraft, strahlend, segnend …

Seine Inkarnation für die neue Welt!

»Nandan Van«

Ein tief geheimer Bereich im Herakhan-Tal zwischen den Bergen Kailash und Siddheshwar

Wieder lief ich durch jenen tief geheimen Bereich zwischen Kailash, Lord Shivas Berg, und Siddheshwar, Lord Vishnus Berg, den Sheela mir 1979 gezeigt und von dem Babaji gesagt hatte, dass dort unterhalb der Erde im Feinstofflichen ganz erhabene Yogis leben, in höchster Glückseligkeit.

Es gebe die schönsten Früchte dort, das Kostbarste, was die Erde zu bieten habe, in großer Fülle.

Während meiner Aufenthalte in Herakhan war ich immer wieder voller Andacht zu diesem Platz gewandert, doch ich sah nur Steine und Steine – schöne Steine, wie überall im Tal von Herakhan.

Diesmal hatte ich eine der Stellen gefunden, wo der Gautama-Ganga, der im Manasarovar-See entspringt und lange unterirdisch fließt, schließlich in der Nähe des Herakhan-Kailash an die Oberfläche kommt.

Sehr beglückt führte ich am nächsten Tag meine Freundin Gisela zu dieser Stelle. Wir badeten in dem köstlichen Wasser.

Während wir über das geheimnisvolle Land zwischen Kailash und Siddheshwar liefen, erzählte ich Gisela, was Babaji über dieses Stück Erde gesagt hatte.

Als wir den Jesus-Baum erreichten, offenbarte sich dieser Bereich. Eine Vision wurde mir geschenkt. Das war im April 2005, während des Frühlings-Navaratri:

Ich sehe ein wundervolles Reich, einen heiligen Ort – es scheint ein Ort des immerwährenden Lebens zu sein. Ein Ort, oval und rund zugleich.

Es ist, als ob hier zwei Ebenen von Ovalen einander durchdringen, durchschwingen und auf diese Weise ständig neu ein vollkommen lebendiger Kreis entsteht, mit einer Schwingung von Leben, das nicht stirbt.

»Nandan Van«, vernehme ich als Name dieses wundervollen Reiches.

Ein Ort, der umgeben ist von zwölf Toren. Von sechs kostbaren Edelsteintoren im Wechsel mit sechs grünen Toren.

Die grünen Tore sind einfach, und in der Mitte eines jeden grünen Tores leuchtet – vollendet schön – die Flamme des Lebens, des Lebens, das nicht stirbt.

Glückliche Neue Welt,
gemalt von Nila (mit Babaji)

Die sechs Tore voller Edelsteine, die den Platz umgaben:
Im Nordosten befindet sich das blaue Tor, das Tor des Vertrauens, geschmückt mit Lapislazuli und anderen kostbaren blauen Steinen.
Nach Osten schaut das grüne Tor, das Tor des Friedens.
Im Südosten erkennt man das goldgelbe Sonnentor, das Tor der Sonnenerlösung.
In Richtung Süden leuchtet das rubinrote Tor, das Tor der Liebe.
Das Amethyst-Tor im Westen ist das Tor des Wissens, wo Wissen und Tun in vollkommenem Einklang sind.
Nach Norden, zum Kailash hin weisend, ist das weiße Tor zu sehen. Das Zeroland-Tor, welches voller Diamanten und Kristalle ist.
Durch diese kostbaren Tore werden die Liebe, das Wissen, die Kraft und die Heilung hinausgeströmt in die Welt.
Man kann nicht eintreten durch diese Tore. Nur über Babaji kann man hierherkommen.
Man muss von innen her gerufen werden.

In der Mitte des heiligen Platzes ist das Brot. Es ruht auf einem Chintamani-Stein; obgleich er aussieht wie ein lebendiges Nichts, ist er jener äußerst kostbare Stein, durch den alle Wünsche erfüllt werden können.
Im Kreis um das heilige Brot – das Brot des Lebens – sitzen zwölf leuchtend weiße Kinder, die es bewachen.
Hinter den Lichtkindern sind zwölf Fontänen, und hinter den Fontänen befindet sich ein Flammenkreis.
Dieses Brot ist ewig nährend.
Wer immer und immer wieder davon isst, wird nicht sterben. Es ist Gralsbrot.

Es ist mit diesem Brot wie mit dem Heiligen Gral, von dem es im »Parzival« heißt: »Wer den Gral sieht, wird eine Woche lang nicht sterben.« Der Gral macht die unsterblich, die ihn immer wieder schauen.

In Nandan Van im Herakhan-Tal ist das Brot der Gral, das Brot macht unsterblich, wenn man immer wieder davon isst.

Und das Brot wird nicht weniger. Es bleibt sich immer gleich.

»Nimm das Volle vom Vollen, so bleibt das Volle.«

Das Brot ist mit Leben aufgeladen. Es nährt alle Wesen aus der Quelle des Seins.

Durch die Präsenz dieses Brotes wird es immer Nahrung geben auf der Erde.

In der Mitte über dem Brot des Lebens strahlt Licht, herrliches Licht – die göttliche Präsenz –, durch das sich ständig neu ein Lichtdom über dem Ganzen bildet.

Viele erleuchtete Wesen leben hier. Es sind vor allem Menschen, die durch die Evolution gegangen sind.

Es gibt auch Tiere, die ebenso wie die Menschen und die Natur und alles, was hier ist, von innen heraus leuchten.

Das Grün ist vollkommen frisch, wie das Leben selbst. Die Bäume und Büsche verlieren hier nicht ihre Blätter.

In allen Dingen, allen Wesen, den Pflanzen, den Tieren, den Menschen, ist das Licht des Lebens, das aus sich selbst leuchtet.

An diesem Ort ist der Himmel in die Tiefe gegangen.

Aus der Tiefe strömt eine unglaubliche Kraft, ein weißes Licht empor. Es ist ein Ort, der ebenso weit in die Tiefe wie in die Höhe reicht.

In der Höhe strahlt Gold.

Alles ist erfüllt und durchdrungen von Babajis Präsenz, von der lebendigen göttlichen Gegenwart.

So ist »Nandan Van«, der Ort des lebendigen Brotes, der Ort des Brotes des Lebens, zwischen Kailash und Siddheshwar, ein Ort, von dem eine tiefe Heilung ausgeht für die Welt – und den Kosmos.

4. Die drei Tibet-Pilgerreisen in den Jahren 2000, 2004 und 2006

Tibet I
Die erste Pilgerreise nach Tibet im Jahr 2000

Boten vom Kailash

Der innere Ruf, zum Berg Kailash (6 714 Meter) in Tibet zu gehen, kam am Ende des Herbst-Navaratris 1999 in Chilianaula in Indien.

Ich schaute gerade eine erste Folge von Fotos für ein Buch über Tibet und den Kailash an, zusammengestellt von Gianpaolo Barberis, einem sehr begabten Künstler. – Als ich diese Bilder sah, war ich tief bewegt.

Ich wusste plötzlich, dass viele der Ölbilder, die ich male, vom Kailash inspiriert sind.

Dann vernahm ich ganz klar einen inneren Ruf: »Jetzt komm du selbst.«

»Wie kann ich das wagen?« – Mit dieser Frage ging ich zu Muniraj. Ich bin physisch nicht trainiert, zwar bin ich viele Male auf den Herakhan-Kailash gestiegen, doch hatte ich sonst gar keine Bergerfahrung.

»Ja, du kannst gehen!«, sagte Muniraj mit einem strahlenden Lächeln. Sein strahlendes Ja, Shastrijis vollkommene innere Unterstützung und vor allem meine Liebe zu Gott und mein Vertrauen auf ihn trugen mich durch alles, was da noch hochkam vor Beginn der Reise und dann durch die ganze Pilgerreise hindurch, die so tief gesegnet war.

Mein Vertrauen wurde gründlich getestet:

Drei Wochen vor der Reise bekam ich in den Hals einen Stich

von einem Moskito, und noch eine Woche vor Abflug war die Hälfte meines Halses flammend rot bis zum Ohr!

Ich betete intensiv und rief Babaji um Hilfe, und seine Antwort lautete: »Wenn ich dich rufe, glaubst du, dass ich dich im Stich lassen würde?«

»Nein, bestimmt nicht.« Und so entspannte ich mich in seine Liebe.

Ein befreundeter Arzt gab mir ein Antibiotikum, und wirklich: Von dem Moment an, in dem das Trekking begann, war ich fit. Dank göttlicher Gnade blieb das so die ganze Pilgerreise hindurch.

Ich reiste mit einer Gruppe von Findhorn.

Wir waren zwölf mehr oder weniger trainierte Menschen aus dem Westen, die alle Vertrauen auf Gott hatten, die alle gelernt hatten, in unerwarteten Situationen flexibel zu sein, und die viel Offenheit füreinander mitbrachten.

Wir hatten keinen Arzt bei uns, wir waren Heiler füreinander, wenn der eine oder andere Probleme hatte. Jeder kam am Ende heil zurück, gesegnet mit tiefen und unvergesslichen Erfahrungen.

Unsere Reise begann mit einem Flug von London nach Kathmandu (1 300 Meter Höhe), von dort flogen wir mit einem anderen Flugzeug nach Nepal Gunj, und dann brachte uns ein sehr kleines Flugzeug, das nur bei gutem Wetter fliegen konnte, nach Simikoth (2 900 Meter).

Dort begann unser Trekking am 4. Juni, und von da an verbrachten wir 24 Nächte in Zelten. Wir marschierten in Nepal circa acht Stunden pro Tag und machten nur wenige Rasttage.

Der Weg führte über die Berge und Täler von Nepal, sodass wir uns langsam aber sicher an die Höhe gewöhnen konnten.

Ein Team von Sherpas begleitete uns, Bergführer, die den Weg kannten. Sie kümmerten sich hilfsbereit um uns, stellten die Zelte auf, kochten Mahlzeiten und vieles mehr. Eine sehr liebenswerte Mannschaft.

Unsere Zelte, Seesäcke und Taschen wurden in Nepal von kleinen Pferdchen, am Kailash von Yaks getragen.

Tenji, unser Hauptsherpa, der uns alle an einen kleinen Buddha erinnerte, war voller Liebe, Kraft und Humor und führte uns wirklich sehr gut und sicher.

Wegen unerwarteter schwerer Regenfälle, die anderthalb Tage dauerten, wurden wir durch und durch nass und mussten haltmachen. Glücklicherweise fanden wir ein leeres Haus vom Nepal-Trust, mit einem Ofen darin. Nepal-Trust war von der Findhorn-Gemeinschaft gegründet worden.

Die meisten von unserer Gruppe übernachteten in dem Haus, während ich und zwei andere draußen in Zelten schliefen.

Die ganze Nacht über donnerte es gewaltig, aber keine Blitze waren zu sehen, und ich fragte mich: »Wie kann das sein?«

Am nächsten Tag erfuhren wir, dass überall – bis nach Tibet hin – mächtige Erdrutsche stattgefunden hatten.

Wir sangen, beteten, versuchten, guter Dinge zu sein, und hofften, dass unser ganzes Material, dass nass geworden war und das wir um den Ofen herumgelegt hatten, trocknen würde.

Endlich hörte der Regen auf, doch wegen der Erdrutsche mussten wir ganz neue Trekkingpfade finden. Zum Teil waren diese neuen Pfade sehr gefährlich, besonders für die kleinen Pferde, die unser Gepäck trugen. Eine unerwartete Gratwanderung für Mensch und Tier.

Je höher wir kamen, desto mehr traten bei einigen von uns Symptome von leichter Höhenkrankheit auf, doch durch unsere Liebe, unser Vertrauen auf Gott und unsere Medizin konnten diese Schwierigkeiten überwunden werden.

In einem Notfall löste ein »Gamma-Bag«, eine aufblasbare Dekompressionskammer, die wir dabeihatten, das Problem.

Wir alle erreichten Tibet (4 500 Meter) sicher und rechtzeitig am 10. Juni, nachdem wir in Sher und dann in Purang gut durch den chinesischen Zoll gekommen waren.

Wegen der Erdrutsche konnten keine Jeeps kommen, um uns abzuholen, so gingen wir zu Fuß in das Land von Tibet hinein.

Was für ein Segen, mit allen Sinnen zu erfahren, wie wunderschön dieses Land ist, wie anmutig und sanft die Konturen seiner Hügel, wie machtvoll und fein die Farben seiner Felsen und Steine sind!

Es gibt kaum Grün. Einfach nur Himmel und Erde, wie am ersten Schöpfungstag. Rein und still, aber gewiss nicht leicht, darin zu leben!

Wo immer jedoch ein bisschen Wasser war, entstand sofort Grün. So sahen wir zum Beispiel einen großen schönen Rosenbusch, der einfach zwischen den Steinen herauswuchs.

Nachdem wir einige Stunden durch dieses wunderschöne Land gewandert waren, kamen drei Landcruiser, um uns durch das Hochland von Westtibet zu fahren.

Wie majestätisch ist diese Weite, diese Stille – es ist atemberaubend!

Der Kailash kam in der Ferne in Sicht, wie ein Kristall erhob er sich über der Ebene, ganz sanft und fein.

Wir alle stiegen aus, verneigten uns, grüßten ihn voller Freude.

Der Kailash wurde durch die Zeiten hindurch verehrt und als Sitz des höchsten göttlichen Wesens verstanden, wie immer man es nennen möchte: Für die Tibeter ist es Buddha, für die Hindus Lord Shiva, oder einfach der Vater.

Es geht eine gewaltige Majestät und ein fühlbar tiefer Segen von ihm aus. Der heilige Berg wird respektvoll umrundet, nicht erstiegen.

Jenen, die vor langer Zeit versuchten, ihn zu erklimmen, hatte er Stürme und Eis geschickt, sodass sie fliehen mussten. Keiner würde es je wieder wagen, ihn zu ersteigen, so wurde berichtet.

Nach einer Weile zeigten sich zu unserer Rechten Hügel von unendlicher Sanftheit, Anmut und Schönheit, die mein Herz erbeben ließen. Es waren die Ausläufer von Gurla Mandhata, wie ich hörte.

Dann tauchte zur Linken der Raksastal auf, der See des Mondes. Er wird auch der See der Dämonen genannt. Dieser See begrüßte uns mit seiner faszinierenden türkisen Farbe und dem dynamischen Wechsel von gleißendem Licht und Schatten.

Tief berührt waren wir alle ausgestiegen. Vier von uns, darunter auch ich, sprangen spontan den Hang hinunter und liefen dann am Strand entlang. Die Versuchung war da, sein Wasser zu berühren – aber ich vernahm ein leises »Halt« in mir, und so hielt ich mich zurück.

Ich wollte lieber als Erstes das Wasser vom Manasarovar-See berühren.

Tenji erzählte uns, dass viele Brahmanen aus Angst vor den Dämonen den Raksastal-See nicht einmal eines Blickes würdigen. »Das bedeutet aber, dass die Dämonen nicht verwandelt werden«, dachte ich im Stillen.

Über dem Raksastal zeigt der Kailash sein Südantlitz, mit einem klar erkennbaren Kreuz darin. Der See, ebenso schön wie einsam, hat ein zerklüftetes Ufer und eher die Form einer Mondsichel. Kein Leben sei darin, hörten wir von Tenji, es gebe auch kein Gompa (Kloster) mehr an diesem See.

Kurz nach dem Raksastal tauchte auf der rechten Seite der andere See, der Manasarovar-See auf. Er wird »the Mind of Brahma« oder »der See der Sonne« genannt. Ein wundervoller See, voller Liebe, weit und ganz rund. Man kann sich dort sofort zu Hause fühlen. Er ist voller Leben – Fische, Enten, Vögel – und wechselt ständig seine Farbe, von tiefem Blau zu Himmelblau, Silber, Rosa, Rosengold.

Sieben Gompas liegen an diesem himmlischen See.

Im Süden des Manasarovar-Sees erhebt sich der Berg Gurla Mandhata (7 680 Meter) mit seiner Traumsilhouette wie eine schlafende Schönheit über dem See. Er gilt als der Berg der göttlichen Mutter, als weibliche Entsprechung des Kailash.

Eine Prophezeiung sagt, dass die Zeit nahe sei, da dieser Berg ebenso heilig werden würde wie der Kailash. Die Legende sagt auch, dass nur dann, wenn wieder Wasser vom etwas höher gelegenen Manasarovar-See (4 500 Meter) zum Raksastal fließt, Tibet glücklich sein wird und so die ganze Welt.

Vor dem Manasarovar-See führte ich spontan eine einfache Feuerzeremonie aus im Gebet um Schutz und Segen für uns alle bei unserer Kailash-Umrundung.

Tenji hatte mir, auf meine Bitte hin, eine kleine Metallschale aus der Zeltküche gegeben, in der ich mit meinen mitgebrachten, mit gereinigtem Butterfett getränkten, gezwirbelten Watteküglechen ein kleines Feuer in Gang brachte. Er hatte mir auch etwas Reis zum Opfern gegeben. Alles andere, wie das Opfern von Blüten und Früchten, machte ich innerlich, während ich die Mantras rezitierte.

Ich hatte das Tuch aus rotem Samt in der Form eines zwölfblättrigen Lotos mit dem OM darin dabei, das ich im Februar 1984 zu Babajis Mahasamadhi hatte machen lassen und das lange auf der Erde über seinem Leib gelegen hatte.

Dieses Tuch breitete ich hier und an allen besonderen Plätzen unserer Pilgerreise aus, auf dass Babaji selbst all diese Plätze auf besondere Weise berühre und segne.

Nach dem Feuer war es wundervoll, ein Tauchbad im heiligen Wasser des Sees zu nehmen. Es wird gesagt, dass ein Bad im Manasarovar-See von allem negativen Karma befreie.

Am 15. Juni begann unsere Kora oder Parikrama, das Umrunden des heiligen Berges.

Wir hatten so viel wie möglich von unserem Gepäck in Darchen, einem kleinen Ort am Fuß des Kailash, zurückgelassen und setzten unsere Reise mit sehr wenig Gepäck, das von Yaks getragen wurde, fort.

Zu Beginn beteten wir alle im Kreis für eine gesegnete Kora.

Und dann, wie so viele Male vorher, sagte ein Freund, in diesem Fall Craig, der Leiter der Gruppe von Findhorn, zu mir: »Geh du voran.«

Die innere Freude schien mir oft Flügel zu verleihen, sodass ich rasch und mit Leichtigkeit laufen konnte, ohne Höhenprobleme.

Es war nicht schwer zu sehen, wo dieser tausend Jahre alte Weg der Kora war. Einige Tibeter gingen ihn bereits, und ich folgte ihnen, nicht wissend, dass meine Freunde von der Gruppe noch damit beschäftigt waren, einen steinernen heiligen Mantrenwall in einiger Entfernung zu umrunden.

Dann geschah etwas Wunderbares:

Ich sah ein Kind den Hügel herabkommen, anmutig und mit Schwung, strahlend wie eine Sonne und voller Kraft. Es hatte seine rechte Hand zum Segen erhoben. Der Junge, etwa zehn Jahre alt, sah tibetisch aus, hatte kurzes dunkles Haar, war schön gekleidet mit einem schneeweißen Seidenhemd, das perfekt gebügelt war, und mit einem tiefdunkelroten Rock. Reine Freude strahlte aus jeder Zelle seines Körpers, so kam er den Hügel herab.

Vor mir ging eine Tibeterin, die ganz entzückt war über den Jungen. Sie drückte laut ihre Freude aus, und er sagte etwas zu ihr. Dann kam er zu mir und sagte auf Tibetisch »Tashi delek!« (»Ich grüße dich!« oder »Glücklicher Tag«). Sein Strahlen war so bewegend, dass ich spontan seine Hand berührte, einen Moment begegneten sich unsere Hände in vollkommener Freude. Das war am Donnerstag, den 15. Juni 2000.

Ein Bote vom Kailash!

Er ging weiter, und ich setzte meine Kora aufwärts fort.

Später, gegen Ende der Kora um den Kailash, ahnte ich, wer dieses strahlende Kind gewesen war. Dieser Junge, der so erfüllt war mit der Kraft der Sonne und Freude und der mir ein inneres Tor zum Kailash geöffnet hatte.

Einen Tag nach dieser wundervollen Begegnung, am 16. Juni, dem Vollmondtag, feierten die Tibeter das Sagadava-Fest, das Fest von Buddhas Geburtstag. Nach westlicher esoterischer Tradition ist dies die Zeit, in der sich Buddha und Christus treffen, um die Welt zu segnen.

Die Tibeter waren von allen Himmelsrichtungen gekommen, um in Tarboche (4 700 Meter Höhe) zu feiern, auf der Südwestseite des Kailash, wobei ein riesiger Pfahl mit Tausenden von neuen Gebetsfahnen aufgestellt wurde. Wenn der Wind die Gebete liest, dann werden sie erfüllt – so der tibetische Glaube.

Wie stark und aufrecht die tibetischen Nomaden waren, Männer wie auch Frauen, und wie liebevoll und fürsorglich Kinder und Eltern miteinander umgingen!

Wir campten ganz nahe am Kailash, gerade vor seinem Südwestangesicht mit einem Fels davor, der aussieht wie Nandi, Lord Shivas Stier. Ich empfand die Nähe des Kailash als sehr bewegend.

Nordantlitz des Kailashbergs im Jahr 2000

Es war überwältigend, nachts angesichts des Vollmondlichtes, das über dem ganzen heiligen Berg schien, seine Majestät, Klarheit und Schönheit zu erleben.

Am 17. Juni führte uns der Weg durch ein kathedralenartiges, westliches Tal am Kailash entlang mit seinen fantastischen, ehrfurchtgebietenden Felsformationen, die mir wahrhaftig wie Sitze von Göttern erschienen. Schließlich erreichten wir das Nordantlitz des Kailash.

Das atemberaubend schöne Nordantlitz, das bestimmt das allermachtvollste Antlitz des Kailash ist, fühlte sich für mich an wie ein einziger, gewaltiger Diamant! Steil erhebt es sich mit seiner sanft gekurvten, eisigen weißen Kuppel.

Wir alle waren tief beeindruckt, obgleich sich der Kailash zuerst zur Hälfte in Wolken verbarg.

Unsere Zelte wurden unter dem Nordantlitz aufgebaut, an dem höchsten Platz, an dem es überhaupt noch möglich war, als Gruppe zu campen.

»Dürfen wir so nah an dem Sitz der höchsten Gottheit campen?«, fragte ich mich. »Bitte, geliebter Herr des Berges, erlaube es! Es macht uns so glücklich, dir so nahe zu sein!«

Ich war so voll Liebe zu dem Berg, so sehr angezogen von der Majestät und Schönheit seines Nordantlitzes, dass ich mit klopfendem Herzen begann, ihm noch weiter entgegenzugehen. Allein. Dabei hielt ich immer und immer wieder inne und fragte: »Darf ich weitergehen?«

Ich hatte mit dem Wesen des Berges die Abmachung getroffen, dass ich – solange er seine Wolken hochziehen würde – weiter emporsteigen dürfte.

Immer nach ein paar Schritten bat ich wieder um Erlaubnis, noch höher zu gehen, und der Berg hob wirklich seine Wolken weiter und weiter empor.

Die Luft war erfüllt von einer hohen Schwingung.

Nachdem ich an einem gefrorenen Schneefeld mit einigen Eisströmen darin emporgegangen war, merkte ich, dass der unterste Teil seines Domes, der zuerst so nahe schien, doch noch in einiger Entfernung lag.

Da hörte der Berg auf, seine Wolken hochzuziehen, und es war klar für mich, dass ich wieder hinuntergehen musste.

Ich erreichte unsere Zelte gerade rechtzeitig, bevor die Dunkelheit hereinbrach.

In dieser Nacht ließ ich mein Zelt offen. Ich fühlte nicht die Kälte, ich fühlte nur meine Liebe für den Berg. Ich sprach mit ihm, öffnete ihm mein ganzes Herz und betete zu Babaji und zu der ganzen Geschwisterschaft des Lichts …

Und dann kam die Antwort, eine überwältigende Antwort. Es war fast mehr, als ich als Mensch ertragen konnte. In meiner Stirnmitte entstand ein unbeschreiblicher Druck. Es war, als wäre ich dem härtesten Stein der Welt ausgesetzt, lange ... endlich ließ der Druck nach, und dann war da reines Licht.

Die Essenz aller Mysterien schien versiegelt zu sein im Nordantlitz. Ich fühlte, es war das Dritte Auge des heiligen Berges, und durch meine Liebe war ich in Schwingung mit ihm gekommen.

Am nächsten Tag, es war der 18. Juni, vor Sonnenaufgang, stand der Kailash da in Weiß, in einem kristallklaren Himmel, in fast durchsichtiger leuchtender Schönheit.

Allein ihn so zu sehen bewirkte, dass jeder sich wie neugeboren fühlte. In der Glorie der aufgehenden Sonne wurde er dann ganz golden. Ein goldenes Juwel im Himmel! Welch ein Segen für uns alle, für alle Pilger, die gekommen waren, um die Kora in dieser Vollmondzeit zu machen!

Der Weg führte weiter hinauf zum Dolma-La-Pass (5 600 Meter). Es war ein steiler Aufstieg. In dieser Höhe sind alle Schritte den Berg hinauf eine große Anstrengung für den Körper, besonders für Herz und Lungen.

Wir sahen einen Menschen, der die ganze Umrundung des Kailash in Form von Niederwerfungen ausführte, das heißt mit der ganzen Länge seines Körpers sich hinlegend, wieder aufstehend, einen Schritt gehend, und wieder sich hinlegend. So umrundete er unbeschreiblich langsam den heiligen Berg, dabei jeder Witterung ausgesetzt.

Das vollkommen Erstaunliche waren dabei seine großen strahlenden Augen, sein lächelnder, liebevoller Blick.

Dieser schöne Mensch, der dieses Opfer vollzog, gewiss nicht nur für sich selbst, sondern zum Wohl des Ganzen – wer das wohl war?

Zuerst führte der Weg empor durch Shiva Tsal, einen Steinhügelfriedhof, an dem die Pilger traditionell etwas von sich selbst zurücklassen, ein paar Tropfen Blut, Haare oder Kleider … und dann ging es steil weiter.

Endlich kamen wir am Dolma-La-Pass an, dem höchsten Punkt der Kora, markiert durch einen riesigen Felsen mit Hunderten von Gebetsflaggen, zu denen wir unsere hinzufügten.

Dolma oder Tara ist die Göttin des Mitgefühls, des Erbarmens.

Dort führte ich, die göttliche Mutter tief grüßend, mit meinen Findhorn-Freunden eine Lichtzeremonie durch. Am Dolma-La herrschte ringsum eine festliche Stimmung.

Dann begann der steile Weg hinab in Richtung Gauri Kund, eines bezaubernden ovalen grünen Sees, genannt »der See des Erbarmens«. Er ist einer der höchstgelegenen Seen der Welt. Ich war tief in der Seele berührt, diesen See zu sehen.

Und weiter hinab ging es zur östlichen Seite des Kailash, die viel weniger dramatisch und streng wirkte als seine westliche Seite.

Am nächsten Tag erreichten wir ein Gompa, das mit Milarepa verbunden war, dem singenden Yogi-Poeten von Tibet.

Wir trekkten über höchst erstaunliche Steinwege mit Felswänden in allen Farben. Von dort aus eröffneten sich dann bezaubernde Blicke zum Raksastal und zum Manasarovar, den Geschwister-Seen, die wie zwei kostbare Geschmeide in strahlender Schönheit unten in der Ebene lagen.

Schließlich erreichten wir Darchen, das kleine Dorf im Süden des Kailash, von dem aus wir gestartet waren. Hier trennten sich die Wege unserer Gruppe bis zum Ende der Pilgerreise. Acht von uns fuhren mit Landcruisern nach Lhasa, während nur vier von uns den ganzen Weg zurückgingen, den wir gekommen waren, und ich war eine der vier.

Zuerst verbrachten wir zwei Tage am Manasarovar-See. Dort führte ich eine innere Dankesfeuerzeremonie aus.

Wieder nahmen wir ein Bad in dem heiligen Wasser dieses herrlichen Sees, über dem sich die Farbe des Himmels von einem Moment zum anderen durch plötzliche Gewitter oder Stürme von engelhaftem Rosa und silbergoldenen Farben in dramatisches Dunkel, Weiß, Violett, Blau und Gelb verwandeln kann. Und dann wieder weiter blauer Friede, als wenn zuvor nichts gewesen wäre.

Seit wir Tibet betreten hatten, fühlte ich mich einfach eins mit seiner Erde, seinen sanft geschwungenen Hügeln und Bergen. Dies erfüllte mich mit tiefer Freude. Aber als jetzt der Tag nahte, an dem wir Tibet verlassen mussten, wurde ich traurig. Wie tief diese Trauer war! Ich musste weinen und konnte nicht aufhören zu weinen …

Tibet zu verlassen mit seinen Juwelen von Manasarovar-See und Kailash war für mich so schwer, dass ich eine Ahnung davon bekam, wie es für unsere Seelen gewesen sein musste, als sie das Paradies verließen.

Am Nachmittag dieses 21. Juni, unseres letzten Tages in Tibet, zelteten wir in einem Tal nicht weit entfernt von der nepalesischen Grenze. Als meine Freunde sich entschlossen, einen Spaziergang zu dem nahe gelegenen Dorf zu machen, um tibetisches Leben besser kennenzulernen – denn bis jetzt kannten wir ja nur die freie Natur von Tibet –, ging ich mit ihnen, in der Hoffnung, meine Traurigkeit zu überwinden.

Das große Kloster dort, das zum Teil sehr zerstört war, wurde mit Einsatz aller Kräfte wieder restauriert.

Wir tranken Butter-Tee zusammen mit einem sehr feinen westlichen Menschen, Nic, der mir innerlich wie ein Bruder vorkam.

Später, als ich wieder im Zelt war, kam ein kleines Mädchen zu mir. Sie nahm meine Hand, und wir gingen zusammen hinaus. Hand in Hand liefen wir durch den Abend, und sie führte mich noch einmal zum Kloster zurück und von dort zu Nic, der außerhalb wohnte. Es ging zu ihm durch einen großen Hof, in dem eine größere Gruppe Gäste saß, auch ein weißhaariger Mann. Nic war in einem kleinen dunklen Raum damit beschäftigt, etwas zu kochen. Spontan schenkte ich ihm etwas für das Kloster und erzählte ihm von meiner Liebe für dieses Land, dass ich mich so eins mit dem Land fühlte und dass eine unerklärlich tiefe Trauer in mir war, weil wir morgen Tibet verlassen müssten.

In diesem Moment kam der weißhaarige Mann in unseren dunklen Raum. Er war groß, und während er schweigend an der Tür stand, schaute er liebevoll zu mir, für eine ganze Weile, mit warmen großen dunklen Augen voller Verstehen, voller Mitgefühl. Dann ging er.

OM namah Shivay.

Ich dachte, dieser weißhaarige Mann sei ein Freund von Nic, aber erst sechs Wochen später und mit Shastrijis Hilfe fand ich heraus, wer dieser Mann gewesen war und was für ein Segen mir gegeben worden war.

Als ich mit Nic wieder in den Hof kam, war der Platz leer, alle Menschen waren gegangen.

Ein glorreicher, orangerot-goldener Abend begrüßte mich draußen, und während ich zurückging zu unserem Zeltplatz, begleitet von einigen Kindern, stellte ich fest, dass all meine Traurigkeit sich aufgelöst hatte! Ich war erfüllt von Freude und tiefer Dankbarkeit!

Adieu, geliebtes Tibet!

Dann begann wieder das Trekking hinauf und hinab durch Nepals grüne Berge und Täler, die so vollkommen verschieden sind von der majestätischen Weite des tibetischen Hochlands.

Gegen Ende unserer Pilgerreise, gerade einen Tag bevor unser Trekkingabenteuer zu Ende ging, es war Montag, der 26. Juni 2000, ich ging allein, die anderen waren in einiger Entfernung hinter mir, da kam ein junger Mann von etwa zwanzig Jahren mit großer Geschwindigkeit auf mich zu. Schon aus der Entfernung nahm ich wahr, dass dies ein Wesen war, das gleichzeitig nach allen Seiten sehen konnte. Er hatte ganz ungewöhnliche Augen, groß, sehr feurig, mit viel Weiß rundum, sein ganzes Wesen schien aus Feuer zu bestehen, er war unglaublich lebendig!

So kam er direkt auf mich zu und hielt einen meiner Bergstöcke fest. Dabei schaute er mich geradewegs an, lachend, wie tief mich kennend, mit einer Freude, die viele Dimensionen zu haben schien. »Was? Will er meinen Bergstock haben?«, fragte ich mich und wunderte mich sehr über sein spontanes herausforderndes Verhalten. Für eine ganze Weile standen wir, ohne zu sprechen, Auge in Auge. »Wer magst du sein?«, dachte ich. Sein ganzes Wesen war mir so vertraut, und doch wusste ich nicht, wer er war. Während er meinen Bergstock festhielt und ich ihn ebenso festhielt, fragte ich mich: »Soll ich ihm den Bergstock geben?« Ich wusste, dass wir noch ein sehr steiles und langes Stück Weg vor uns hatten, und diese Bergstöcke waren sehr hilfreich, ein wichtiger Teil unserer Ausrüstung, und so beschloss ich, die Bergstöcke jetzt noch nicht wegzugeben.

Dann sah ich zwei sehr schlanke, edle, außergewöhnlich groß gewachsene Männer, die ihm folgten. Während er nur meinen Stock losließ, wandte er sich an diese beiden Männer, die wie Brüder aussahen, und sagte etwas zu ihnen, offenbar über mich. Einer von beiden schaute mich für ein paar Momente intensiv und tief an. Dann gingen die drei weiter. »Wer waren sie? Und wer war er?«

Ich wunderte mich sehr. »War das Baba Goraknath, dessen Präsenz ich am Tag zuvor so stark gefühlt hatte? – Nein. – Aber wer war es dann?« Eins war mir klar, er war kein Wesen von dieser Welt. Für eine ganze Weile vermochte ich nicht, mit irgendjemandem über diese Begegnung zu sprechen.

Als wir zurück nach Kathmandu kamen, glücklicherweise alle gut in Form, sagte Craig: »Nie mehr in unserem Leben werden wir unseren Körper wieder so strapazieren!« Und ich fügte hinzu: »Außer, wenn wir wieder zum Kailash gehen!«

Am Abend rief ich Shastriji an und am nächsten Morgen Muniraj, um zu berichten, wie tief gesegnet diese ganze Pilgerreise war und wie dankbar ich war für all ihre Ermutigung, innere Unterstützung und ihren Schutz. Natürlich dankte ich im Herzen auch meinen Freunden im Westen für ihre guten Gedanken und die vielen Gebete.

Durch alles hindurch wusste ich, dass es Babaji war, der jeden Schritt meiner Reise geführt hatte. So gilt mein tiefster Dank immer ihm und dem unendlichen Gott.

Meine Pilgerfreunde und ich hatten oft gefühlt, dass auf einer inneren Ebene viele Wesen mit uns wanderten. Wir gingen nicht allein.

Am Telefon erzählte ich Shastriji von diesem strahlenden Kind, das zu Beginn der Kora um den Kailash den Hügel herabgekommen war. Shastriji sagte sofort: »Das war Babaji!« Er bestätigte damit, was mir in der Zwischenzeit schon selbst klar geworden war.

Als ich ihn dann nach einigen Tagen von Deutschland aus anrief, waren seine ersten Worte: »Du bist dem wahren Babaji begegnet!« Erst einige Wochen später war ich fähig, Shastriji von der Begegnung mit diesem schönen, feurigen jungen Mann zu erzählen, der mit großer Geschwindigkeit auf mich zugekommen war und lachend einen meiner Bergstöcke festgehalten hatte. »Wer war er?«, fragte ich ihn. – »Das war Herakhandi Baba!«, sagte Shastriji. Babaji in seiner früheren Erscheinung. »Herakhandi-Baba in seiner jungen Form!«

Wie wundervoll! Bisher hatte ich Babaji in seiner früheren Erscheinungsform nur innerlich als alten Herakhan-Baba erlebt.

Ich fragte Shastriji: »Ist der, den ich traf, derselbe, der beschrieben wird in Yoganandas Biographie als der unsterbliche Babaji?« – »Ja!«, war seine Antwort. Und später sagte Shastriji:

»Herakhandi-Baba ist auch Bhairav Baba.« – Das ist der große Beschützer von Wahrheit und Liebe.

Als ich Shastriji von der machtvollen Kommunikation mit dem Kailash erzählte, die ich in der Nacht unter dem Nordantlitz des Kailash erfahren hatte, sagte er: »Du trafst Kailash! Und du trafst den Herrn des Kailash!«

Als Antwort auf meine Frage, wer diese zwei schlanken, sehr großen Männer waren, die bei ihm waren, sagte Shastriji: »Sie sind seine Wächter. Sie sind immer als Wächter um ihn.«

Welche Gnade!

Als mit Shastrijis Hilfe all das klar wurde, hörte ich Babaji in mir sagen: »Und ich traf dich drei Mal!«

Schließlich fand ich es heraus: Es war an meinem allerletzten Tag in Tibet, an dem ich so traurig war, dass ich Tibet verlassen musste, als dieser weißhaarige Mann kam und mich mit solcher Liebe und solchem Mitgefühl angeschaut hatte.

Wer war das?

Shastriji sagte: »Das war Mahendra Maharaj!« Mahendra Maharaj, ein großer Schriftgelehrter, Prophet und Eingeweihter, hat das Wiedererscheinen Babajis vorausgesagt. Er war der tief verehrte Lehrer von Shastriji, ein Wesen voller Liebe und, obgleich in männlicher Form, ein Ausdruck der göttlichen Mutter.

Hier habe ich keine Worte mehr!

Die Menschen, denen Babaji sich offenbart hat, sind sich bewusst, dass Babaji uns überall und in jeglicher Form erscheinen kann. Er hat die Kontrolle über die fünf Elemente und kann jederzeit, was immer er will, manifestieren. Er kann eine physische Form für ein paar Momente manifestieren, um jemandem seinen Segen zu geben, oder für längere Zeit in einem manifestierten Körper bleiben.

Wie kann ich also wissen, ob er die Form dieses wundervollen Kindes, das ich traf, nur für eine kurze Zeit oder länger aufrechterhält? Das liegt vollkommen bei ihm. – Das Gleiche gilt natürlich auch für Babajis Erscheinen als junger Herakhandi-Baba mitsamt seinen beiden Begleitern.

Als ich auf diese Pilgerreise ging, war ich frei von Gedanken und Erwartungen, hatte nur das Gebet, dass es gut gehen möge für alle von uns.

OM namah Shivay!

»Gott ist Liebe, und Liebe ist Gott«, sagte Babaji immer wieder zu uns. So verstand ich: Wenn wir im Raum der Liebe sind, sind wir in Gott.

Man könnte auch sagen: Kailash, dieser »heilige Sitz des Göttlichen auf Erden«, ist Liebe, auch wenn er gefährlich zu sein scheint.

Babaji konnte auch gefährlich erscheinen, gefährlich für unser Ego, doch er war – ist Liebe.

Tibet II
Die zweite Pilgerreise nach Tibet im Jahr 2004

Zur Ehre von Gurla Mandhata

Der innere Ruf, wieder nach Tibet zu kommen, erreichte mich im Januar 2001: »Komm wieder – dieses Mal, um Gurla Mandhata zu ehren.«

So wie der Kailash als Sitz des höchsten Wesens und Bewusstseins verehrt wird, so ist Gurla Mandhata, als weibliche Entsprechung des Kailash, der Sitz der göttlichen Energie, der göttlichen Mutter.

Babaji hatte immer betont, wie wichtig es in unserer Zeit ist, die göttliche Mutter zu ehren, sich mit ihr zu verbinden.

Entflammt durch diesen Ruf, sie und ihren heiligen Berg zu ehren, fand ich noch weitere drei Menschen, die begeistert waren von der Idee mitzukommen.

Mein Plan war, zum Sagadava-Fest im Mai 2002 wieder in Tibet zu sein. Doch da sich die politische Situation in Nepal durch Aufstände der Maoisten dramatisch verschlechterte, mussten wir die Pilgerreise verschieben.

Umso größer war die Freude dann, als wir im Jahr 2004 endlich zu dritt aufbrechen konnten, ich mit meiner Freundin Marielu und Adrian, einem Freund aus Irland.

Schon lange bewegte mich die Frage: »Wie können wir Gurla Mandhata ehren?«, von dem in Prophezeiungen gesagt wird, dass er so heilig werden würde wie der Kailash und dass jetzt die Zeit dafür reif sei.

Schon 2001 hatte ich mit Shastriji und mit Muniraj darüber gesprochen, und es stand fest, dass ich zunächst am Kailash und dann um den Manasarovar-See herum vedische Feuerzeremonien (siehe Anhang S. 299) durchführen würde, um das Göttliche in seiner männlichen und weiblichen Form – in seiner Einheit – zu feiern.

Unsere Reise begann wieder in Kathmandu, und auf meinen Wunsch hin war Tenji wieder unser Hauptsherpa. Er brachte eine kleine von ihm ausgesuchte Crew von Sherpas mit, die

Gurla Mandhata mit
Manasarovar-See

liebevoll für uns sorgten. Man stelle sich vor, selbst in der Einöde vermochten sie einen köstlichen Geburtstagskuchen zu backen!

Zunächst ein ungewollter Zwischenstopp: Von Nepal Gunj aus, der ersten Station nach Kathmandu, einer heißen Stadt in der Ebene voller Moskitos, sollte uns wieder ein ganz kleines Flugzeug auf 2 900 Meter nach Simikot fliegen. Der Wind war jedoch zu stark, und das kleine Flugzeug konnte nicht fliegen.

So verloren wir einen Trekkingtag und waren schon dabei, den zweiten Tag zu verlieren, was problematisch gewesen

wäre, da wir ja pünktlich zur angegebenen Zeit an der chinesischen Grenze sein mussten!

In Nepal Gunj trafen wir einige sehr nette Inder, die mit dem Helikopter an die Grenze Tibets fliegen wollten, um nicht die Strapazen des Trekkings auf sich nehmen zu müssen. Doch auch dies war wegen des starken Windes nicht möglich. So beteten wir von ganzem Herzen und – entgegen anderer Aussagen am Flughafen kam plötzlich doch überraschend das Simikot-Flugzeug! Wie befreiend, endlich unsere Reise fortsetzen zu können.

Wie schön, all die inzwischen für mich schon etwas vertrauten Berge von Nepal von der Höhe aus zu sehen und sicher auf der schmalen Piste des Bergdorfes Simikot zu landen.

Dann ging es hinauf und hinunter, durch die Täler und Berge von Nepal, sodass wir in Tibet akklimatisiert ankamen. Acht Stunden Trekking pro Tag, sieben Tage lang über schwingende Brücken, auf denen sich Menschen und Ziegenherden begegneten und unter denen der donnernde Kanali-Fluss rauschte. Wieder die herrlichen, steilen, von hoch oben herabstürzenden Wasserfälle in Nepal und das Erlebnis, am Rande der Erschöpfung zu sein und doch noch gehen zu können!

Diesmal gab es Gott sei Dank keine Bergrutsche und auch keine dramatischen Regenfälle, dafür aber einen kleinen Sandsturm.

Vor dem endlos langen Abstieg bis zur chinesischen Grenze nach Sher mussten wir wieder den hohen Pass (5 100 Meter) bewältigen.

Da diesmal die Wege frei geblieben waren, konnte uns in Tibet der Landcruiser direkt an der Grenze abholen, mit einem von Lhasa geschickten Führer, der mir sofort sehr merkwürdig vorkam.

Er machte einen Fehler nach dem anderen, bis Tenji sich schließlich entschloss, einen anderen Guide zu suchen und einen sehr netten fand. Der erste Guide folgte uns dennoch mitunter wie ein Schatten.

Am chinesischen Hauptgrenzposten Purang wurden unsere Pässe und die aller anderen westlichen Menschen bis zum nächsten Tag einbehalten. Wir alle wurden dort zum Übernachten gezwungen, und das unter schlechtesten Bedingungen.

Ich war voller Empörung wegen dieser Freiheitsbeschränkung und des Verlusts unserer kostbaren Zeit in Tibet!

Da waren wir nun hier, aufgehalten an diesem elenden Ort. Plötzlich war uns klar, wie groß das Leid sein musste, das den Tibetern systematisch zugefügt wurde!

Meine Freunde hatten sich voll bekleidet aufs Bett gelegt, in der Hoffnung, sich kein Ungeziefer oder Virus einzufangen. Ich hatte mein Nachthemd angezogen, und in dieser Nacht bekam ich Erbrechen, Durchfall und hohes Fieber.

Am nächsten Morgen waren wir die Ersten, die in aller Frühe aufbrachen in Richtung Manasarovar-See.

Welche tiefe Freude, den Kailash in der Ferne zu begrüßen, die sanften Ausläufer von Gurla Mandhata in ihrer unbeschreiblichen Anmut und Schönheit zu sehen, das blitzende Raksastal und schließlich das strahlende Lächeln des Manasarovar-Sees!

Wir alle fühlten uns dort sofort in Liebe aufgenommen nach den Strapazen des langen Trekkings und der schwierigen Situation an der Grenze.

Wegen der am Anfang verlorenen eineinhalb Tage am Nepal Gunj fühlten wir uns alle sehr erholungsbedürftig.

Seit Beginn der Pilgerreise hatten wir jeden Tag im Hinblick auf die Devi in Gurla Mandhata die Sapta Sati gelesen, ein Buch mit den Versen der göttlichen Mutter in Sanskrit. Welches Glücksgefühl, nun Gurla Mandhata leibhaftig vor uns zu sehen, den herrlichen Berg, der sich im Süden des Manasarovar-Sees bis auf 7 680 Meter Höhe erhebt!

Am nächsten Morgen schon brachen wir auf zum Kailash, den wir per Landcruiser in drei Stunden erreichten. Aus ganzem

Herzen um Segen bittend, begannen wir dann sofort mit der Kora.

Zu Beginn der Kora kamen uns zwei sehr fröhliche Tibeter entgegen, so farbenfroh angezogen, als gingen sie zu einer Hochzeit. Sie begrüßten uns erfreut mit: »Tashi delek!«, so als ob sie uns schon lange kennen würden.

Wie schön, in Tarboche das Südwestantlitz des Kailash wiederzusehen, seine Erhabenheit und Kraft zu spüren und vor allem so nah vor ihm campen zu dürfen!

Gleich am Morgen des Vollmondtages, des Sagadava-Festes, begann ich mit der ersten von sieben Feuerzeremonien, während die anderen über den Hügel hinüber zum Sagadava-Fest gingen.

Diese erste Feuerzeremonie war zur Ehre des Kailash, in Gedanken auch an unseren tiefverehrten und geliebten Freund Shri Vishnu Datt Shastriji, den großen Seher, durch den Babaji immer gesprochen hatte und der vor Kurzem, im Alter von siebenundneunzig Jahren, seinen Körper verlassen hatte. Shastriji hatte eine tiefe Liebe und Verehrung für die göttliche Mutter, er hatte neben fünfundsechzig Büchern auch die Sapta Sati geschrieben, ein Buch mit siebenhundert Versen zum Lob der göttlichen Mutter, aus dem wir auf dieser Pilgerreise für die Devi jeden Tag lasen.

Nach der Vollendung dieser ersten Feuerzeremonie am Kailash kam ich gerade rechtzeitig zum Fest der Tibeter, bevor der neue Flaggenpfahl errichtet wurde. Wir hatten sechzig kleine Fahnen aus Deutschland, von Freunden gemalt, für dieses Fest mitgebracht.

An langen Schnüren waren sie alle miteinander verbunden, und gemeinsam hängten wir sie nun auf. Da flatterten sie im Wind, zusammen mit Tausenden von tibetischen Fahnen, auf denen zum Beispiel »Tibet free« zu lesen war. Wenn der Wind die Botschaften auf den Flaggen liest, dann werden jene wahr – so die Überzeugung der Tibeter.

Nach meiner inneren Rebellion in Purang und dem nachfolgenden hohen Fieber und dem Durchfall war ich physisch ziemlich geschwächt. Es wurde mir klar, dass ich dies als Hinweis nehmen sollte, dass es besser sei, nicht mit den anderen zum Dolma La zu gehen, sondern stattdessen direkt zum Manasarovar-See zu fahren, um dort sofort mit den Feuerzeremonien fortzufahren.

Nach einer kleinen Mittagspause gingen wir den Weg am »Nandi-Gesicht« des Kailash entlang in Richtung Westseite.

Mir blutete das Herz bei der Einsicht, dass ich diesmal wohl nicht den Kailash umrunden und nicht das Nordantlitz sehen würde. So wurde jetzt jeder Schritt, den ich dort ging, zu einem tiefen inneren Grüßen des geliebten Wesens von Lord Shiva und Kailash.

Als wir uns niederließen und angesichts des Kailash und der ihn umgebenden Berge die Sapta Sati lasen, war es uns, als hörten die Wesenheiten der Berge aufmerksam und hocherfreut zu.

In der folgenden Nacht kam ein Gruß vom Kailash:

Als ich nachts im Zelt lag, begann plötzlich mein Herz wie wild zu schlagen, so wie ich es noch nie erlebt hatte. Ich rief: »Babaji, bitte hilf mir!«

Ich nahm Medizin fürs Herz, die aber kaum Wirkung zeigte. Von Schlaf war keine Rede. Stattdessen wurde das Herzrasen stärker, und dazu kam noch ein gewaltiger Druck in der Stirnmitte.

Als alles immer dramatischer wurde, fragte ich mich, ob ich Tenji wecken sollte. – »Nein.«

Ich setzte mich senkrecht im Zelt auf: »Babaji! Babaji!« Ich versuchte, durch dieses rasende Herz und diesen Zementschmerz in der Stirnmitte hindurchzuatmen. Plötzlich, inmitten dieser inneren Not, öffnete sich der »Zement«, der absolute Druck, der so hart und undurchdringlich schien wie Stein.

Durch diese Öffnung hindurch erschien ein Wesen aus Licht, sanft schwingend. Es war Babaji, aus dem Ewigen kommend, die Hand zum Segen erhoben.

Sofort hörten der entsetzliche Druck in meiner Stirnmitte und mein wildes Herzklopfen auf, jetzt waren nur noch dieses göttliche Wesen und seine erhabene, sanfte Schwingung da – wundervoll! Friede breitete sich aus und hüllte mich ein.

Ich fiel in einen tiefen Schlaf ... bis der frühe Morgen zum Aufbruch rief und sich unsere Wege trennten.

Bewegt erzählte ich meinen Freunden vom Erlebnis der Nacht, das auch für sie eine wichtige Botschaft enthielt.

Marielu und Adrian, die zum ersten Mal den Kailash umrundeten, brachen dann, zusammen mit Tenji, zwei Sherpas und Yaks auf zum Nordantlitz des Kailash. Der Vollmond brachte einen Wetterumschwung mit sich, und so war der Kailash bedeckt.

Mit unserem tibetischen Fahrer und Maila, einem Sherpa, fuhr ich im Landcruiser zur Ostseite des Manasarovar-Sees.

Als wir dort ankamen, war eine intensive Lichtschrift im Himmel zu erkennen. So etwas hatte ich noch nie gesehen. Der Segens- und Willkommensgruß der göttlichen Mutter war deutlich zu spüren: Die Atmosphäre pulsierte vor Freude.

Gurla Mandhata zeigte sich im Süden in voller Klarheit, während der Kailash im Norden schon halb hinter Wolken verschwunden war.

Während die Zelte aufgebaut wurden, nahm ich ein Bad im See. Reine Liebe umgab mich, ich spürte keine Kälte.

Dann suchte ich alle Dinge zusammen, die ich für die Feuerpuja am nächsten Tag brauchte.

Am Morgen regnete es in Strömen, alles war wolkenverhangen. Ich flehte zu Gott: »Bitte lass es rechtzeitig vor zwölf Uhr aufhören zu regnen!« Denn Feuerzeremonien sollen stets vor zwölf Uhr begonnen werden.

Tatsächlich, um halb elf brach die Sonne überall durch die dichten Regenschwaden durch, und ich ging mit einem Rucksack voller Ingredienzien für die Feuerzeremonie zum See. Die gereinigte Butter, das Ghee, war sofort hart, es war ja um null Grad. Mittels Kampfer und vieler in Ghee getränkter gezwirbelten Wattekügelchen gelang es mir, in dieser Höhe von 4 500 Meter ein Feuer in Gang zu bringen und zu halten. Ich hatte zusätzlich getrockneten Yakdung gefunden.

Es wurde eine sehr lange und intensive Feuerzeremonie. Bis ich mit all den Mantras und dem Lesen aus dem Buch der göttlichen Mutter, der Sapta Sati, fertig war, war es halb vier nachmittags.

Als ich am Abend noch einmal zum See ging, qualmte und glühte das Feuer in dem kleinen Agnihotra-Kupfertopf, den ich mitgebracht hatte, immer noch gewaltig. Der Wind hielt es so lebendig, und Yakdung brennt lange.

Am nächsten Morgen lag überall Schnee. Mein Sherpa stellte eine kleine Schüssel mit warmem Waschwasser ans Zelt. Nach einer Weile schüttelte er mein Zelt urgewaltig, offenbar um es vom Schnee zu befreien, nicht ahnend, dass ich darunter gerade dabei war, mich von Kopf bis Fuß zu waschen. Dann schaute ein Schaf neugierig durch die kleine Luke in mein Zelt herein.

Der viele Schnee ließ mich sehr besorgt um meine Freunde sein. Wie mochte es ihnen gehen bei der Kailash-Umrundung? Ein Satz von Lama Govinda aus dem »Weg der weißen Wolken« kam mir in den Sinn: »Wenn dich ein Schneesturm am Dolma La erwischt, ist dein Leben hin.« Der ganze Kailash schien unter Schnee zu liegen. So gut ich es vermochte, übergab ich mein Besorgtsein an Babaji: »Bitte pass du gut auf sie auf.«

Glücklicherweise kam die Sonne dann durch, der Schnee schmolz, und ich konnte meine zweite Feuerzeremonie mit Blick auf Gurla Mandhata wunderbar ausführen.

Immer wieder aufs Neue war ich verblüfft, wie blitzschnell sich das Wetter am Manasarovar-See ändern kann.

Am Nachmittag kamen Gott sei Dank meine Freunde im Lastwagen zurück. – Sie hatten beide die Kora geschafft. Zwar physisch völlig erschöpft, aber innerlich sehr glücklich und dankbar, erzählten sie von ihren Erlebnissen.

Tenji hatte für mich Wasser vom Gaurikund-See mitgebracht – von dem heiligen See in 5 570 Meter Höhe, unterhalb vom Dolma La – was für ein Geschenk!

Adrian erzählte humorvoll, wie er einen Yak gefilmt hatte, der mit dem Gepäck auf dem Rücken in Richtung Fluss den Berg herunterkullerte, bis Adrian plötzlich begriff: »Oh, das ist ja mein Gepäck!« … Die Sherpas waren schon in Aktion und befreiten den Yak vom Gepäck, sodass er wieder aufstehen, neu beladen werden und weiterlaufen konnte. Alles war gerettet, der Yak und das Gepäck.

Während Marielu sich noch ausruhte, führte ich morgens am See die dritte Feuerzeremonie wieder allein aus. Diesmal bei Sturm und Regen, aber es gelang – mit Gottes Hilfe –, und ich fühlte mich danach sehr kraftvoll und frisch.

Nun setzten wir gemeinsam unsere Reise fort.

Es war Montag, der 7. Juni 2004, und wir befanden uns auf dem Weg zum Gurla Mandhata, der weiblichen Entsprechung des Kailash, dem heiligen Berg der göttlichen Mutter.

Als wir uns in unserem Landcruiser, vom Manasarovar-See kommend, über Stock und Stein den Vorgebirgen des Gurla Mandhata näherten, sahen wir drei Menschen, die – ohne jedes Gepäck – durch dieses weite einsame Land wanderten. Begleitet von zwei Gefährten, ging ein sehr aufrechter, großer alter Mann, ganz in Schwarz gekleidet, mit einem sehr weißen Antlitz. Leid war in sein Gesicht gezeichnet. Er strömte eine so ehrfurchtgebietende Würde aus, dass ich mich spontan fragte: »Ist das Lord Shiva?« Nein – aber wer war er?

Seine Erscheinung ging mir direkt ins Herz und berührte mich vollkommen tief.

Seine zwei jüngeren Begleiter schauten liebevoll nach ihm, besonders die große stattliche Frau, vielleicht in den Vierzigern, die auch schwarz gekleidet war. Der Dritte, ein jüngerer Mann, strahlte eine große Menschenfreundlichkeit aus, und er erinnerte mich sehr an einen geliebten Freund von mir.

Dieser große aufrechte alte Mann mit dem sehr weißen Gesicht – war das eine Erscheinung von Christian Rosenkreutz?

War Christian Rosenkreutz zu dieser Zeit der Hüter von Gurla Mandhata?

War er es, der uns das innere Tor zum heiligen Berg geöffnet hatte?

Es waren für uns alle sehr heilige Momente, zum ersten Mal in diesem Leben Gurla Mandhata berühren zu dürfen. Wir ließen unseren Landcruiser stehen und begannen, jeder für sich, den Berg zu erkunden, auf ihm ein Stück emporzusteigen, ihn zu erspüren. Es war vollkommen still. Eine sehr feine Schwingung umgab uns. Ich fühlte im Herzen tiefe Geheimnisse verbunden mit diesem heiligen Berg.

Liebe umhüllte uns, und die fühlbare Erhabenheit machte uns sehr ehrfürchtig. Kailash war machtvoll erhaben, Gurla Mandhata liebevoll erhaben, und beide voller Licht.

Auch die Steine, die wir fanden, äußerst dicht und substanziell, sprachen eine intensive Sprache.

Noch ganz ergriffen von unserer Berührung mit dem heiligen Berg der göttlichen Mutter, fanden wir dann einen sehr schönen Platz zum Campen, unweit vom Gurla Mandhata, an der Südwestseite des Manasarovar-Sees, vollkommen unberührt und still.

Der nächste Tag war der 8. Juni, für den viele Astrologen eine einmalige Venuskonstellation der Liebe vorausgesagt hatten, durch die sehr vieles möglich würde, die viele Tore öffnen könnte.

Wie so oft, bevor ein großes Licht frei wird, kommt zuerst ein Schatten, als Prüfung.

Kaum waren wir so glücklich gelandet, da kam die Polizei, wohl per Handy informiert von unserem »Schatten-Guide«. Wir hatten ihn auf einem Hügel telefonieren sehen. Uns wurde gesagt, dass es nicht mehr erlaubt sei, hier zu campen, wir müssten sofort aufbrechen, allerspätestens am nächsten Morgen. Außerdem wollten sie ein »Bußgeld« von uns haben. So blieben wir alle über Nacht und bereiteten uns auf den frühen Aufbruch am nächsten Morgen vor. Während die anderen dann aufbrachen und mit unserem Gepäck und den Zelten pro forma wegfuhren, blieben Marielu und ich an diesem wunderschönen Platz, um direkt am See in die aufgehende Sonne hinein die vierte Feuerzeremonie durchzuführen.

Der ganze Himmel war voller Licht, große Freude war zu spüren, Jubel, alles schien aus reinster Wonne gemacht. Himmel, See und Berg, alles schien zu singen. Unsere Herzen sangen mit. – Es war unbeschreiblich schön!

Die fünfte und letzte Feuerzeremonie am Manasarovar-See zu Ehren der göttlichen Mutter fand an der Nordwestseite des Sees statt, ganz am Wasser und in tiefer Konzentration. Hier hatten wir auch beim Ankommen am See gezeltet, und mir war sehr bewusst, was für eine Gnade es war, überhaupt diese Arbeit der Feuerzeremonien um den heiligen See machen zu dürfen.

Am letzten Nachmittag am See besuchten wir das Chiu Gompa, das hoch am Berg in den Fels gebaut war, wo vor Jahrhunderten Padmasambhava einen Fußabdruck im Fels hinterlassen hatte. Bis heute ist seine Gegenwart sehr kraftvoll spürbar an diesem Ort.

Wir gingen noch höher hinauf und erreichten eine Art Hochplateau, von dem aus sich ein weiter Blick nach allen Seiten öffnete: im Norden zum Kailash, im Süden zum Gurla Mandhata, im Osten zum Manasarovar- und im Westen zum Raksastal-See. Das ganze erhabene göttliche Mandala zeigte sich – und wir waren mittendrin. Eine starke Energie durchdrang diesen Ort, den ich von da an den »Panoramaplatz« nannte.

Der Ganga Chu, der den etwas höher gelegenen Manasarovar- mit dem Raksastal-See verband, aber seit der Invasion der Chinesen ausgetrocknet war, floss wohl vom Manasarovar-See aus tief unter dem Panoramaplatz hinüber zum Raksastal. Möge der Ganga Chu wieder fließen, auf dass Licht und Dunkel sich versöhnen.

Am 10. Juni war die Zeit des Aufbruchs gekommen. Wir mussten jetzt diese göttliche Festung auf Erden verlassen.

Bevor wir uns auf die lange Reise quer durch das tibetische Hochland in Richtung Lhasa auf den Weg machten, fuhren wir noch einmal in Richtung Kailash. Alles war hier mit göttlicher Präsenz erfüllt, und ich dachte, ganz Tibet sei so schön.

Aber als es nun in Richtung Osten ging, durch diese zum Teil wüstenartige Landschaft, die oft einfach nur unendlich weit, leer und einsam war, da wurde mir deutlich der Unterschied zu dieser dichten und mit innerer Substanz durchdrungenen »Kailash-Festung« bewusst.

Es gab hier nirgends richtige Straßen, nur Sandpisten. Wenn uns jemand entgegenkam, was selten der Fall war, dann war das mit riesigen Sandwolken verbunden. Gott sei Dank war unser Landcruiser dicht.

Öfter hielt unser Fahrer an, einfach, um ein paar Worte mit dem Fahrer des anderen Fahrzeugs auszutauschen. Jeder Mensch war hier so kostbar.

Bei einem Halt lernten wir in einem Nomadenzelt wieder etwas mehr vom tibetischen Leben kennen. Draußen die Ewigkeit einer sanft schwingenden Sandlandschaft oder auch Gesteinslandschaft mit ein paar Weidestrichen dazwischen – und innen, im Zelt, die fröhlich bemalten Tischchen und Bänkchen, die nachts als Schlafplätze dienten, farbenfroh gekleidete Tibeterinnen, die Butter-Tee verteilten, vor einem mit Yakdung geheizten Ofen. An der Wand stand, einer Gitarre gleich, ein großes Yak-Skelett mit getrocknetem Fleisch, von dem sich jeder Besucher ein Stückchen abschneiden konnte. In der Ecke saß die Großmutter der Familie und murmelte, ununterbrochen ihre Gebetskette bewegend, Mantras. Alles war einfach und freundlich hier.

Dann ging es weiter über viele unüberschaubare Passwege voller tiefer Schlaglöcher. Es war eine höchst abenteuerliche und auch gefährliche Fahrt, doch unser Fahrer war hervorragend und dazu noch ein Herzensmensch.

Einen geplatzten Reifen hatten wir zum Glück nie auf den Pässen, sondern nur auf Wegen, die nicht so gefährlich waren. Wir waren stets in guter Stimmung, mit viel Humor, Wärme und Verständnis füreinander. Durch diese fast endlos anmutend lange Fahrt erlebten wir nicht nur die Weite des Landes, sondern auch seine ungeheure Einsamkeit. Und immer wieder tauchte, wie aus dem Nichts, ein Mensch mit einer Herde von Schafen oder Yaks auf.

Wir erlebten die Tibeter sehr gastfreundlich. Sie teilten das Wenige, das sie besaßen, ihren Tee, ihr Salz, ihre Tschampas (geröstetes Gerstenmehl, das mit Butter-Tee angerührt und zu Klößchen geformt wird und köstlich schmeckt), auch mit uns fremden Pilgern.

Einmal, bei einem Picknick im Grünen, kam ein Tibeter mit Butter-Tee vorbei, schenkte uns allen ein und gab uns von seinem Salz – und wir gaben ihm von unserem Proviant. Adrian meinte, das sei besser hier als im Ritz-Hotel.

Unvergessen bleibt mir ein Junge, der mit einem Schäfchen im Arm zu uns an den Wagen gelaufen kam und uns flehentlich bat, seinem Schäfchen zu helfen, das ein blindes Auge hatte. – Im Nachhinein musste ich noch oft an diese Szene denken.

Christus hat uns durch den Jungen mit dem Schäfchen die Not in Tibet gezeigt und uns um Hilfe gebeten.

So waren wir fünf Tage lang unterwegs durch das tibetische Hochland und hörten nachts in unseren Zelten die Yaks in unserer Nähe atmen.

Dann ging unsere Zeit des Zeltens zu Ende. Wir näherten uns jetzt Städten wie Shigatse, Gyantse und Lhasa mit ihren sehr berührenden heiligen Orten.

Es kam der Moment, den Sherpas Adieu zu sagen, die – seit wir in Tibet angekommen waren – uns im Lastwagen mitsamt den Zelten und allem anderen Material begleitet und während der ganzen bisherigen Reise liebevoll für uns gesorgt hatten. Sie waren uns richtig ans Herz gewachsen. Nun würden sie im Lastwagen zurück nach Nepal fahren.

Tenji saß immer mit uns im Landcruiser, er begleitete uns bis zum Schluss. Jetzt mussten wir aber den »Schatten-Guide«, der stets im Lastwagen mitgefahren war, in unserem Wagen mitnehmen.

Um hinten im Wagen für ihn Platz zu machen, musste unser Gepäck aufs Dach. Als wir in Shigatse, nach 18 Tagen in Zelten, zum ersten Mal in einem Hotel abstiegen – es war ein feudales chinesisches Hotel – und unser Gepäck hineingetragen wurde, rieselte der Sand aus unseren Taschen und Rucksäcken.

Entsprechend entsetzt waren die Blicke der Damen und Herren an der Rezeption. Ich sagte ihnen: »Sie nennen sich ›Manasarovar Hotel‹, aber wir kommen vom Manasarovar-See.« Da war das Eis gebrochen.

Nach dem wunderbaren Zelten fühlten wir uns in diesem ersten Hotel, das noch dazu so feudal war, völlig fremd. Vorher konnten wir uns durch die Zelte hindurch unterhalten, jetzt aber war jeder in einem großen Doppelzimmer eingesperrt und von modernster Technik umgeben.

Der »Schatten-Guide«, der in einer Dependance des Hotels untergebracht wurde, war glücklicherweise am nächsten Tag verschwunden. Er hatte wohl einen Bus nach Lhasa gefunden.

In Lhasa wurde sein Fall durch Tenji und unseren zweiten, sehr netten Guide an entsprechender amtlicher Stelle geklärt, und es stellte sich heraus, dass dieser Mensch nicht nur all die Fehler, von denen wir schon wussten, begangen, sondern auch noch viel Geld unterschlagen hatte. Und wir bekamen das »Bußgeld« von damals wieder zurück.

Innerlich trugen wir den Schatz der sechs Feuerzeremonien, der ersten vom Kailash und der fünf weiteren vom Manasarovar-See, im Bewusstsein des Herzens und brachten das alles jetzt mit nach Lhasa und über Lhasa nach Samje.

Ich wusste immer, dass unser letztes, unser siebtes Feuer in Samje stattfinden würde.

Samje wird die Seele von Lhasa genannt und ist der Ursprung des Buddhismus in Tibet. Es besteht aus einer Tempelanlage und einem Kloster. Zunächst schien es fast unmöglich, nach Samje zu kommen.

Man musste eine Extraerlaubnis bekommen, doch das gelang uns.

Lhasa war sehr ergreifend. Wir waren überwältigt von der zum Teil mächtigen Ausstrahlung all der Schätze im Potala. Welch ein Erde, Kosmos und Mensch durchdringendes, tiefes, verborgenes Wissen hinter all dem steht! – Ebenso waren wir sehr berührt von den fortgesetzten Niederwerfungen all der Tibeter, die täglich den Potala umrundeten.

Wir wohnten in einem bezaubernden, von oben bis unten liebevoll bemalten tibetischen Hotel, dem »Dood Gu Hotel«, nahe dem Chokan-Kloster. Überall im tibetischen Teil von Lhasa waren die Straßen und Wege voll mit Menschen, die mit Gebetsketten umherliefen, versunken in Mantras.

Tibet ist das Land des Gebets.

Mit all diesen Eindrücken waren wir schließlich auf dem Weg nach Samje. Nach viereinhalb Stunden auf Holperwegen kamen wir dort an, und sofort erfüllte uns eine Ahnung davon, wie es damals hier gewesen sein musste, als der tibetische Buddhismus im Jahr 775 von diesem Ort aus seinen Anfang genommen hatte

Das Hauptgebäude stellte die Mitte der vier Welten dar, vier weitere Tempel symbolisierten die vier Kontinente, und damals hatte es hier noch einen Tempel für die Sonne und einen für den Mond gegeben, die wir jetzt jedoch nicht mehr fanden.

Im Tempel selbst hatte jeder von uns ein tiefes Erlebnis mit einem vier Meter hohen goldenen Buddha. Ganz lebendig ging er sofort in unser Herz, wir spürten intensiv Babajis Präsenz.

In Shigatse, Gyantse und Lhasa hatten wir viele beeindruckende Buddha-Statuen, Lamas und Weltenmandalas gesehen, aber bislang waren wir noch nicht so ergriffen worden wie von dieser goldenen Statue des Buddha in Samje.

Alles war etwas heruntergekommen, aber dennoch wunderbar. Wir schliefen in einem Vierbett-Zimmer in einem Pilgerhaus, das einfach und sauber war.

Gleich am nächsten Morgen wollte ich mit der Feuerzeremonie beginnen. Wir fanden auch einen geeigneten Platz für unsere siebte und letzte Feuerzeremonie etwas außerhalb der Klosteranlage.

Zuerst verbanden wir uns innerlich mit dem Licht und der Kraft von Kailash, Manasarovar-See und Gurla Mandhata und baten von ganzem Herzen um Segen und Heilung für Tibet und damit auch für die ganze Welt, denn Tibet ist das Herz im Herzen der Welt.

Da begann es in Strömen zu regnen, und wir mussten alles tun, um unser Feuer zu schützen, was auch gelang. Marielu hielt das Regencape hoch darüber, während ich opferte. Es war sehr intensiv, dieses Abschlussfeuer, durch das wir die Brücke zur »Kailash-Festung« schlugen.

Nach Vollendung der Feuerzeremonie waren wir durch und durch nass und vollkommen glücklich.

Das Feuer brannte herrlich, trotz des Regens. Tenji holte uns ab und führte uns in ein urgemütliches tibetisches Restaurant, ein paar Autominuten entfernt, wo wir uns umziehen konnten. Welche Herzlichkeit empfing uns hier!

Der Inhaber brachte uns warme Decken, Tee und Tschampas.

Zutiefst dankbar, in Samje, diesem uralten und sehr vertrauten heiligen Ort unser Abschiedsfeuer gemacht zu haben, ging es zurück nach Lhasa, wo wir den letzten Tag vor allem an jenem sagenumwobenen See hinter dem Potala verbrachten, in dem sich der ganze Potala spiegelt.

Dort feierten wir unsere abschließende Danksagung für die ganze Tibetreise, indem wir hier am See und dem Potala die Sapta Sati, die Verse für die göttliche Mutter, lasen.

Möge Tibet wieder glücklich werden – und damit auch die Welt!

Anhang

Zur vedischen Feuerzeremonie:

Der Vater des Feuers ist Licht – die Mutter des Feuers ist Liebe.
Feuer ist das Medium der Transformation.

Die Rishis, die Heiligen und Seher, wussten, dass es großen Segen bringt, wenn etwas aus der Fülle der Schöpfung zurück an den Schöpfer geopfert wird. So entstand die vedische Feuerzeremonie.

Ihre Ausführung, die Mantras und was geopfert wird, wird entsprechend der Schau der Rishis in den Veden genau beschrieben.

Während die Mantras, Namen göttlicher Wesen, rezitiert werden, wird dem Feuer geopfert: Reis (es ist eine Reis-Sesam-Gerste-Zucker-Mischung), Ghee (zerlassene, gereinigte Butter), Blüten, Früchte, Räucherwerk und Kokosnüsse.

Um eine vedische Feuerzeremonie ausführen zu dürfen, ist es notwendig, die Erlaubnis und den Segen eines Meisters zu haben.

Shastriji sagte einmal: »Das Feuer ist wie die Post, es bringt das, was du absendest, sofort an die gewünschte Adresse.«

Das, was wir opfern, wird sogleich von den Gottheiten empfangen, die wir anrufen. – Dies ist eine besonders schöne Art, mit den göttlichen Wesen Kontakt aufzunehmen.

Es gibt zwei Arten von Opfer in der Schöpfung:

Die horizontale – einer gibt einem anderen, der weniger hat.

Die vertikale – wir geben etwas aus der Fülle des Irdischen

zurück an das Göttliche. Dadurch wird ein Kreislauf des Gebens in Bewegung gebracht: Ein wenig Reis wird geopfert, eine Fülle von Reis strömt herab.

Die großen Meister führen an vielen Orten Feuerzeremonien aus, auch um die Hungersnot zu lindern.

Babaji betonte die große Bedeutung des Havan, eines Feuerrituals: »Die Schöpfung ist daraus entstanden.«

Für die Durchführung von Feuerzeremonien gibt es viele Gründe: um Regen und Fruchtbarkeit zu beschwören, zum Schutz vor Unheil oder um Wünsche zu verwirklichen. Nicht nur zur Reinigung der Atmosphäre, auch der Gefühle und Gedanken, ebenso zur Heilung der Elemente in uns wie in der Natur. Das Schädliche wird transformiert, das Gute kommt zum Gedeihen. So werden Feuerzeremonien auch durchgeführt für Wohlstand und Fülle, für Frieden, Liebe und Glück.

Tibet III
Die dritte Pilgerreise nach Tibet im Jahr 2006

Zum Mysterium von Raksastal

Die erste Pilgerreise nach Tibet im Juni 2000 war erfüllt von der Freude, Tibet wiederzusehen, dieses weite Land in seiner schwingenden Unendlichkeit ganz tief aufzunehmen, die Dramatik von Raksastal zu fühlen, in die Liebe des Manasarovar-Sees einzutauchen und der Majestät des Kailash zu begegnen.

Das Ganze war ein großes Fest des Erinnerns für mich – und schließlich: ganz tief im Herzen von Gurla Mandhata berührt zu werden.

Im Mai 2004, dem zweiten Ruf nach Tibet folgend, ging es darum, Gurla Mandhata, den Berg der göttlichen Mutter, das Gegenüber von Kailash, zu ehren und von dort den Bogen der Liebe zu spannen über das tibetische Hochland bis hin nach Samje, der Seele von Lhasa.

Wichtig bei dieser zweiten Pilgerreise war die Erkenntnis am »Panoramaplatz«, dass all die vier Majestäten, die man von dort aus rundum sieht: Kailash im Norden, Gurla Mandhata im Süden, Manasarovar-See im Osten und Raksastal-See im Westen, zusammen eine göttliche Festung auf Erden bilden. Ich nenne sie die »Kailash-Festung«.

Es scheint, dass die wesentlichen Mächte und verborgenen Schlüssel für die ganze Schöpfung darin enthalten sind – und von dort aus bewegt werden.

Die Wissenschaft der Geomantik[14] sieht unsere Erde als ein lebendiges Wesen, das Chakren oder Lotosblumen aufweist, genau wie wir menschlichen Wesen.

Tibet wird gesehen als das verborgene Herz im Herzchakra der Erde. Alles, was dort geschieht, ist somit von tiefer Bedeutung für die ganze Erde.

Innerlich wusste ich, dass ich auf eine dritte Pilgerreise nach Tibet gehen würde. Ich würde nie ohne einen klaren inneren Ruf wagen, dieses lange und oft gefährliche Trekking durch Nepal nach Tibet zu machen. Mit dem Ruf kommt der Segen, die Kraft und der Schutz.

Doch was war die Aufgabe?

---

14 Nach Peter Dawkins' Forschungen wird zum Beispiel Australien mit Ayers Rock als das Wurzelchakra oder als der vierblättrige Lotos des Planeten gesehen. Afrika, besonders Südafrika, gilt als das Sakralchakra oder der sechsblättrige Lotos, Südamerika mit Mittelamerika als das Solarplexuschakra oder der zehnblättrige Lotos. Indien bildet das Herzchakra, den zwölfblättrigen Lotos, Europa das Kehlkopfchakra, den sechszehnblättrigen Lotos. Nordamerika gilt als Stirnchakra, der zweiblättrige Lotos, Asien mit Sibirien als Scheitelchakra, der tausendblättrige Lotos. Tibet wird gesehen als das Herz im Herzchakra, Ausdruck der Seele, als der verborgene 8-blättrige Lotos im zwölfblättrigen Herz-Lotos der Erde. Peter Dawkins, Architekt (M. A., Cambridge) ist ein international bekannter Geomant, Philosoph, Autor und Lehrer der westlichen Weisheitstraditionen. Er ist Begründer der »Zoence Akademie«, die sich der kosmologischen Wissenschaft des Lebens und des Lebendigen verschrieben hat, Direktor des »Francis Bacon Research Trust«, der sich auf Forschung bezüglich Bacon, Shakespeare, die Rosenkreuzer und andere Philosophen der europäischen Renaissance spezialisiert hat, und Mitbegründer des »Gate Keeper Trust«. Seine Forschungen belegen die Einheit von Kosmos, Erde und Mensch und führten zur Wiederentdeckung der uralten Wissenschaft von den Landschaftstempeln sowie dem subtilen Zusammenspiel der spirituellen und materiellen Welt. Seine Arbeit dient der Erkenntnis und Heilung in ganzheitlichem Sinne, insbesondere von Landschaften. Für die Arbeit der Heilung am Leib der Erde leitet er weltweite geo-kosmologische Pilgerreisen. Er nennt das planetarische Gartenarbeit.

Eines Tages, auf einem Spaziergang zu Hause, wurde mir eine Vision geschenkt: Raksastal!

Ich sah, dass dieser See ins Dasein kam durch die Tränen von Parvati, der großen Göttin, Lord Shivas Gemahlin.

Als die Menschheit sich mehr und mehr aus der Liebe Gottes, aus der Einheit herauszulösen begann, da ging Parvati – auch wenn sie in ihrem inneren Wesen immer eins mit ihrem Herrn blieb – in einem Teil ihres Selbst aus Liebe mit der Menschheit, die dabei war, ihren Ursprung, ihre Einheit mit Gott zu vergessen, hinab. So trägt Raksastal ursprünglich die Tränen, den Schmerz und die Trauer der großen Göttin wegen des Abstiegs der Menschheit und deren Trennung von Gott in sich. Erst später nahmen die luziferischen Mächte den See in Besitz, zusammen mit anderen Gegenmächten des Göttlichen – dann erst wurde Raksastal zum Dämonen-See.

Das Ganze bewegte mich sehr.

Als ich all diese intuitiven Einsichten Muniraj am Telefon erzählte, sagte er: »Yes, yes, yes«, so rasch, dass ich den Eindruck gewann, dass er selbst mir all dies gezeigt hatte. Zugleich wurde mir klar, dass wohl jetzt die Zeit gekommen war für die Verwandlung von Raksastal und für das, was es in der Menschheit repräsentiert.

Ich fühlte auch den tiefen Wunsch der Tibeter in mir: »Oh, möge der Ganga Chu wieder fließen« – der kleine Fluss, der den See der Sonne, den Manasarovar-See, mit dem See des Mondes, dem Raksastal, der das Lichte mit dem Dunklen verbindet –, »dann wird Tibet glücklich sein und so die Welt«.

Wie kann dies alles geschehen?

Ich erinnere mich, dass im Jahr 2004 ein indischer Guru aus Bombay mit hundertzwanzig Devotees gekommen war, um ein zwölftägiges Puja für Raksastal auszuführen, etwa zur selben Zeit, als wir unsere Feuerzeremonien zu Ehren von Gurla Mandhata am Manasarovar-See durchführten.

Raksastal-See

Ich war damals sehr berührt, dass jemand den Impuls hatte, etwas für diesen oft so strahlenden, aber einsamen See zu tun.

Vom Norden blickt der Kailash mit Lord Shiva, vom Süden Gurla Mandhata mit der göttlichen Mutter über diese beiden Geschwister-Seen, die genau zwischen ihnen liegen.

Der Manasarovar-See, gefüllt mit Leben und Liebe, der See der Sonne – und daneben Raksastal, der einsame See, der See des Mondes, der Ausdruck ist von unserer Trennung von Gott und unserer Freiheit der Wahl. Wir können entweder Liebe wählen und uns wieder öffnen für die Einheit mit dem Göttlichen und glücklich sein oder in der Abtrennung bleiben, Einsamkeit erfahren, auch Angst, ausgesetzt allen »Krokodilen« wie Neid, Eifersucht, Stolz, Frustration, Wut, Hass und dem ganzen Unglücklichsein.

Raksastal ist zerklüftet, länglich und hat drei Inseln in sich, während der Manasarovar-See ganz rund ist und keine Inseln hat.

Was tun, um mitzuhelfen bei dieser Arbeit der Transformation von Raksastal?

Die klare Antwort war: neun Feuerzeremonien in allen vier Teilen der »Göttlichen Festung« dafür zu machen. Das Feuer ist der große Transformator.

Eine kleine Begebenheit half uns, vieles zu verstehen:

Während ich mich zu Hause fragte, wo es am besten sei, unsere Feuerzeremonien durchzuführen, kam ein sehr begabter Freund zu Besuch, der auf geniale Weise Radiästhesie ausübte. Ich zeigte ihm Fotos vom Raksastal, auch eins mit einer Insel darauf. »Oh, diese Insel strahlt erstaunliches Licht aus«, meinte er.

Wir rätselten dann, wo auf der Karte vom Raksastal diese Insel war. Nach einigen Nachforschungen fanden wir heraus, dass es nur die Insel im Süden von Raksastal sein kann, genannt Lachato. Der Vorschlag unseres Freundes war, unsere Feuerzeremonie am Raksastal ganz in der Nähe dieser Insel im Süden zu machen.Aber so ganz leuchtete mir das noch nicht ein.

Ich rief Muniraj an, unseren leuchtenden großen Freund und tiefen inneren Lehrer: »Ist es wahr, dass es eine Insel voll Licht im Raksastal gibt?« – »Ja«, sagte er. Ich fragte weiter: »Lebt Parvati dort, umgeben von Dämonen?« – »Ja«, antwortete er. – »Auf welcher Insel ist sie?«, wollte ich noch wissen. »Auf der Karte gibt es drei Inseln: Eine ist die Lachato-Insel im Süden von Raksastal, im Südwesten ist eine kleinere Insel ohne Namen, und es gibt eine größere, viel weiter entfernte Insel im Westen von Raksastal, genannt Topseroma.«

»Parvati ist stets auf der Topseroma-Insel«, war seine klare Antwort.

OM namah Shivay!

Diese Geschichte ließ mich die Mythen über dämonische Mächte und deren Fähigkeit, uns zu täuschen, indem sie sich selbst in glänzendem Licht zeigen, besser verstehen. Aber durch diese

Irreführung wurden wir überhaupt erst auf die Spur gebracht, dass im Raksastal wirklich eine Insel des Lichts ist, und wir fanden – dank Munirajs Klarheit – die wahre Insel des Lichts.

Was für eine tiefe Offenbarung, dass die große Göttin selbst – Parvati – auf dieser Insel lebt, als eine Säule von Licht inmitten all der negativen Mächte, ausgesetzt den Dämonen und deren Attacken. Ihre Reinheit und das Licht der Liebe, ihre Einheit mit dem Herrn sind ihr Schutz.

Wie das Yang im Yin hält sie die Gegenwart des Lichts in der Dunkelheit dort – und das seit Äonen.

Offensichtlich drückt sie hier den Zustand der Menschheit aus, in der das Göttliche wirken muss inmitten vieler herrschender Dunkelmächte.

Was kann sie befreien? Gewiss, wenn die Liebe auf Erden zunimmt, und auch, wenn die göttliche Mutter und ihre Liebe wieder erinnert wird.

Ich hatte Muniraj eine Landkarte von der »Kailash-Festung« geschickt mit dem genauen Plan, wo wir dort die neun Feuerzeremonien machen wollten. Wir beabsichtigten, am 11. Juni 2006, dem Vollmondtag, am Sagadava-Fest, mit der Arbeit zu beginnen. Ich bat um seinen Segen für alles und bat ihn auch, dass er doch innerlich mit uns kommen möge. – Das tat er auf wunderbarer Weise.

Ende Mai 2006 brachen wir wieder nach Tibet auf. Diesmal ging ich nur mit Marielu, einer kleinen Crew von Sherpas und wieder mit Tenji als unserem Guide. Wir waren schon ein erprobtes Team.

Meine Vorbereitung auf diese dritte, sehr bewegende Pilgerreise nach Tibet war, dass ich in den acht Monaten davor oft Tage und halbe Nächte lang malte. – Ich musste einfach malen, was sich mir ganz tief offenbart hatte. Ich folgte meinem Inneren, wissend, das war bereits »mein Kailash« vor dem Aufbruch zum Kailash. – Es entstanden hundert Ölbilder.

Etwa vierzehn Tage vor Reisebeginn gab es noch einen kleinen Zwischenfall. Als ich wie immer unserem Garten des Himmels Gute Nacht sagen ging, da sah ich in einem Beet einen Pfahl stehen, der da überhaupt nicht hingehörte. Er störte sichtlich, und ich wollte ihn spontan herausziehen – das war circa elf Uhr nachts –, aber der Pfahl war tief eingeschlagen, und beim Herausziehen hatte ich mich, wie ich nachher spürte, verrenkt. Ich hatte große Schmerzen, aber befreundete Ärzte taten wirklich alles, um mich wieder einzurenken und fit zu machen für die Reise – schließlich mit Erfolg.

Wir flogen über Thailand nach Kathmandu. Im Airport Thailand, wo wir einen stundenlangen Aufenthalt hatten, konnte ich zu meiner Erleichterung ganz leicht und schnell laufen. Doch als ich beim Aussteigen aus dem Flugzeug in Kathmandu meinen schweren Rucksack aus der Gepäckablage herunterholte – und ich hatte noch eine innere Warnung, ihn allein herunterzuheben –, da drängten die Leute so, dass ich mich dabei wieder verrenkte.

Die folgenden drei Tage in Kathmandu lag ich im Bett des »Nirvana Garden Hotels« mit einer Wärmflasche am Rücken, tief ins Gebet um Heilung versenkt.

Ich rief Muniraj an und erzählte ihm von meiner schlimmen Verrenkung. Ich wusste, ich würde um jeden Preis gehen, notfalls mit einem Helikopter. Ich fragte ihn: »Siehst du mich wandern?« Seine Antwort war: »Yes.«

Ich bat ihn innig um Heilung, und als ich fragte, warum mir das passiert war, sagte er nur: »This can happen. – Das kann passieren«, und dann sagte er voller Energie: »Say: I am alright. – Sag: Ich bin in Ordnung.«

Das war wohl das Mantra, das er dann in meiner Wirbelsäule verankert hatte – »I am alright«, das war wirklich kraftvoll.

Als Marielu mich bat, kurz mit ihr zu den Shops zu gehen, sie wollte mir etwas zeigen, war ich nach ein paar Minuten so schwach und voller Schmerzen, dass ich gleich wieder eine Rikscha zurück zum Hotel nehmen musste.

Es ging für mich um Sein oder Nichtsein, und es gab nur den inneren Weg der Heilung, denn in Kathmandu war weit und breit kein Chiropraktiker zu finden.

Ich hatte gewusst, dass Prüfungen kommen würden vor solch einer Pilgerreise mit diesem Vorhaben, aber ahnte natürlich nicht, dass sie so hart sein würden.

Ich blieb im Vertrauen.

So flogen wir nach Nepal Gunj, wo wir Tenji trafen, unseren geliebten Tenji, der dann mit seiner »Urwald-Methode« sein Bestes tat, um mich einzurenken. – Es half!

Von Nepal Gunj konnten wir am nächsten Morgen glücklicherweise gleich weiterfliegen nach Simikot, wo das Trekking begann. Wie von Muniraj vorausgesagt, hatte ich am ersten Abend des langen Trekkings weder Schmerzen noch Muskelkater, obgleich es unglaublich anstrengend gewesen war. OM namah Shivay!

Es war eine Gnade und sehr ermutigend, nicht nur für mich, auch für die anderen.

Aber das Thema war durchaus noch nicht ausgestanden. Sieben Tage mit je etwa acht Stunden Trekking durch Nepal lagen vor uns, und die Schmerzen stellten sich bald wieder ein. Während Marielu oft glücklich voranlief, musste ich diesmal ein ganzes Stück hinter den anderen zurückbleiben und kam mit meinen Bergstöcken nur langsam voran.

Am zweiten Trekkingtag kam mir am Morgen jemand entgegen mit einer schon von Weitem fühlbaren wunderbaren Ausstrahlung voller Wärme und Güte. Er war gekleidet in Nepali-Art, hatte einen Hut mit Krempe auf und einen grauweißen Schnurrbart. Der Blick seiner lichtvollen Augen ging mir beim Gruß ganz tief ins Herz.

»Jay, Jay!«, sagte er leise zu mir im Vorbeigehen.

Ich war ganz berührt von dem Licht und der Tiefe seines Blicks und von der Wärme und der Liebe, die er ausstrahlte.

Als ich kurz darauf Tenji fragte, ob es den Ausdruck »Jay, Jay!« im Nepalesischen gebe, antwortete er nein, dieses Wort kenne er nicht, aber ich kannte es vom Sanskrit. Es heißt »Victory! – Sieg!«.

Danach war ich sicher, dass es Shastriji gewesen war. Ich hatte auch früher schon einige höchst erstaunliche Erlebnisse mit ihm gehabt, durch die ich ahnte, dass er sich auch physisch materialisieren konnte.

Wie dankbar war ich für diese ermutigende Begegnung!

Am dritten Tag des Trekkings waren die Schmerzen wieder so schlimm, dass ich bei einem Halt am Karnali-Fluss zusammen mit Marielu ein Focussing machte. Ich nahm wahr, dass ich umgeben war von Wesen voller Schmerz, die mich offenbar begleiteten auf dem Weg zum Kailash. Ich beschloss, bei jedem Schmerz nur noch »Halleluja!« zu singen, auf dass jeder Schritt zur Freude und zum Jubel Gottes sei. Ich wusste, dass ich durch diese Transformation in mir selbst keine Schmerzwesen mehr anziehen würde beziehungsweise dass ihr Schmerz mitverwandelt würde auf dem Weg.

Der Karnali-Fluss, der am Kailash entspringt, war immer neu ein Quell der Kraft, auch dann, wenn er nur aus der Ferne vernehmbar war. Sein machtvolles Rauschen schien voller Mantras und voll der Herrlichkeit des Kailash zu sein.

Doch dann passierte es, dass ich zu den durch meine »Halleluja!« immer mehr verwandelten Schmerzen auch noch Durchfall mit Erbrechen bekam. Tenji war sehr besorgt.

Ein Rasttag tat gut, doch der schlimme Durchfall blieb mir erhalten. Besonders früh morgens, vor dem letzten großen Trekkingtag mit einem Pass von 5 100 Meter Höhe, war ich aufgrund des Durchfalls sehr geschwächt.

Tenji, voller Mitgefühl, hatte die leuchtende Idee, mich auf das Pferd zu setzen, das wir für einen Notfall dabeihatten, und das sonst auch mit etwas Gepäck beladen wurde. Mithilfe des Pferdes gelang der Aufstieg. Es trug mich bis nach oben, auch wenn es in der Mitte des Berges stehen bleiben musste und so schnaufte, dass ich sofort absteigen wollte. Auch für die anderen war der Aufstieg schwer, und wir waren sehr glücklich, als wir es alle geschafft hatten.

Dann kam der große und steile Abstieg, eine Gratwanderung.

Ich stieg vom Pferd ab, und gemeinsam machten wir den wieder endlos erscheinenden Abstieg bis hinab zur chinesischen Grenze nach Sher, dem ersten Grenzposten, der zweite ist dann Purang.

Inzwischen war eine große Gruppe von Indern mit Helikoptern an der Grenze gelandet. Doch allein der Weg hinauf zum Zoll machte vielen von ihnen große Mühe. Später hörten wir, dass von den sechzig Indern, die kamen, nur fünfzehn die Kora machen konnten.

Wir bekamen wieder einen von Lhasa ausgesuchten Guide zugeteilt, aber diesmal einen ganz wunderbaren Tibeter namens Tako.

Tiefe Freude erfüllte uns, wieder in Tibet zu sein.

Dieses Mal ging an der Grenze in Purang alles wie von Zauberhand vor sich. Tako unternahm alles, uns blitzschnell durch alle Formalitäten hindurchzuschleusen. Während wir bei der letzten Pilgerreise in Purang festgehalten worden waren, waren wir diesmal, wie beflügelt, in kürzester Zeit auf unserem Weg zum Manasarovar-See.

Welche Gnade hat Gott da walten lassen!

Das Erste, was sich zeigte, war Raksastal.

In hinreißender Schönheit lag der zerklüftete See da, der See des Mondes und der Dämonen, auf dem Parvati ihre Insel hat. –

Ich musste wieder und wieder den Fahrer bitten anzuhalten, um aussteigen und Fotos machen zu können von diesen höchst aufregenden Licht- und Schattenbewegungen auf dem Raksastal. Ich empfand es als einen machtvollen Gruß der Kraft des Lichts, die hier souverän und dynamisch durch die Dunkelmächte wirkte.

Bald schon kamen wir zu unserem sehr vertrauten und geliebten Manasarovar-See, der uns schon willkommen hieß:

Ich sah im Himmel etwas überirdisch Leuchtendes, das von einer ganz anderen Dimension war als die schönen lichterfüllten Wolken, die zum Teil ganz engelhaft aussahen. Dieses ganz überirdisch Leuchtende schien eine große Licht-Arche zu sein, die wie ein liegender Lingam strahlend im Himmel schwebte. Viele Lichtwesen waren darin und winkten!

Ich war voller Seligkeit.

Wir fühlten uns zutiefst zu Hause am Manasarovar-See, dem See des Schöpfers, des Lebens und der Liebe, und waren voller Dank, dass es gelungen war, wieder hierherzukommen in diese vollkommene Schönheit, Einfachheit und Stille.

Welch innerer Jubel im Herzen, an diesem ersten Abend in Tibet im Süden des Sees Gurla Mandhata den Berg der göttlichen Mutter so nah und in Licht getaucht vor uns zu sehen!

Wie schön, dann in der Dämmerung die erwachenden Sterne so groß und funkelnd zu erleben, bis dann in der Dunkelheit strahlend der Mond erschien!

Wenn ich mir vergegenwärtigte, dass wir uns vor sechzehn Stunden noch vor dem großen Pass auf 5 100 Meter in Nepal befunden hatten – ich vom Durchfall total geschwächt und erschöpft –, dann der lange, lange Abstieg …, und jetzt waren wir am Manasarovar-See gelandet, so froh und dankbar, dass wir gar nicht merkten, dass unsere Körper müde waren. Vor lauter Glück fühlte ich mich ganz fit.

Wunderbarerweise waren jetzt, da wir in Tibet waren, meine Schmerzen und ebenso der Durchfall verschwunden – OM namah Shivay –, und das blieb so für die ganze weitere Pilgerreise.

Natürlich fühlte ich jetzt stark die Verantwortung, gesund zu bleiben, um die bevorstehende Arbeit mit den Feuerzeremonien machen zu können.

Um nicht wieder Durchfall zu bekommen, nahm ich instinktiv die ganze Zeit in Tibet fast nur Reis zu mir, zusammen mit den Vitamin- und Mineralstoffpräparaten, die ich dabeihatte.

Am nächsten Tag legten wir einen Rasttag am Manasarovar-See ein, gewonnen dadurch, dass wir an der Grenze nicht aufgehalten worden waren.

Auf allen Ebenen gestärkt, brachen wir am 10. Juni 2006 zum Kailash nach Tarboche auf. Welche Wiedersehensfreude!

Am Sonntag, dem 11. Juni 2006, es war Vollmond, machten wir angesichts des Kailash die erste von neun Feuerzeremonien, während auf der anderen Seite des Hügels das Sagadava-Fest gefeiert wurde, mit Trompeten und dem Aufstellen eines neuen Flaggenbaumes.

Es war für Marielu und mich nicht leicht, das Feuer zu entfachen, trotz getrockneten Yakdungs und der mit Ghee getränkten gezwirbelten Wattekügelchen, die wir mitgebracht hatten. Doch mit viel Geduld gelang es. Wir baten um Segen für die bevorstehende Arbeit, die diesmal vor allem Raksastal galt.

Für die Feuerzeremonien hatten wir einen Extrarucksack mitgebracht, in dem alles war, was man dazu braucht: der Agnihotra-Kupfertopf, die tägliche Reis-Sesam-Gerste-Zucker-Mischung, das Ghee, die getrockneten Blüten in allen Farben, Trockenfrüchte, Räucherstäbchen, Parfüm, viele Yantras, einen Shivalingam, ein Wassergefäß etc.

Bei dieser ersten Feuerzeremonie, wie bei allen weiteren, legten wir unser heiliges Tuch aus, das rote zwölfblättrige Lotosblumentuch aus Samt, das auf der frischen Erde von Babajis Mahasamadhi gelegen hatte. Wir stellten darauf Bilder von Babaji, der göttlichen Mutter und unseren göttlichen Freunden, im Gebet um ihren Schutz und Segen.

Wir baten Babaji, dass er alles tun möge, durch uns hindurch ...

Stets schenkten wir jedem Platz unserer Feuerzeremonien eines der verschiedenen Yantras, die wir mitgebracht hatten, und gruben es genau an der Stelle in die Erde ein, wo wir die Feuerzeremonie gemacht hatten. Das Feuer brannte meist kraftvoll und qualmte noch eine lange Weile weiter – so legten wir stets sorgsam ausgesuchte, schützende Steine rundum, mit der Bitte an Gott, dass es weiterhin behütet sein möge.

Nach unserem ersten Feuer – es war ein klarer sonniger, kristallener Tag – gingen wir auf die andere Seite des Hügels, um das Sagadava-Fest mit dem neuen Flaggenbaum zu grüßen.

Am Nachmittag suchten wir nach dem richtigen Platz, wo wir dem Kailash unsere große mitgebrachte Shri-Yantra-Platte schenken konnten.

Diesmal gruben wir sie nicht direkt beim Feuer ein, sondern machten einen weiten Weg entlang des Kailash. An einer besonderen Stelle, zu der man etwas emporklettern musste, legte ich sie zwischen zwei Felsplatten. Es war da eine äußerst beglückende Energie, und ich wollte gar nicht mehr von dort weggehen.

OM namah Shivay!

Am nächsten Morgen, Dienstag, dem 13. Juni 2006, fuhren wir zurück zum Manasarovar-See, um uns auf Raksastal vorzubereiten.

Während der ganzen Reise, doch besonders ab Tibet, war Munirajs Präsenz ganz lebendig zu spüren, was uns mit großem Dank erfüllte.

Im Herzen voller Liebe, Verehrung und Mitgefühl für Parvati, was gar keinen Platz mehr ließ für Angst, näherten wir uns im Landcruiser dem Raksastal.

Auf den Rat von Tenji hin, der großen Respekt hatte vor dem Raksastal mit all den Dämonen dort, führten wir unsere Feuerzeremonie nicht direkt vorn am See aus, wie ich es zunächst vorgehabt hatte – es war auch viel zu windig dort –, sondern etwas weiter entfernt vom See, in einer kleinen windgeschützten Mulde mit Blick auf die Topseroma-Insel, die wir vor uns im Dunst in der Ferne liegen sahen. Dies alles in der intensiven Präsenz von Babaji.

Tenji und Tako hatten das Feuer für uns entfacht, was wirklich ein Kunststück war wegen des enormen Windes und der dünnen Luft. Es wurde ein kraftvolles und strahlendes Feuer. Tenji nahm auf unseren Wunsch hin auch am Feueropfer teil.

Die Feuerzeremonie war klar, tief und stark. Offenbar waren alle anderen beunruhigenden oder störenden Elemente von uns ferngehalten worden.

Ich hatte am Manasarovar-See einen größeren Stein gefunden, der aussah wie eine Taube. Diesen Stein legte ich nach der Feuerzeremonie am Ufer des Raksastal nieder, direkt am See, als Friedensbringer und auch, um die beiden Geschwister-Seen miteinander zu verbinden.

Wir schenkten dem Raksastal-See ein Shri-Yantra und gruben bei unserem Feuer ebenfalls ein Yantra in den Sand ein.

Nach dieser Feuerzeremonie am Raksastal empfanden wir alle ein großes, tiefes Glücksgefühl und solche Dankbarkeit, dass es unter Babajis Schutz und Führung gelingen durfte.

Am nächsten Tag folgte die dritte Feuerzeremonie am Manasarovar-See im Nordwesten des Sees, auf der Seite, wo oben das Chiu Gompa ist. Hier wollten alle Sherpas helfen, das Feuer in Gang zu bringen. Wieder schenkten wir dem See ein Yantra.

Das darauffolgende vierte Feuer auf der Ostseite des Sees, nahe dem Seralung Gompa, war auch sehr schön.

Und dann kam ein großes Geschenk von Gott – das rote Mädchen:

Es war Donnerstag, der 15. Juni 2006. Bevor wir zum Gurla Mandhata, dem Berg der göttlichen Mutter, aufbrechen würden, ging ich noch einmal zum Manasarovar-See, nahe der Stelle, wo wir am Morgen unsere vierte Feuerzeremonie ausgeführt hatten. Dankerfüllt saß ich auf einer Sanddüne.

Ich schaute zum Gurla Mandhata und sprach mit dem Berg der göttlichen Mutter. Dabei fühlte ich die Melodie des Berges und sah zugleich seine Ehrfurcht gebietende Majestät. Ich bat um Segen und Schutz.

Bald würden wir dort sein, diesmal nicht nur, um die Füße des Berges, das heißt auch der Devi, zu berühren, sondern auch – so unsere Hoffnung und unser Plan –, um dort drei Tage zu bleiben und jeden Tag an einer anderen Stelle ihres riesigen Berges eine Feuerzeremonie auszuführen – zu ihrer Ehre und im Gebet um Segen für Raksastal.

Während ich so versunken da saß, erschien plötzlich ein rotes Mädchen vor mir, von Kopf bis Fuß in Rot gekleidet, ein wunderschönes Kind von vielleicht zehn Jahren.

Sie setzte sich neben mich in den Sand, ganz still, und zeichnete etwas in den Sand. – Dann sprang sie spontan auf, blickte gen Nordosten in die Ferne und stieß einen höchst beeindruckenden Pfiff aus, nur zwischen Zunge und Zähnen, ein Pfiff, der gewiss weithin zu hören war. So fragte ich mich, ob sie vielleicht ein Schäfermädchen war.

Dann setzte sie sich wieder neben mich, jetzt ganz nah.

Ich zeigte ihr mein Notizbüchlein und suchte in meiner Tasche nach Bonbons für sie. Unsere Kommunikation war ohne Worte.

Sie begann, Sand auf meine Hosenbeine zu streuen, immer wieder Sand. Schließlich – als Antwort darauf – streute auch ich Sand auf ihre Hosenbeine.

Erst später erfuhr ich, dass das Mit-Sand-Bestreuen eine uralte Heilmethode ist.

Gurla Mandhata

Das Ganze war bezaubernd. Solch spontane Offenheit, Nähe und Innigkeit – welche Liebe war da einfach zwischen uns!

Bis mir dämmerte: »Oh, ich muss zurück zu den anderen! Wir wollen ja aufbrechen zum heiligen Berg!«

Ich suchte nach etwas, was ich ihr noch hätte schenken können. Inzwischen kamen ein paar Tibeter den einsamen Strand entlang. Ein älterer Mann sprach uns im Vorbeigehen an. Bald darauf sprang das rote Mädchen auf und war weg. Nach ein paar Schritten konnte ich sie nicht mehr sehen.

Das rote Mädchen sah gar nicht typisch tibetisch aus. Es hatte sehr wache, lichtvolle Augen und und ein sehr frisches, lebendiges, zugleich ganz feines Gesicht. Sie hatte einfach bezaubernd ausgesehen, und so viel Liebe hatte sich auf die einfachste Weise zwischen uns ausgedrückt.

In meinem Herzen musste ich immer wieder an sie denken, ich wollte ihr noch so viel mehr geben und wünschte so sehr, dass ich ihr nochmals begegnen würde.

Ich hielt nach ihr Ausschau, aber ich traf sie nicht wieder. In meinem Herzen aber sah ich sie.

Durch Tage, Wochen und Monate, dann über Jahre hinweg verdichtete sich das Gefühl und innere Wissen, dass sie ein Ausdruck der göttlichen Mutter gewesen war, die in dieser Form erschien, um uns ihre Liebe und ihren Segen für unseren weiteren Weg zu geben.

Vielleicht erhält sie diese Form als das rote Mädchen für eine Weile aufrecht oder erscheint wiederholt in dieser Form von ihrem heiligen Berg aus, um den Tibetern zu helfen, sie zu segnen und zu schützen!

Der 15. Juni war auch der Tag, an dem ich sechs Jahre zuvor Babaji als Kind getroffen hatte, als ich dabei war, zum ersten Mal seinen heiligen Berg, den Kailash zu umrunden. Auch er schien mir damals etwa zehn Jahre alt, so wie dieses Mädchen.

Vielleicht erhält auch er diese Form für eine Weile im Kailash-Bereich aufrecht, um den tibetischen Menschen zu helfen, sie zu unterstützen und zu segnen.

Mein Herz ist voller Dank für die Süße der Liebe, und ich wünsche, dass sie jedem Menschen auf Erden begegnen möge.

Nach meiner Begegnung mit dem roten Mädchen brachen wir gemeinsam zum Gurla Mandhata, dem Berg der göttlichen Mutter, auf. Wir waren sehr gesammelt.

Als wir am Freitag, dem 16. Juni 2006, unser erstes Feuer am heiligen Berg machen wollten, fuhr unser Fahrer uns ganz woanders hin als ursprünglich gedacht. Er fuhr am vorderen Teil des Gurla Mandhata auf einem kleinen Weg ein Stück empor und hieß uns aussteigen. Tenji, Tako, Marielu und ich gingen den Berg weiter hinauf, bis wir eine weite Aussicht über den Manasarovar-See bis hin zum Kailash hatten, nicht ahnend, dass sich nebenan eine Schlucht befand.

Tako schaute hinunter, und erschrocken sagte er ganz leise: »Da ist chinesisches Militär!«

In kürzester Zeit kamen sie herauf, mit undurchdringlichen Gesichtern, maskenhaft, und erklärten uns, dass wir auf keinen Fall hierbleiben dürften, sondern sofort von diesem Ort weggehen müssten.

Mir war klar, dass jeder Widerstand sinnlos wäre, und Tako sagte leise: »Wenn du Widerstand leistest, schlagen sie dich nieder.«

So machten wir uns mit unseren Schätzen wieder auf den Weg hinab und begannen dann, eingeschüchtert, unten, zu Füßen des Gurla Mandhata, mit unserer fünften Feuerzeremonie, um Gnade und Schutz der göttlichen Mutter bittend. Der Schreck saß uns noch in den Knochen. Später erfuhren wir, dass diese Schlucht einer der Fluchtwege der Tibeter war. Es war schon ein höchst merkwürdiges Gefühl, an diesem heiligen Berg mit der Präsenz des chinesischen Militärs konfrontiert zu werden.

Am Nachmittag besuchten wir ein kleines Gompa in der Nähe des früheren Tashi Gompa, das bescheiden, still, aber von einem tiefen Geist erfüllt war.

Als wir zu unseren Zelten zurückkamen, hörten wir, dass vier chinesische Polizisten gekommen waren und erklärt hatten, dass wir hier »illegal« campten. Tenji und Tako gelang es jedoch, zu erreichen, dass wir noch zwei Tage dort bleiben durften. Offenbar gab es am Gurla Mandhata nirgends einen Platz, wo das Campen erlaubt war. Die Polizisten hatten Tako seinen Ausweis und seine Zulassung als Guide abgenommen, die wir dann beide später für 70 Dollar wieder einlösen konnten.

Bei der nächsten, der sechsten Feuerzeremonie am 17. Juni 2006 in der Mitte im unteren Bereich des großen heiligen Berges fühlten wir uns wieder viel freier. Stets opferten wir zu dritt, zusammen mit Tenji, der im Herzen ganz erfüllt davon war.

Später trafen wir einen hochgewachsenen Deutschen, der

viel für die tibetischen Klöster tat, und dem bei seiner Umrundung des Manasarovar-Sees gesagt worden war: »Da oben, auf dem Hügel, da sind drei Nonnen.« – Nämlich dort, wo wir am Gurla Mandhata campten. Die dritte Nonne wäre in dem Fall unser Tenji …

Abgesehen von der Begegnung mit dem chinesischen Militär am Berg war es herrlich, den unteren Bereich des heiligen Berges zu erforschen. Die Schwingung war substanziell dicht.

Die siebte Feuerzeremonie am 18. Juni 2006 war tief und klar und noch viel freier. Es war die dritte am heiligen Berg, ganz an seinem hinteren Ende, wo man sehr deutlich das Raksastal mit Kailash und ebenso den Manasarovar-See sehen konnte.

Mit kostbaren Steinen, die wir am Berg der göttlichen Mutter gefunden hatten, fuhren wir weiter, jetzt entlang des Manasarovar-Sees gen Norden. Wir hielten zwischendurch bei einem Berg an und kletterten hinauf zu einem bezaubernden Gompa, das, hoch auf einem Felsen gelegen, einen weiten Blick über den Manasarovar-See schenkte.

Es wird Gossul Gompa, Sternen-Gompa, genannt. Ein wirkliches Himmels-Gompa, wo jeden von uns ein tiefes Glücksgefühl erfüllte.

Hier war man wirklich dem Himmel näher als der Erde.

Ich fühlte den See zum Himmel atmen, Himmel und See miteinander schwingen, so tief und so rein – und unsere Seelen schwangen mit …

Wir campten wieder in der Nähe des Chiu Gompa.

Während der Umrundung des Manasarovar-Sees war mir und auch anderen, wie Tenji, aufgefallen, dass sich der See in den letzten Jahren immer weiter zurückgezogen hatte, rundherum. Ich hatte ihn im Jahr 2000 zum ersten Mal gesehen – jetzt war da ein weiter Sandstrand, wo früher Wasser war. Wenn der

Manasarovar-See, der See des Schöpfers, sich immer mehr zurückzog, was bedeutete das?

War das ein Zeichen dafür, dass die Schöpfung wieder zurückgenommen wird zum Schöpfer? – Im Herzen fühlten wir dies. Die Frage beschäftigte auch andere, die wir trafen.

Am Montag, dem 19. Juni 2006, machten wir unsere achte Feuerzeremonie auf dem »Panoramahügel« im Mittelpunkt des großen göttlichen Mandalas mit Kailash im Norden, Gurla Mandhata im Süden und den beiden Seen rechts und links.

Am Morgen schneite es noch heftig! Doch wir hatten das Vertrauen, dass das Wetter mitspielen würde, sobald wir versuchten, unser Feuer zu entfachen. So geschah es auch diesmal. Plötzlich kam die Sonne hervor, und wir hatten strahlendes Wetter.

Nach und nach versammelten sich eine ganze Reihe Tibeter um unser Feuer, vor allem ein alter Lama, der der Hauptlama für alle Klöster der ganzen Gegend war, mit einer schönen tibetischen Nonne, die ihn begleitete. Sie waren sehr interessiert an dem, was wir da taten, und als wir, wie immer, die Sapta Sati lasen, da schaute der Lama, hinter uns auf einen Stock gestützt stehend, aufmerksam auf unsere Texte, erstaunt, dass es Sanskrit und nicht Tibetisch war.

Während des Arati erschien vorn ein ganz in Schwarz gekleideter tibetischer Junge mit weit geöffneten Augen und einem schwarzen Hut auf dem Kopf. In dem Moment war durch ihn hindurch eine starke leuchtende Präsenz spürbar. Ich wusste, es war nicht Babaji. Aber wer war es?

Erst viel später offenbarte sich, wer es gewesen war: Kakbushundi[15].

---

15 Kakbushundi: eine große, erleuchtete Wesenheit, die, wie Babaji sagte, in Gestalt einer Krähe auf einer Hügelspitze im Himalaya lebt. Durch Kakbushundi habe Shastriji Selbstverwirklichung erlangt.

Die Feuerzeremonie auf dem Panoramahügel war besonders intensiv, und wir waren sehr froh, dass es gelungen war, eine Zeremonie sofort auf die andere folgen zu lassen.

Am nächsten Tag, dem 20. Juni 2006, brachen wir auf zum Kailash.

Es schneite ganz dicht. Wir ließen unser Auto zu Füßen des Kailash stehen und zogen los. Da trafen wir auf eine Gruppe von 54 jungen Russen, die alle die Kora um den Kailash machen wollten. Drahtige junge Menschen, voller Elan und Hoffnung. Sie waren begleitet von einem Lama. Wir sahen sie viele Male Pause machen, um den Lama versammelt, der ein Puja nach dem anderen machte, immer wieder.

Später hörten wir, dass von diesen 54 Russen 53 die Kora zu machen vermochten!

Von 45 Indern, die parallel dazu unterwegs waren, kamen fast alle wieder zurück, nur ein paar wenige waren in der Lage, die Kora zu vollenden.

Als es nun zum Nordantlitz ging, kam wieder diese unglaubliche Freude über mich. Ich lief voran, als hätte ich Flügel, während Tenji mit Marielu und den Sherpas langsam und bedacht ein ganzes Stück hinter mir ging. Tenji war besorgt wegen meines Tempos und rief mich immer wieder zurück – aber ich war so voller Freude und Glück, endlich wieder das Nordantlitz zu sehen, dass ich mich vollkommen fit fühlte.

Es schneite und schneite. Ein dichter Nebel begann alles zu verhüllen, es wurde vollkommen dunkel und ungemütlich kalt. »Ja, wo ist das Nordantlitz überhaupt?«

In einem Zelt weiter unten hatten sich alle versammelt, die diesen Weg um den Kailash machten und sich zu wärmen versuchten und einen Zeltplatz für die Nacht zu finden.

»Lieber Kailash, bitte zeige dich doch!«, sprach ich flehend zu ihm – und gewiss viele andere auch.

Kailash erscheint durch die Wolken

Wie durch Wunderhand rissen da die Wolken auf, und es geschah, dass durch den dichten Nebel hindurch der Kailash sich plötzlich zeigte, wie aus Licht und Geist geboren. In absoluter und transparenter Schönheit trat er überraschend durch die Wolken hervor.

Welch eine Liebe war auf einmal zu spüren! Auch die Sonne kam heraus, wohltuend wärmend nach all dem Schnee, dem Nebel und der Kälte, und es öffneten sich nun auch besondere Blicke auf die Hoheiten der Berge rundum – für uns alle ein großes Geschenk!

Am Mittwoch, dem 21. Juni 2006, führten wir unsere neunte Feuerzeremonie aus – das wunderbare Feuer unserer Danksagung am Nordantlitz des Kailash. Danach schenkten wir dem Kailash alle Yantras, die wir noch hatten, und gruben sie bei unserem Feuerplatz in die Erde ein.

Dann stiegen wir dem erhabenen Nordantlitz des Kailash entgegen, so weit wir konnten, bis in etwa 5 400 Meter Höhe, zusammen mit Tenji, der dann sagte: »Geht nicht noch weiter!«

Wie berührend, dem mächtigen Dom so nahe zu sein!

Dort, in dieser Höhe, übergaben wir dem Kailash unseren Kristall-Lingam und unsere festlichen weißen tibetischen Schals, die wir bei jeder Feuerzeremonie umgelegt hatten.

»Es ist vollbracht!«

In jener Nacht von Mittwoch, dem 21. Juni, auf Donnerstag, den 22. Juni 2006, geschah etwas Überwältigendes:

Ich war aus meinem Zelt hinausgetreten, und da stand der Kailash, wie aus sich selbst heraus leuchtend, in der Nacht. Herrliche Sterne standen rund um ihn herum, Sterne wie mächtige Diamantlampen!

Noch nie habe ich so riesige Sterne gesehen. Sie bildeten einen richtigen Sternenbogen dicht um den Kailash.

Das Aufregendste war, dass der Stern hoch oben, in der Mitte dieses Sternenbogens, sich genau auf dem erhabenen Ort des tausendblättrigen Lotos des Kailash befand, ja, darauf zu sitzen schien. Er war der strahlendste von allen!

Dieser Stern funkelte und funkelte, er sandte richtige Lichtwellen aus. Er sprach – mir war es, als würde Lord Shiva persönlich dort sitzen. Ich konnte nicht umhin, das zu denken, weil es so lebendig war, das Licht und die Liebe, die Sprache, die von diesem Stern ausging, direkt in mein Herz hinein.

Ich war zutiefst ergriffen, voller Ehrfurcht und zugleich voller Seligkeit. Ich stand und stand, vergaß die Kälte – stand da im langen warmen weißen Nachthemd, nur mit einer blauen Fließjacke darüber, und fühlte keine Kälte.

Die anderen Sterne, machtvoll leuchtend und groß, waren still, aber dieser eine, der höchste, sprach.

Nach einer Weile ging ich, tief beglückt von diesem Fest der

Sterne, diesem strahlenden Sternenkranz um den Kailash, zurück in mein Zelt.

Am nächsten Morgen erzählte ich das den anderen und fragte, ob sie das auch gesehen hätten, aber nein, sie hatten geschlafen.

Ich verschloss das Erlebte in meinem Herzen.

Erst Monate später, als ich in einem kleinen Freundeskreis zu Hause in Deutschland davon erzählte, wurde mir klar, dass es, astronomisch gesehen, so etwas gar nicht gibt. Die Sterne können nicht rund um den Kailash stehen, so wie der Sternenkranz um eine Madonnenfigur.

Das ist ganz unmöglich – und doch hatte ich es gesehen und erlebt.

Daraufhin rief ich Muniraj an, dem ich in einem Fotobuch über diese Pilgerreise schon davon geschrieben hatte. Ich fragte ihn: »Muniraj, der Stern auf der Spitze des Kailash, der so funkelte, war das Darshan[16]?« Seine Antwort war ein kraftvolles »Yes!«.

Ich fragte weiter: »War das Lord Shiva, Babaji, der da auf der Spitze des Kailash als Stern saß?« Wieder war seine Antwort ein kraftvolles »Yes!«.

Überwältigt legte ich den Telefonhörer auf.

Am nächsten Tag rief ich ihn erneut an: »Und die anderen Sterne?« Es beschäftigte mich natürlich auch, was mit den anderen Sternen war, die im Halbkreis um den Kailash gestanden hatten. Es waren acht Sterne und ein verborgener neunter dahinter. »Und die anderen Sterne? War das auch Darshan?«, fragte ich. Und wieder war Munirajs Antwort ein strahlendes »Yes!«.

Da war ich vollkommen still.

Das Fest der Sterne um den Kailash!

---

16 Von Angesicht zu Angesicht mit dem Göttlichen, gesehen und gesegnet werden durch die Präsenz des Göttlichen – zum Beispiel in einem Meister –, Einblick in das Göttliche, Erlebnis durch die Schau des Göttlichen.

»Welch ein Zeichen für unsere Zeit«, sagte später ein Freund, »dass das Göttliche sich so offenbart, dass göttliche Wesen als Sterne erscheinen!«

Ich fragte mich, ob es andere Menschen gibt, die zur selben Zeit ein ähnliches Erlebnis hatten. Wie schön wäre das!

Erfüllt vom Erscheinen göttlicher Wesen in Form von Sternen um den Kailash, errichtete ich in unserem Garten einen großen Sternenbogen mit acht Sternen aus Metall und einem verborgenen neunten Stern dahinter.

Das Erstaunliche ist, dass durch diesen Sternenbogen die Präsenz der göttlichen Wesen, die als Sterne um den Kailash standen, auch hier intensiv spürbar wurde. Jedes Mal, wenn ich im Garten dorthin emporschaue, ist es fast so, als stünde ich wie in jener Mittsommernacht vor dem mit einem Sternenbogen umgebenen Kailash. Glücklicherweise fühlen dies auch andere, die offenen Herzens und Geistes sind.

Wieder und wieder verneige ich mich voll Dank und voller Freude tief vor dem strahlenden Licht und der Liebe, der absoluten Macht des göttlichen Wesens.

Am nächsten Morgen mussten wir dem geliebten Nordantlitz des Kailash Adieu sagen. – Unser Rückweg führte uns entlang der Westseite des Kailash. Gewaltige »Wächter« flankierten den Weg, Kailash schien wie »bewaffnet« gen Westen zu schauen. Sein Westantlitz drückt souveräne Macht aus.

Sein Ostantlitz dagegen, das wir von bestimmten Stellen vom Manasarovar-See aus sahen, sieht sanft und hingebungsvoll aus, wie ein Lamm.

In Darchen angekommen, diesem früheren Zeltdorf am Fuß des Kailash, wo jetzt die Chinesen systematisch kleine quadratische Steinbehausungen errichten, traf ich glücklicherweise eine schöne Tibeterin wieder, die ich von meinem zweiten Kailash- Besuch her kannte.

Ich hatte Shastrijis Worte im Bewusstsein: »Wenn du neun Feuerzeremonien rund um den Kailash-Bereich machst, dann musst du, wie beim Navaratri, neun kleine Mädchen zu Ehren der göttlichen Mutter schmücken, ihnen etwas zu essen geben, sie als kleine Devis feiern.

Damals hatte ich Shastriji gefragt: »Wie soll ich denn neun kleine Mädchen am Kailash finden?«

Dank der schönen Tibeterin wurde es möglich. Sie arrangierte das alles für uns. – Wir suchten in ihrem kleinen Shop schöne Schals und Malas für die neun kleinen Mädchen aus, und ich ließ ihr das Geld da, damit sie ihnen am nächsten Tag ein schönes Essen machen konnte.

Ich war sehr dankbar und froh darüber, dass das auf so einfache Weise möglich war.

Vom Kailash aus ging es per Jeep zur Ostseite des Manasarovar-Sees, in die Nähe des Seralung Gompa. Ich ging zum Strand des Sees, wo das rote Mädchen erschienen war, nahe dem Ort unserer Feuerzeremonien. Wohin ich auch schaute, da war kein rotes Mädchen zu sehen. – Aber Gurla Mandhata war herrlich anzuschauen.

Wir mussten Abschied nehmen von dem, was wir so sehr liebten. Marielu standen die Tränen in den Augen. Noch einmal baten wir die göttliche Mutter um ihren Segen für alles.

Im Hinblick auf Gurla Mandhata, der uns so am Herzen lag, bewegte uns die Frage, ob wir alles richtig gemacht hatten.

Immer noch war Trauer in uns wegen der Begegnung mit dem chinesischen Militär. Erst später ging es uns auf: Da dies eine Realität in Tibet ist, mussten wir dem wohl auch begegnen, auf dass es mitverwandelt werde durch die Feuerzeremonien.

Diese ganze Arbeit in der »Kailash-Festung« war unser Beitrag für Tibet, das Herz im Herzen des Planeten, das so viel auf sich genommen hatte, und diesmal ganz besonders für Raksastal, das sich nach Befreiung sehnt.

Am Freitag, dem 23. Juni 2006, mussten wir früh aufbrechen.

An diesem unserem letzten Tag in Tibet wurde mir plötzlich bewusst, dass ich unbedingt noch eine zehnte Feuerzeremonie machen sollte[17]. Das kam mir vor allem wegen der neun kleinen Mädchen in den Sinn, die jetzt am Kailash gefeiert wurden. Doch dann beschloss ich, diese zehnte – es müsste nun eine innere Feuerzeremonie sein – für alle Menschen in Tibet zu machen, nicht nur für die kleinen Mädchen. Ich wollte gleich damit beginnen, doch die Sherpas drängten zum Aufbruch. Es war leider keine Zeit mehr, und so fuhren wir los. – Kurz darauf blieb der Wagen stehen. Der Fehler musste erst gefunden werden. Auf einmal war Zeit da!

Im Sand sitzend begann ich, gesammelt und voll Freude mit dieser zehnten Feuerzeremonie, die nicht nur für alle Menschen in Tibet, sondern jetzt für alle Menschen dieser Erde sein sollte.

Als wir wieder weiterfahren konnten, setzte ich die Arbeit während des Fahrens fort und war, über alle Schlaglöcher hinweg, von einer absoluten Konzentration erfüllt. Es war einfach wunderbar!

Ich staunte – plötzlich wusste ich es –, Gauri[18] selbst war es, die göttliche Mutter von Gurla Mandhata, die diese letzte, zehnte, innere Feuerzeremonie durch mich hindurch ausführte.

Welch ein Geschenk! Welche Gnade!

---

17 Nach jedem Navaratri, das mit neun Feuerzeremonien abgeschlossen wird, findet im Allgemeinen anschließend noch eine zehnte Feuerzeremonie statt, die den Sieg des Lichtes über die Dunkelmächte feiert, in der Geschichte: den Sieg Lord Ramas über den Dämonenkönig Ravana.

18 Gaura Devi, auch Gauri (sprich Gori) genannt, ist der Name von Lord Shivas Gemahlin, hier auch der Name der göttlichen Mutter von Gurla Mandhata, der weiblichen Entsprechung des Kailash.

Dann begann unsere Reise durch die Weite und die immense Einsamkeit und Stille Tibets zurück nach Nepal.

Besonders auf dieser Rückreise überkam uns eine tiefe Wehmut und Trauer wegen der ganzen Situation in Tibet. Nur dann und wann war ein Schäfer mit seiner Herde zu sehen, in der Ferne ein paar Nomadenzelte, immer wieder Klöster, die vollkommen zerstört waren, von denen man nur Ruinen sah, aber deren geistige Präsenz man trotzdem noch ganz stark spüren konnte.

Tiefes Mitgefühl mit den Tibetern erfüllte uns, denen man so viele ihrer Andachtsstätten zerstört hatte.

Wenn Menschen nicht mehr auf die Weise, die ihrem Herzen entspricht, das Göttliche verehren dürfen, wie sollen dann der Mensch und sein Leben auf die Dauer noch Sinn und Kraft haben?

Im grünen Nepal mit seinen steilen Schluchten und Wasserfällen angekommen, sehnten wir uns sofort nach Tibet zurück, nach seiner Weite, seiner Stille, seinem Durchdrungensein von der Unendlichkeit.

OM namah Shivay!

Ausklang: Der apokalyptische Reiter

Am Freitagabend, dem 19. Februar 2010, saß ich in meditativer Stimmung in unserem ganz verschneiten Garten und sah innerlich dies:

Ein lichter Reiter auf einem weißen Pferd kam aus unseren höheren Bereichen, dem Bereich des Lebens, das nie stirbt, in weiten Spiralen in tiefer Sammlung herabgeritten bis auf die physische Ebene.

Er hielt eine wehende weiße Fahne in der Hand, auf der in Rot ein Zeichen – das OM mit einem Kreuz, Babajis Zeichen – zu erkennen war.

Seine Gestalt, schlank und lichtvoll, war ebenso majestätisch wie schlicht. Er trug eine tibetische Kappe aus unendlich vielen, winzigen, feinsten Diamanten, das Gewand war vorn auf seiner Brust fein bestickt und schien ein innen verborgenes Yantra zu enthalten.

Ein Zeichen von Shamballa?

Der Reiter war Babaji.

Auf der Ebene der physischen Materie angekommen, war da nicht mehr ein weißer, sondern ein schwarzer Reiter zu sehen.

Ganz klar und nah sah ich jetzt Babaji in seiner Form als Bhole Baba, genau so, wie wir ihn erlebt hatten. Äußerst kraftvoll trug er einen großen schwarzen Hut mit sehr breiter Krempe und einen schwarzen Umhang. Er war von oben bis unten in Schwarz, in schwarze Seide, gekleidet.

Ich wusste, darunter war er pures strahlendes Gold.

Schon zu Beginn der inneren Schau hatte sich dort im Garten, wo ich mich befand, innerlich ein riesiger Kegel, eine trichterartige Öffnung in die Tiefe der Erde gebildet mit rieselndem Lehmsandgeröll an den Seiten, versetzt mit ein paar Goldsteinchen. In dieser trichterförmigen Öffnung in die Tiefe befanden sich Ankerpunkte, verborgene Stationen, die jene, die dem Göttlichen, den Menschen und der Erde dienten, geschaffen hatten.

Als schwarzer Reiter ritt Babaji nun auf einem dunklen Pferd mit hoher Geschwindigkeit in Spiralen diesen Trichter hinab, auf seinem Ritt zahllos viele Seelen befreiend für die andere Dimension. Dabei strömte er intensiv seinen herrlichen göttlichen Duft aus, auf diese Weise die menschlichen Seelen ins neue Bewusstsein erhebend. Als er unten angekommen war, entsprang durch die Macht seines Blicks am tiefsten Punkt des Trichters in der Mitte eine Quelle.

Das Leben selbst sprudelte nun aus der Tiefe empor, eine wunderschöne Fontäne bildend, rosa-orange, lichtes feuerfarben:

Die große Göttin war es, die darin emporströmte als das Leben, das nie stirbt.

Nichts Schwarzes blieb an Babaji sichtbar, nur strahlendes Gold.

Sein Bewusstsein strömte in die Devi ein.

Dann erblickte ich oben am Rand des Trichters Muniraj, ganz hell gekleidet. Er ließ eine lichte Ebene über dem Kegel der Tiefe entstehen, auf der dann ebenso lichte Gebäude mit vor Wonne leuchtenden Wesen sichtbar wurden – es entstand dort, einem lebendigen riesigen Meru-Sri-Yantra gleich, das neue Leben, die Neue Welt.

Strenger Babaji, segnend

Glossar

Arati
Rituelle Andacht, Weihezeremonie, in der Licht vor einem Abbild Gottes dargebracht wird

Ashram
Herberge bei einem Tempel oder Kloster

Avatar
große göttliche Inkarnation

Baba
verehrter Vater, respektvolle Anrede für Menschen religiösen Lebens

Baba Goraknath
Avatar Shivas zu Beginn des Kali Yugas, etwa 3100 v. Chr., berühmt geworden wegen seiner Wunderwirkungen

Bhairav Baba (sprich Beru Baba)
die Hauptkraft Shivas, seine rechte Hand, Shivas Form als Zerstörer des Bösen einerseits, als der große Heiler und Beschützer des Guten andererseits

Bhole Baba Ki Jai!
Es lebe Bhole Baba, der Vater, der einfach ist!

Bhajans
religiöse Lieder zur Verehrung

Darshan
von Angesicht zu Angesicht mit dem Göttlichen, gesehen und gesegnet werden durch die Präsenz des Göttlichen – zum Bei-

spiel in einem Meister; Einblick in das Göttliche, Erlebnis durch die Schau des Göttlichen

Dharma
Gesetz, Ordnung, ewiges Gesetz, das die Schöpfung regiert

Dhuni
Feuergrube

Findhorn
Die Findhorn-Foundation im Norden von Schottland, 1962 mitbegründet von Peter Caddy, entfaltete sich zu einer internationalen Gemeinschaft, deren Workshops und Programme von mehr als 100 000 Menschen aus der ganzen Welt besucht wurden. Sie ist inzwischen auch von der UNO anerkannt.

Gautaum Ganga
heiliger Fluss bei Herakhan, benannt nach einem der sieben Rishis. Aus dem Manasarovar-See in Tibet entspringend, fließt er unterirdisch, bis er in der Nähe des Herakhan-Kailash an die Oberfläche kommt.

Ghee
gereinigtes Butterfett, das den göttlichen Wesenheiten geopfert wird

Gauri
von lichter, goldener Haut; Name von Parvati

Guru
spiritueller Lehrer

Hanuman
einer der Unsterblichen; Affenkönig; Held des Epos Ramayana; der, der dem Göttlichen dient

Havan
auch Yagna, rituelle Feuerzeremonie

Herakhan
auch Haidakhan

Herakhan Vishwa Mahadam
Shri Babajis Ashram, höchst heiliger universeller Ort

Himalaya
Stätte des Schnees

Kailash
Name zweier heiliger Berge, einer im Kamaongebiet Nordindiens und einer in Tibet gelegen

Kali
»die Schwarze«; Name der Großen Göttin

Kali Yuga
nach Kali genanntes Zeitalter, das 3100 v. Chr. begann

Kirtan
das Singen religiöser Lieder

Kriya-Yoga
geistige Lehrmethode Babajis, die der Erneuerung des Lebens dient

Kutiya
Hütte, Einsiedelei

Lahiri Mahasaya
Schüler Babajis im Kriya-Yoga im 19. Jh.

Lila
göttliches Spiel, Drama

Lingam
phallisches Kultsymbol

Mahadeva
»großer Gott«; Name Shivas

Mahendra Baba
Schüler Babajis, gest. 1969, bereitete das Wiedererscheinen Babajis als Shiva-Avatar vor

Mala
Gebetskette aus 108 Perlen

Mantra
Gebetsformel, selbst wirkende Tonschwingung, die durch Wiederholung den Geist ruhigstellt und eine Hilfe zur Gottverwirklichung ist

Mudras
meditative Handhaltungen

Mundan
Tonsur

Murti
Form, Statue

Navaratri
religiöses Fest der »neun Nächte« zu Ehren der göttlichen Mutter im Frühjahr und Herbst, feiert den Sieg des Lichtes über die Finsternis

OM
Urton der Schöpfung, symbolisiert die Alleinheit des Göttlichen

Om namah Shivay
Ich verneige mich vor dir, Herr;
Herr, dein Wille geschehe;
ich überantworte mich dir;
Gott, ich liebe dich

Parvati
die große Göttin: Lord Shivas Gemahlin; Tochter von König Parvata, dem Herrn des Himalaya

Pralaya
Weltauflösung

Pranam
Verehrungsbezeugung, Knie- oder Fußfall

Prasad
Reinheit, Helligkeit, gesegnete Speise

Puja
religiöse Andacht, verbunden mit einem besonderen Ritual

Purusha
unvergängliches Wesen

Sada Shiva
ewiger Shiva, Name Shivas

Sanatama Dharma
das ewige urspüngliche Gesetz, Quelle aller Religionen

Sati
die große Göttin in ihrem ersten Erscheinen; Gemahlin Shivas; Tochter von König Daksha

Shiva
der Mahadeva; der große Gott; der Glücksbringer; hinduistische Gottheit; das Selbst der Dinge, einer der Trinität »Brahma, Vishnu und Shiva«. – Shiva bringt Zerstörung und dadurch Reinigung und Neuaufbau der Schöpfung

Shivaratri
die Nacht Shivas; einmal jährlich im Februar oder März wird das große Fest gefeiert, wobei tagsüber gefastet wird, und die

Nacht wachend, singend und meditierend oder mit kultischen Handlungen im Tempel verbracht wird

Siddheshwar
Vishnus heiliger Berg bei Herakhan oder Haidakhan

Siddhis
übernatürliche Kräfte

Trishul
Dreizack Shivas

Yagna
vedisches Feuerritual, Opfer, Feuergrube

Yantra
kosmisches magisches Diagramm;
SHRI-YANTRA: höchstes Yantra der göttlichen Mutter;
MERU-SHRI-YANTRA: erhabenes, d. h. dreidimensionales Shri-Yantra

Paramahansa Yogananda
Indischer Yogi, der von Mahavatar Babaji und Shri Yukteswar nach Amerika geschickt wurde, um Kriya-Yoga zu lehren; Autor der »Autobiographie eines Yogis«, er machte den Namen Babaji im Westen bekannt.

Yogi
der den Yogaweg, den Weg der Vereinigung mit Gott Gehende

Danksagung

Auf meine Bitte an Babaji im Jahr 1978: »Please give me your hand. – Bitte gib mir deine Hand«, antwortete er: »Not one hand, all hands. – Nicht eine Hand, alle Hände.« So war es auch mit diesem Buch.

Deshalb gilt mein tiefster Dank Babaji selbst, der mich führte, inspirierte, mir Mut und Kraft gab, so offen zu schreiben, und der durch jene wirkte, die auf verschiedenen Ebenen mithalfen.

Von ganzem Herzen Dank sei:

An erster Stelle innigster Dank an Shri Muniraj Maharaj, ihm, mit dem ich alles besprechen durfte, der alles mit dem Licht seiner Liebe unterstützte.

Shri Vishnu Datt Mishra Shastriji, der von innen her mich begleitete bis zur letzten Seite.

Beide sind Menschen von vollkommener Tiefe der inneren Schau, des Wissens und der Liebe.

Peter Caddy, meinem Mann, der mir mit seiner Sonnenkraft und seinem wundervollen Vertrauen innerlich stets zur Seite stand.

Peter Dawkins und Marie Louise Jung, die jahrelang aktiv darauf warteten, dass ich endlich anfinge, das Buch zu schreiben, für das Babaji schon 1983 seinen Segen gegeben hatte.

Petra Bunke, einer liebenden, schauenden Sonne und wundervollen Inspiration für das Buch.

Gisela Behrendt für ihre Liebe, ihren steten freundschaftlichen Beistand.

Für die freudige Hilfe von Lajwanti.

Für die selbstlose Hingabe und intensive Hilfe von Mohini Brigitte Hoffmann, ihrem großen Einsatz.

Ebenso – noch in letzter Minute –dem vollen Einsatz von Uma

Für das begleitende freundschaftliche Wirken von Edit Bernhardt-Herr.

Für die einfühlsame, liebevolle Hilfe von Barbara Hubricht, die mir während der Arbeit am Buch immer wieder den Rücken frei hielt.

Außerdem all den spontanen Helfern, die Babaji zur rechten Zeit schickte.

Ein ganz herzliches Danke an Ruth Maria Kubitscheck dafür, dass sie sich Zeit nahm, das Vorwort zu schreiben.

Vita

Renata Caddy wurde 1941 geboren und verbrachte, nach einer vom Krieg überschatteten Kindheit, eine strahlende Jungend in München in einem kulturell und geistig sehr aufgeschlossenen Elternhaus, durch das sie auch in Berührung mit der Philosophie des Zen kam.

Nach ihrem Abitur studierte sie Malerei, Grafik und Bildhauerei in München, Berlin und Paris. Ihren Abschluss machte sie bei Prof. Alexander Camaro in Berlin.

Während des Studiums unternahm sie inspirierende Reisen nach Griechenland, in die Sahara, nach Ägypten, Russland, Spanien, in die Provence, Bretagne und die Toskana.

1967 heiratete sie Dr. Peter Zürn und hatte mehrere Ausstellungen von Ölbildern mit Lesungen eigener Texte und Gedichte in Frankfurt. Zen wurde sowohl für ihr Schaffen als auch in ihrem Leben immer wichtiger.

1968 begegnete sie innerlich der »Mutter« des Shri-Aurobindo-Ashrams, und 1972 fuhr sie nach Indien, um ihr auch äußerlich zu begegnen.

Seit 1973 lebte und arbeitete sie mit Oscar Marcel Hinze zusammen, dem Begründer der Akademie für Phänomenologie und Ganzheitswissenschaft. In diesem Zusammenhang vertiefte sie ihr Wissen in Graphologie auf tiefenpsychologischer Basis (Diplom), der künstlerischen Therapie auf anthroposophischer Grundlage, der Astrologie, dem Spirituellen Heilen bei verschiedenen Heilern, insbesondere bei Harry Edwards in England.

1975 begegnete sie erstmals Peter Caddy, ihrem späteren Mann, dem Mitbegründer der Findhorngemeinschaft im Norden von Schottland, die inzwischen von der UNO anerkannt ist.

1977 zog sie an den Bodensee.

1978 kam der innere Ruf von Babaji – sie flog sofort zu ihm nach Indien.

Im Anschluss hielt sie sich regelmäßig in Herakhan auf, bis zu Babajis Mahasamadhi 1984, als Babaji alles Shri Muniraj übergab. Weiterhin reiste sie regelmäßig in Babajis Ashram, um in der Präsenz von Shri Muniraj und Shastriji zu sein und an den Heilungsfesten (Navaratris) für die Welt teilzunehmen.

1979 begann die Transformation eines wilden Gartens an ihrem Wohnhaus am Bodensee in einen lebendigen Heilungsgarten.

Seit 1980 gibt sie Intensiv-Seminare und Workshops zu grundlegenden Themen des Lebens: Weg zur Mitte, Selbstfindung, Selbst-Entfaltung, Mandala-Wochen, Partnerschafts-Workshops, Planeten-Yoga-Wochen, Heiler-Trainings und immer wieder kontemplative Mal-Wochen, zum Beispiel »Malend auf dem Weg zum Selbst«.

Ab 1982 entstanden außer den Seminaren regelmäßige wöchentliche Meditationsabende im Haus und im Garten.

1985 offenbarte sich der Name für den ganzen Platz: »Quell des Heilens«.

1987 heiratete sie Peter Caddy. Weiterhin hielt sie Vorträge und Seminare, auch mit ihm zusammen. Beide waren viel unterwegs auf gemeinsamen Reisen. Peter war ein planetarischer Mensch mit einer großen Offenheit für alle Kulturen und Länder.

Zu Hause am Bodensee verankerte Peter in intensiver Gartenarbeit voller Liebe das Licht in der Erde dieses Gartens.

Seit 1992 veranstaltet Renata Caddy regelmäßige Sonnenfeste im Quell des Heilens mit Feuerzeremonien und Sacred Dance.

1994 starb Peter plötzlich – durch einen Autounfall. So musste der letzte Teil seiner Autobiografie durch Renata Caddy vollendet werden. »In Perfect Timing« ist in mehreren Sprachen veröffentlicht worden.

Durch all die Jahre hindurch malte sie immer wieder intensiv, außer Einzelbildern auch Serien von Ölbildern: die Karavanenserie, die Auferstehungsserie, das Geheimnis des Blau, die Schottlandserie etc.

Die Bilder wurden wiederholt ausgestellt.

2000, 2004 und 2006 unternahm Renata Caddy Pilgerreisen zum Berg Kailash nach Tibet. Weitere große Bilderserien entstanden unter anderem: »Die Tibet-Serie« und »Eine Reise der Menschheit durch Transformation in ein neues Leben« in 100 Ölbildern.

Sie arbeitet an ihrem dreibändigen Werk »Liebe des Herzens« mit »Segen von Babaji« als erstem Band.